DOSSIERS
DOCUMENTS

IMMIGRATION PHÉNOMÈNE SOUHAITABLE ET INÉVITABLE

IMMIGRATION PHÉNOMÈNE SOUHAITABLE ET INÉVITABLE

Pierre Vincent

ÉDITIONS QUÉBEC/AMÉRIQUE

425, RUE SAINT-JEAN-BAPTISTE, MONTRÉAL (QUÉBEC) H2Y 2Z7 (514) 393-1450

Données de catalogage avant publication (Canada)

Vincent, Pierre, 1945 –
Immigration, phénomène souhaitable et inévitable
(Dossiers Documents)
Comprend des références bibliographiques.

ISBN 2-89037-726-1
1. Québec (Province) – Émigration et immigration.   2. Immigrants – Québec (Province).
I. Titre. II. Collection : Dossiers Documents (Montréal, Québec).

JV7290.Q8V56   1994   304.8'714   C94-940288-5

*Les Éditions Québec/Amérique bénéficient du programme de subvention globale
du Conseil des Arts du Canada.*

Dépôt légal : 1er trimestre 1994
Bibliothèque nationale du Québec
Bibliothèque nationale du Canada

Montage : Andréa Joseph

« *L'essai, écrit Montaigne, se donne comme une épreuve de soi, une expérience dont le résultat sinon la visée est de prendre la mesure de sa pensée, de se connaître soi-même à travers ce qu'on écrit. L'enregistrement obstiné des réflexions vagabondes n'assure pas d'un progrès, moral ou intellectuel, à tout le moins témoigne-t-il d'un exercice ininterrompu du questionnement, à travers lequel se lit la recherche d'un homme qui se donne à lire jusque dans ses erreurs...*»

(Encyclopedia Universalis, vol. 19, p. 710.)

Remerciements à l'éditeur de *La Presse* pour son soutien financier; aux nombreux fonctionnaires fédéraux et provinciaux pour leur contribution dans ma quête d'informations et pour leur complicité dans la réalisation de mes reportages à l'étranger; à Jean Vincent pour ses précieux conseils en éditique; et à Louis Falardeau pour ses pertinentes remarques sur la première version de ce manuscrit.

Table des matières

AVANT-PROPOS

Ce travail de recherche se voulait, au départ, un tableau de l'immigration au Québec : combien d'immigrants ? de quels pays viennent-ils ? comment s'adaptent-ils à leur nouvel environnement ? dans quelle mesure s'intègrent-ils à leur société d'accueil ?... Bref, une sorte de patchwork, de mise à jour des nombreuses études, statistiques, enquêtes et analyses sur le sujet. Avec, « en prime », quelques témoignages d'immigrants.

Je me proposais, en fait, de décrire l'immigration au Québec à travers des histoires d'immigrants, de présenter des êtres humains qui, comme nous, cherchent tout bêtement à se faire une vie pas trop pénible et dont nous avons tort de nous méfier. Des immigrants que j'irais rencontrer à leur point de départ et que je retrouverais ensuite au moment de leur installation au Québec.

Pour décrire l'immigration humanitaire, je verrais des réfugiés dans des camps en Thaïlande et en Autriche ; pour parler d'immigration économique, je rencontrerais des riches investisseurs à Hongkong ; pour illustrer les efforts du gouvernement québécois pour augmenter le nombre d'immigrants francophones, je trouverais des candidats à l'immigration en France et en Belgique ; pour aborder l'immigration familiale, j'irais dénicher des familles en Haïti.

J'ai fait tout ça, ou presque.

Je n'ai pu que faire le tour, à pied, du camp de Phanat Nikhom en Thaïlande à cause d'un mauvais concours de circonstances (des émeutes avaient amené les autorités à fermer le camp aux journalistes), mais j'avais eu la bonne idée de prendre des rendez-vous avec des réfugiés dans des camps à Hongkong. J'ai attrapé *in extremis*, en Autriche, les derniers réfugiés d'Europe de l'Est, que la diplomatie de la guerre froide affublait alors de l'étiquette d'« exilés volontaires ». J'ai également retrouvé, ici même à Montréal, un revendicateur du statut de réfugié qui m'a fait le récit de son aventure depuis sa fuite de la Pologne communiste jusqu'à son expulsion du Canada.

Par ailleurs, une famille haïtienne, partie de Du Plan en Haïti pour venir s'établir à Pierrefonds en banlieue de Montréal, m'a raconté dans les moindres détails tout le cheminement par lequel les familles réunifiées doivent passer avant d'obtenir leur visa d'immigration. Et j'ai appris à me familiariser avec les règles de l'adoption internationale, en me faisant relater le périple d'un couple québécois parti adopter deux enfants en Roumanie.

J'ai également interviewé des millionnaires chinois à Hongkong, mais je n'ai jamais pu les retrouver à Montréal. En revanche, j'ai repéré quelques immigrants francophones fraîchement installés au Québec.

J'espérais passer à travers le sujet en trois mois.

Mais, une question en soulevant une autre, et une autre, l'exercice a fini par s'étaler sur trois ans. Et par déborder largement de mon objectif initial : pour bien saisir les tenants et les aboutissants de l'immigration, il est utile d'établir des comparaisons entre les mouvements migratoires d'hier et d'aujourd'hui et d'examiner les tendances dans les pays d'émigration et dans les pays d'immigration. Depuis quand migre-t-on ? Pourquoi ? Comment ? Où ? À quoi ressemblent les pays d'émigration ? Comment s'organisent les pays d'immigration pour contrôler les entrées des étrangers ? Pour qui le Québec est-il une terre d'accueil ? Tire-t-on profit de l'immigration ?...

Total : un Himalaya de statistiques, d'études, d'analyses, de notes de lectures et d'entrevues. Qui tendent, *grosso modo*, à démontrer que l'immigration est souhaitable et inévitable à peu près partout dans le monde. Y compris au Québec. Et cela restera vrai, que le Québec demeure une simple province au sein de la confédération canadienne ou qu'il devienne un pays souverain.

Souhaitable parce que la fréquentation d'autres cultures constitue, en principe, un bon moyen d'enrichir la sienne. Cette citation de Claude Lévi-Strauss, tirée de je ne sais plus trop quel texte, résume assez bien l'opinion en faveur de l'immigration : «Les grandes civilisations sont des civilisations de carrefour qui ont su marier en elles des influences d'origines diverses, fait-il valoir. Si cette diversité devait disparaître dans un monde qui deviendrait homogène, uniforme, on pourrait craindre que l'humanité entre dans une période qui n'aurait plus guère de rapport avec tout ce à quoi nous sommes traditionnellement attachés. »

Cette autre réflexion, de Renan celle-là, démontre bien, elle aussi, que les mouvements migratoires peuvent contribuer à l'évolution d'une civilisation : « Le choc des rencontres (des civilisations) peut apporter à chacune l'occasion d'une remise en cause, observe quant à lui Renan. Il en est des cultures comme des organismes vivants ; isolées, refermées sur elles-mêmes, elles s'atrophient, perdent tout dynamisme créateur, se contentent de répéter inlassablement les mêmes recettes et s'effondrent dans l'autosatisfaction et l'intolérance. Confrontées à d'autres, elles peuvent se transformer, s'engager dans de nouvelles aventures, explorer de nouvelles possibilités. »

L'immigration est souhaitable, mais elle est également incontournable parce que les populations explosent en certains endroits de la planète. Parce que l'émigration y est inévitable. Parce que de plus en plus d'êtres humains ont impérativement besoin de trouver un espace vital. Parce que des pays riches dépendent de plus en plus de l'immigration pour assurer le renouvellement de leurs populations.

Le rapport de 1993 du Fonds des Nations unies à la population (FNUAP) fait état de 100 millions de personnes contraintes à migrer.

Est-il concevable, se demande Jacques Vallin, directeur de recherche à l'Institut national d'études démographiques (INED) en France, que cette immense majorité d'hommes en soient encore à se partager le cinquième du revenu mondial que leur concèdent aujourd'hui les grandes puissances économiques ?

« On peut prendre toutes les décisions administratives possibles, constate le ministre français de l'intérieur et de l'aménagement du territoire Charles Pasqua, on ne résoudra le problème de l'immigration de l'Est comme du Sud que par le développement des pays d'origine... Actuellement, on cumule tous les risques : la poussée démographique et l'effondrement des ressources chez eux pendant que, chez nous, on sclérose des terres fertiles. Tout cela risque de se payer un jour[1]. »

---

1. *Le Monde*, 2 juin 1993.

Jacques Vallin, qui est aussi l'auteur de *La population mondiale*[2], estime que le prochain ordre économique mondial devra passer par l'aménagement d'un nouvel ordre démographique et géographique. «Durant les cinquante années qui viennent, la forte croissance démographique du tiers-monde, face aux tendances dépressives des pays industriels ne peut guère se concevoir, écrit-il, en dehors de transferts massifs de population... Les pays en développement n'ont pas devant eux de nouveau monde à conquérir. Leur seule soupape de sécurité, c'est l'émigration pacifique vers les pays riches les moins densément peuplés.»

Les observateurs des Nations unies s'entendent pour qualifier les années 90 de décennie de l'immigration. Combien d'émigrants se tourneront vers le Québec?

---

2. *La population mondiale*, collection Repères des éditions La Découverte, 1989.

INTRODUCTION

1991, ANNÉE RECORD DANS L'HISTOIRE DE L'IMMIGRATION AU QUÉBEC

Mille neuf cent quatre-vingt-onze marque une année record pour l'immigration au Québec : un peu plus de 50 000 immigrants s'installent chez nous. Même si ce chiffre dépasse de beaucoup l'objectif que le ministère de l'Immigration s'était fixé pour cette année-là, nous sommes néanmoins encore bien loin des dépassements enregistrés dans un pays comme l'Allemagne. Loin, aussi, du nombre d'immigrants qu'accueille l'Ontario : alors que le Québec prend environ le quart des nouveaux arrivants au Canada, l'Ontario en reçoit la moitié.

Mais, le Québec aura tout de même reçu en 1991 le plus grand nombre d'immigrants de son histoire : 51 420[3], en dépit des effets d'une interminable récession économique. Plus que le double des 21 063 entrées internationales enregistrées en 1981, autre année de récession. Le nombre d'immigrants atteindra un plancher de 14 641 en 1984.

À ces 51 420 immigrants admis au Québec en 1991, il faut ajouter, pour avoir un portrait d'ensemble de la population étrangère au Québec à ce moment-là, quelque 14 030 demandeurs d'asile politique fraîchement débarqués (avril 1991) et 28 121 autres demandeurs d'asile attendant que les fonctionnaires fédéraux statuent sur leur sort depuis 1989 et même parfois bien avant cette date.

La présence étrangère, c'est aussi 11 914 travailleurs temporaires[4] et 19 854 étudiants, détenteurs de certificats d'acceptation du Québec (CAQ), inscrits dans des collèges et des universités du Québec.

---

3. Source : Direction des études et de la recherche, MCCI.
4. Statistiques sur les certificats d'acceptation du Québec.

Cent millions de personnes passent les frontières canadiennes

Mille neuf cent quatre-vingt-onze aura aussi été, à l'échelle canadienne, une grosse année en immigration : 229 730 étrangers ont obtenu un visa d'immigration, selon des données fédérales[5]. Du jamais vu depuis 35 ans, alors que le Canada enregistrait une pointe de 282 000 immigrants. Pour les amateurs de statistiques, le véritable record de tous les temps en immigration canadienne, ce fut en 1913 quand, au temps du peuplement des Prairies, le Canada accueillit 400 870 immigrants.

Le va-et-vient aux frontières canadiennes est devenu, par ailleurs, une affaire fort accaparante : «Plus de 100 millions de personnes (près d'une soixantaine de millions sont des Canadiens rentrant au pays, moins d'une quarantaine de millions sont des Américains et environ quatre millions viennent d'autres pays) passent par l'un des quelque 600 points d'entrée au Canada tous les ans, qui toutes doivent être interrogées et identifiées[6].

«Environ 500 000 sont des visiteurs qui ont besoin de visas ; quelque 200 000 autres sont des immigrants qui doivent passer une entrevue et faire l'objet d'un examen médical et d'une enquête de sécurité. »

«Le Canada accepte plus d'immigrants, en proportion de sa population, que tout autre pays dans le monde, affirment les auteurs du document *Pour une politique d'immigration adaptée aux années 90* du gouvernement fédéral. Le pourcentage de l'immigration dans la population, en 1991, est de 0,75 au Canada ; 0,72 aux États-Unis ; 0,70 en Australie ; 0,18 en France ; et 0,09 au Royaume-Uni. »

Depuis la fin de la guerre 1939-1945, ou plus exactement de 1950 à 1986, selon Statistique Canada, près de 23 millions de personnes ont été accueillies par les pays traditionnels d'immigration : 13,3 millions aux États-Unis, 5 millions au Canada, 3,5 millions en Australie, 1 million en Nouvelle-Zélande…

Beau grand pays bâti par les immigrants, le Canada continue de dépendre en bonne partie de ceux-ci pour sa survie. Les données du recensement 1991 de la population canadienne

---

5.   Source : Statistique Canada, document IM-242-1-93.
6.   Rapport *Pour une politique d'immigration adaptée aux années 90* du gouvernement fédéral.

(27 296 859 habitants, dont 6 895 963 Québécois) démontrent
en effet que le taux de croissance de 7,9 % de la population, par
rapport au recensement de 1986, s'explique par une plus forte
immigration et une diminution de l'émigration.

Les résultats du recensement de 1991[7] nous apprennent que
le pourcentage de la population immigrante demeure néanmoins
stable : 16,1 %, par rapport à 15,6 % au recensement de 1986.
Alors que la proportion d'immigrants atteignait 22 % en 1911,
elle passait à 17 % pendant la Deuxième Guerre mondiale et se
stabilisait à 16 % à partir du recensement de 1951. Au total, le
Canada compte 4 342 890 immigrants, c'est-à-dire des personnes qui ne sont pas nées au Canada, mais qui ont acquis le
droit d'y vivre en permanence.

Au Québec, ils sont 591 210, soit 8,7 % de la population.
Les immigrants du Québec viennent principalement, selon le
dernier recensement, d'Europe (48,6 %), d'Asie (22,3 %), des
Antilles (9,6 %), d'Afrique (7,8 %), du Moyen-Orient (7,8 %),
d'Amérique latine (6,5 %) et d'Afrique du Nord (5,9 %).

Cela dit, même si nous avons enregistré un nombre record
d'immigrants ces derniers temps, le Québec n'en est pas devenu
pour autant une terre surpeuplée. Loin de là. Et pourtant le
peuplement du territoire remonte déjà à quelques millénaires.

LE PEUPLEMENT DU QUÉBEC REMONTE À DES MILLÉNAIRES

Un autochtone, selon le *Robert*, c'est celui « qui est issu du
sol même où il habite, qui est censé n'y être pas venu par immigration ».

Nous serions donc tous, au sens strict de la définition, des
immigrants au Québec. Avec des dates d'arrivée différentes :
d'abord, les Paléoindiens, les Iroquois et les Inuit ; ensuite, les
Français et les Anglais, et les Irlandais ; et, enfin, les Haïtiens,
les Vietnamiens, les Libanais...

Le Québec aurait accueilli ses premiers immigrants voilà 135
siècles, selon une brochure du ministère des Affaires culturelles.
Peut-être était-ce plus « récent » ? En tout cas, les experts s'en-

---

7. *Le Quotidien* de Statistique Canada, publié le 8 décembre 1992.

tendent pour dire que les premiers seraient venus de l'Ouest et du Sud-Est. Vraisemblablement vers 11 500 ans avant notre ère, après la fonte du glacier et après le retrait des eaux[8]. Ces Paléoindiens, dit-on, vivaient de la chasse aux grands mammifères. Dont le mammouth et le mastodonte, qui disparaîtront il y a environ 8 000 ans. Plus tard, entre 6 000 et 2 500 ans avant aujourd'hui, la population du «Québec» sera composée de chasseurs-cueilleurs. Puis, à partir de 2 500 ans avant notre ère, la population connaîtra un grand essor démographique. La culture du maïs et la cueillette prennent une place plus importante dans l'alimentation, à côté de la chasse et de la pêche.

Dans *Les Indiens, la fourrure et les Blancs*[9], Bruce G. Trigger rajuste ces spéculations à la lumière des découvertes récentes des archéologues et anthropologues, qui sont aujourd'hui en mesure d'effectuer des recherches plus pointues grâce à de nouvelles techniques.

«... De 9 000 à 8 000 avant notre ère, écrit-il, la mer de Champlain recouvrait la vallée du Saint-Laurent. Ce n'est que vers 4 000 avant notre ère que les conditions de l'environnement se stabilisèrent et que le milieu atteignit à peu près l'état que nous lui connaissons aujourd'hui.»

Les Iroquoiens habitaient la vallée du Saint-Laurent il y a entre 2 000 et 5 000 ans, estiment d'autres experts. «Les analyses ostéologiques de populations iroquoiennes laissent croire, selon les anthropologues, que celles-ci étaient beaucoup moins sujettes aux stress alimentaires et aux famines que ne l'étaient les populations européennes du Moyen-Âge[10].»

Les premiers habitants des Amériques n'auraient pas cherché à conquérir de nouvelles terres. «À l'opposé des Européens et des habitants d'autres continents, qui quittèrent et continuent de quitter en grand nombre leur pays d'origine pour venir vivre sur le sol de l'homme rouge, l'histoire ne rapporte aucun cas d'Amé-

---

8. Brochure du ministère des Affaires culturelles,1985.
9. *Les Indiens, la fourrure et les Blancs, Français et Amérindiens en Amérique du Nord*, Bruce G. Trigger, Boréal/Seuil, 1990.
10. Article des anthropologues Gérard Gagné, Ph.D., et Pierre Bibeau, M.Sc., publié dans *Le Devoir*, le 17 juillet 1992.

rindien qui aurait délaissé volontairement son continent», affirme l'essayiste amérindien Georges E. Sioui[11].

Combien étaient-ils exactement ici même ? Impossible à dire, mais il est permis de croire que les premiers occupants étaient alors plus nombreux qu'aujourd'hui si l'on en croit les estimations de populations de bon nombre d'anthropologues pour l'ensemble des Amériques. Cent douze millions en 1492, dont 18 millions en Amérique du Nord.

Arrivent les Européens et « disparaissent » les Amérindiens

À partir de 1492 débarquent les Européens... avec leurs microbes. Des maladies contre lesquelles le système immunitaire des habitants des Amériques est dépourvu. Et s'amorce un terrible phénomène de dépopulation. «L'arrivée de Colomb fut l'étreinte mortelle d'une civilisation à une autre», dit l'ethnologue Claude Lévi-Strauss. En 400 ans, les populations passent de 112 millions à environ 5,6 millions pour les Amériques et de 18 millions à 300 000 pour l'Amérique du Nord.

Parlant des victimes des massacres de masse, des corvées esclavagistes et des maladies contre lesquelles ces peuples n'étaient pas immunisés, Régis Debray écrit qu'«en matière d'hécatombe, on a rarement fait mieux et aussi vite[12].»

Pour décrire le phénomène de dépopulation, Georges E. Sioui relève dans son livre[13] cette citation du démographe américain Woodrow Borah : «Les peuples du Nouveau Monde et puis ceux de l'Océanie, qui vivaient en isolement complet ou presque complet, ont absorbé, (eux), en quelques décennies, l'impact de toutes les maladies qui pouvaient être disséminées. Ils reçurent en une très brève période la série de chocs que l'Europe et l'Extrême-Orient avaient été capables d'amortir en plusieurs millénaires.»

Le dernier recensement américain nous apprend que la population amérindienne est aujourd'hui en pleine ascension : au recensement de 1990, les États-Unis comptaient 1,9 million

---

11. *Pour une autohistoire amérindienne*, Georges E. Sioui, Les Presses de l'Université Laval, p. 41.
12. *Christophe Colomb, le visiteur de l'aube*, La Différence, Paris, 1991.
13. *Pour une autohistoire amérindienne*, Georges E. Sioui, Les Presses de l'Université Laval, p. 8.

d'Amérindiens. Cependant, la plupart des 542 tribus recensées étaient pour ainsi dire en voie d'extinction, n'ayant plus que quelques centaines de membres. Quatre tribus demeuraient numériquement importantes : les Cherokees (308 132 personnes), les Navajos (219 198), les Chippewas (103 826) et les Sioux (103 255)[14].

Au Québec, les Amérindiens et les Inuit, « ces étrangers venus d'ici » pour reprendre la formule de l'anthropologue Rémi Savard, sont 48 548, selon des calculs du ministère des Affaires municipales faits à partir des données du recensement de 1986. Et ils se répartissent ainsi par nations : 10 692 Mohawks, 9 039 Montagnais, 8 510 Cris, 6 149 Inuit, 4 738 Algonquins, 3 208 Attikameks, 2 865 Micmacs, 1 890 Hurons, 1 048 Abénakis et 409 Naskapis[15].

Les « autochtones » du Québec habitent quelque 50 communautés ou réserves, dont certaines se trouvent à proximité des grandes villes. Comme Kahnawake, Kanesatake et Wendake. Il faut y ajouter une quinzaine de communautés d'Inuit dans le Grand Nord québécois, au nord du 55e parallèle.

Les seules langues des premières nations encore vraiment vivantes au Québec sont les langues crie (la plus parlée, avec 11 000 locuteurs), inuit, montagnaise, naskapie et attikamek. La langue huronne est morte, l'abénakis en voie de le devenir, tandis que les langues mohawk, algonquine et micmaque sont sérieusement menacées de disparition. L'immense majorité des « autochtones » parlent l'anglais. Seuls les Montagnais, les Attikameks, les Hurons et les Abénakis ont adopté le français.

Lent peuplement des rives du Saint-Laurent

Jacques Cartier a planté ses premières croix en terre québécoise en 1534, mais le peuplement des rives du Saint-Laurent par les Français ne se fera pas immédiatement. Le pays appartiendra longtemps à des commerçants, qui se contentent de prendre les richesses du territoire pour vite les porter en Europe, et les

---

14. Dépêche de l'Associated Press, émanant de Washington, 18 novembre 1992.
15. *Les langues autochtones du Québec*, Les Publications du Québec, pour le compte du Conseil de la langue française.

colons mettront des décennies avant de s'installer. Et les rapports entre Amérindiens et Français seront pour le moins ambigus.

« Bien que navigateur et cartographe d'expérience, raconte Bruce G. Trigger[16], Cartier semble avoir manqué d'aisance et d'adresse dans ses rapports avec les Indiens. Alors que le chef iroquoien Donnacona cherchait à établir des rapports commerciaux avec les Français, Cartier enlève ses deux fils lors du premier voyage (1532) dans le golfe du Saint-Laurent. Lors du second voyage, il offense les Stadaconiens en ne leur demandant pas la permission d'utiliser leurs terres, et en ne concluant pas une alliance avec eux avant de visiter Hochelaga.

« En 1541, Cartier reçoit l'ordre de partir avec cinq navires transportant à bord plusieurs centaines de colons, suffisamment de provisions pour subsister durant deux ans, et tout le matériel nécessaire à la fondation d'un établissement florissant sur le Saint-Laurent à l'Ouest de Québec. »

Les Européens finissent par se désintéresser ensuite du Saint-Laurent, se rendant compte qu'ils sont sur la mauvaise voie pour trouver un passage vers l'Orient, qu'il n'y a ni or ni diamants à trouver. Il faut attendre une quarantaine d'années après les expéditions de Cartier pour observer une nouvelle tentative de peuplement des rives du Saint-Laurent.

« Vers 1588, écrit Trigger, Jacques Noël, neveu et héritier de Cartier, et son partenaire Étienne Chaton de La Jannaye, capitaine de navire, obtiennent le monopole des mines et des fourrures au Canada, et, contre promesse de peupler et de fortifier le pays, l'autorisation de recruter annuellement soixante ouvriers dans les prisons. Il s'agit du premier contrat établi avec la couronne qui cherche spécifiquement à promouvoir la colonisation sans qu'il en coûte un sou aux caisses royales épuisées. »

Ce monopole sera cependant de courte durée à la suite des protestations des marchands de Saint-Malo. Il faudra ensuite près d'un siècle avant que la France n'investisse dans la colonisation de la Nouvelle-France.

---

16. *Les Indiens, la fourrure et les Blancs, Français et Amérindiens en Amérique du Nord*, Bruce G. Trigger, Boréal/Seuil, 1990.

1663-1760

L'*Histoire générale du Canada*[17] nous enseigne que la colonie n'est pas très peuplée en 1663 : 3 000 colons, dont le tiers sont des enfants de moins de 15 ans. Le roi de France lance donc un programme de recrutement, mettant sous contrat quelques centaines de jeunes travailleurs agricoles ou de jeunes soldats qui s'engagent à passer au moins trois ans en Nouvelle-France. Transport, logement, frais de subsistance et même modeste salaire sont assurés. La moitié reviendront.

Cet effort de peuplement sera assorti d'une campagne de recrutement d'immigrantes. Les « filles du roi », des orphelines ou des femmes sans soutien pour la plupart à qui le roi faisait une dot avant leur départ pour la colonie.

Yves Landry note que « c'est avec l'instauration du gouvernement royal en 1663 et l'envoi, au cours de la décennie qui a suivi, de quelque 1 200 militaires et 800 filles à marier que la croissance de la population s'est accélérée et que la viabilité du pays a été assurée[18]. » Landry précise que plus du tiers des filles à marier venaient de la Salpêtrière, « qui était la "grande maison" de l'Hôpital général de Paris réservée exclusivement aux miséreuses, qui y cherchaient un refuge, et aux exclues de toutes sortes (mendiantes, prostituées...) enfermées de force par mesure de défense sociale. »

L'opération de peuplement sera un succès : « En 1681, année où la population du Canada approche les 10 000, il ne se fait plus, peut-on lire dans l'*Histoire du Canada*, d'immigration sur une grande échelle : un petit nombre de soldats vont s'établir dans le pays, on recrutera quelques engagés, on y enverra quelques repris de justice ; mais dans l'ensemble, la hausse de la population va désormais se faire par accroissement naturel. » La population d'origine française atteindra 60 000 en 1760. « La

---

17. *Histoire générale du Canada*, œuvre originale de six historiens du Canada anglais dirigés par Craig Brown de l'Université de Toronto, dont la version française a été réalisée par une équipe d'historiens et de traducteurs sous la direction de Paul-André Linteau de l'Université du Québec à Montréal, Éditions du Boréal, 1988.

18. *Cap-aux-Diamants*, n° 34, été 1993.

colonisation se développe à vive allure dans le pays plat et fertile qui entoure Montréal. »

1760-1840

En 80 ans, la population fera un bond gigantesque. « L'Amérique du Nord britannique – ainsi qu'on nomme alors le Canada – compte plus d'un million et demi d'habitants d'origine européenne : 650 000 dans le Bas-Canada (Québec) ; 450 000 dans le Haut-Canada (Ontario) ; 130 000 en Nouvelle-Écosse ; 100 000 au Nouveau-Brunswick ; 60 000 à Terre-Neuve ; et 45 000 dans l'Île-du-Prince-Édouard. Quant aux "autochtones", ils ne forment plus qu'un dixième de la population. »

La Révolution américaine a fait fuir au Canada des dizaines de milliers de Loyalistes à cette époque, mais le gros des immigrants viendront des îles britanniques. « ... le départ de la Grande-Bretagne pour l'Amérique du Nord britannique durant toutes ces années est indubitablement un exode des familles et des individus loin des conditions difficiles de leur patrie, vers les colonies les plus accessibles. S'installer ailleurs, c'est la réaction pragmatique de gens dont la vie a été brisée. La plupart sont plutôt pauvres (bien que pas complètement démunis) et ne nourrissent que des ambitions modestes. »

Les conditions de voyagement de ces émigrants ressemblent à s'y méprendre à celles des *boat people* d'aujourd'hui : « Voyages cauchemardesques semés de morts et d'affliction ; espaces réduits où ne parviennent des écoutilles ni lumière ni air ; lits infects ; odeur fétide... » La traversée de l'Atlantique peut durer de 11 à 12 semaines.

L'historien et généalogiste Marcel Fournier estime que la colonie connaîtra sa plus grande vague d'immigration en 1847, « alors que 96 000 immigrants, dont 54 000 Irlandais arrivent au pays. Mais, 20 000 Irlandais meurent du typhus[19]. »

1840-19...

Marcel Fournier écrit, par ailleurs, qu'« au recensement de 1861 la population du Québec atteint 1 111 566 habitants. La

---

19. *Cap-aux-Diamants*, n° 34, été 1993.

part des Québécois de souche est de 1 015 564, soit plus de 91 % de la population. »

Les années 1860 marqueront ensuite le véritable début d'un certain pluralisme culturel en immigration canadienne. Le pays ouvre ses portes aux paysans pauvres d'Europe de l'Est, notamment aux Juifs chassés par les pogroms russes, et aux membres de sectes opprimées : 75 000 Ukrainiens, doukhobors, huttérites et mennonites, qui ne font que passer au Québec, pour vite s'en aller développer l'Ouest canadien.

Au fait, en 1867, au moment de la naissance de la Confédération, le Canada a une population de 3,5 millions d'habitants, ainsi répartis : 1 million de Canadiens d'origine française, 846 000 d'origine irlandaise, 706 000 d'origine anglaise, 550 000 d'origine écossaise et 400 000 autres, soit 12 %, d'autres origines.

« La prospérité économique d'avant-guerre est à la fois la cause et la conséquence d'une spectaculaire croissance de la population. En 1901, le Canada comptait 5 371 315 habitants ; au cours de la décennie suivante, une hausse de 34 % porte ce chiffre à un peu plus de 7,2 millions d'habitants et, en 1921, avec une nouvelle hausse de 22 %, la population atteindra 8,8 millions. »

Au tournant du siècle, beaucoup d'immigrants viendront des États-Unis, où les terres cultivables et bon marché se font maintenant rares. Ils viendront aussi d'Europe de l'Est. Et d'Asie. La décennie 1901-1911 a connu la plus forte immigration de l'histoire canadienne avec 1,7 million. Pour la seule année 1913, on enregistre 400 000 immigrants. De 1919 à 1930, plus de 100 000 immigrants entrent chaque année au pays.

La dépression économique fera ensuite chuter radicalement les entrées d'immigrants. Les restrictions à l'immigration seront appliquées avec plus de sévérité et plus de dureté. Avec discrimination, aussi, comme on le verra plus loin.

« Le Canada est moins un pays qu'un réservoir plein de la progéniture aigrie de peuples vaincus, fait dire par un de ses personnages, Tim Callaghan, le controversé romancier québécois Mordecai Richler dans *Gursky*. Canadiens français qui se détruisent à trop s'apitoyer sur eux-mêmes ; descendants d'Écossais ayant fui le duc de Cumberland ; les Irlandais, la famine ; et les Juifs, les Pogroms. Et puis ces paysans d'Ukraine, de

Pologne, d'Italie, de Grèce, tout juste bons à cultiver le blé, extraire du minerai, manier le marteau, tenir des restaurants et faire là où on leur dit de faire. La plupart d'entre nous sommes encore amassés le long de la frontière, à lécher la vitrine du marchand de bonbons, apeurés par les Américains d'un côté et la nature de l'autre. Et aujourd'hui qu'on est ici et qu'on prospère, on s'arrange pour exclure des nouveaux arrivants plus mal dégrossis que nous l'étions, parce qu'ils nous rappellent nos humbles origines de marchands d'Inverness, le "shtetl", ou les marais d'Irlande[20]. »

Nous sommes donc tous l'immigrant de quelqu'un, nous venons tous d'ailleurs, mais, au fait, d'où partons-nous ? Depuis quand migre-t-on ?

---

20. *Gursky*, de Mordecai Richler, chez Calmann-Lévy, 1992.

CHAPITRE 1

De l'Homo erectus *d'Afrique* *au* big boom *démographique*

> « *En deçà de nos ancêtres culturels nous avons des ancêtres primordiaux en la souche de l'humanité, née en Afrique australe et qui s'est diasporée sur tous les continents. Nous participons à la même identité humaine.* » (Edgar Morin[21])

Si les mouvements migratoires ont atteint, au début des années 90, une ampleur sans précédent dans l'histoire de l'humanité, à tout le moins par le nombre des migrants, les migrations ont certainement existé de tout temps. Migrer, c'est sans doute le vrai plus vieux métier du monde.

La littérature ne rapporte pas de phénomènes migratoires de l'ampleur de ceux que nous connaissons ces années-ci, mais de nombreux auteurs mentionnent des déplacements de populations, des histoires de populations qui changent de territoire pour améliorer leur sort, pour trouver de meilleures conditions de vie.

L'affaire commence, il y a environ 100 000 ans, quelque part entre l'Afrique et le Proche-Orient. Au départ, selon des découvertes de généticiens français, américains et suisses, tous les peuples actuels seraient issus d'un unique groupe, d'une population vivant en Afrique orientale ou au Proche-Orient il y a 100 000 ou 200 000 ans[22].

TOUS ISSUS D'UNE MÊME SOUCHE

Nous descendrions donc tous de la même souche, d'une population composée de quelques centaines de milliers de

---

21. Extraits d'une entrevue avec le sociologue Edgar Morin publiée dans l'édition du 3 et 4 juillet 1993 du quotidien français *Libération*.
22. Article d'Yvonne Rebeyrol du journal *Le Monde* repris par *Le Devoir* du 31 mars 1992.

chasseurs-cueilleurs qui se déplaçaient au gré des changements climatiques. Le premier mouvement migratoire remonterait au déplacement de l'*Homo erectus* d'Afrique, il y a entre un et deux millions d'années. Un deuxième mouvement, partant également d'Afrique, aurait conduit au dispersement de l'*Homo sapiens* sur toute la planète, même jusqu'en Australie, voilà 60 000 à 100 000 ans.

Les premiers migrants se seraient séparés en deux groupes : l'un partant coloniser l'Afrique, l'Asie de l'Ouest et l'Europe, l'autre se dirigeant vers le nord, puis vers l'Australie et la Mélanésie. Et, ensuite, vers les Amériques, par le détroit de Béring (probablement quelque part entre 18 000 ou 35 000 ans avant notre ère), et, enfin, vers l'Océanie, à partir de l'Orient.

C'est l'une des hypothèses retenues par plusieurs scientifiques, aujourd'hui. Un scénario qu'utilise André Langaney, directeur du laboratoire de génétique et de biométrie au Muséum de Paris, pour démontrer que la notion de race n'a plus aucun sens pour la science moderne[23].

« D'un point de vue zoologique, observe Langaney, nous appartenons tous à une seule et même espèce, nous sommes tous des *Homo sapiens*, animaux sexués, primates, mammifères placentaires, vertébrés à sang chaud. »

Luca Cavalli-Sforza croit lui aussi en ce foyer initial unique. « Globalement, les différences que l'on observe entre les populations actuelles sont assez petites ; cela plaide en faveur d'un foyer initial unique de l'homme moderne. Car s'il avait évolué à partir de plusieurs souches, on n'aboutirait pas à des groupes aussi proches[24]. » Le professeur-généticien Luigi Luca Cavalli-Sforza, de la University Medical School de Stanford, vient de consacrer 12 ans de sa vie à travailler avec une équipe de recherche à constituer l'atlas génétique de l'humanité. Il estime, dans une interview au *New York Times*[25], qu'à partir de l'introduction de l'agriculture au Moyen-Orient, il y a environ 10 000 ans, les fermiers d'alors ont élargi leur territoire, leur espace vital d'un kilomètre par année. Pour finalement atteindre l'Europe. Ces premiers fermiers – dont les descendants directs seraient,

23. *L'Express*, juin 1990.
24. *Nouvel Observateur*, n° du 23 au 29 septembre 1993.
25. *New York Times*, 27 juillet 1993.

selon le professeur Luigi Luca Cavalli-Sforza, les Basques d'aujourd'hui, «qui sont génétiquement et linguistiquement loin des autres Européens» – auraient donc peu à peu remplacé les nomades chasseurs-cueilleurs.

COMME DES NÉNUPHARS...

La population mondiale aurait, selon Albert Jacquard[26], progressé très lentement pendant des siècles : nos ancêtres chasseurs-cueilleurs n'auraient été que quatre à cinq millions à se partager la planète ; l'invention de l'agriculture, quelque 10 000 ans av. J.-C., met un frein au nomadisme et amène la sédentarisation, le travail de la terre et la domestication des animaux, autant de changements qui feront passer l'effectif mondial de 5 à 50 et à 100 millions en quelques milliers d'années ; l'industrialisation et une lutte plus efficace contre les maladies conduiront à une explosion démographique de 800 millions d'hommes à la fin du XVIIIe siècle. Le cap du milliard sera franchi à la fin du XIXe siècle.

La suite de la croissance démographique mondiale ressemble à une série d'opérations de multiplication : 2,5 milliards en 1950. Et, le 11 juillet 1987, naissance du cinq milliardième terrien. Elle atteint 5,7 milliards en 1993, selon le dernier rapport du FNUAP.

Nous sommes aujourd'hui 5,7 milliards, ou plutôt nous étions 5,7 milliards au moment où ces lignes furent écrites, puisque 10 000 enfants naissent chaque heure. La population mondiale dépassera les 6 milliards avant la fin de l'an 2000 et approchera les 10 milliards en 2050. Même qu'au milieu du prochain siècle, ce pourrait être, selon les experts du FNUAP, 12,5 milliards si les mesures de contrôle des naissances sont moins efficaces que prévu[27].

Le nombre des naissances n'explique pas à lui seul la progression démographique, il y a aussi la durée de la vie des humains qui y est pour beaucoup. Et la victoire du vieillissement n'est pas terminée : d'ici à un siècle, l'espérance de vie

---

26. *Cinq milliards d'hommes dans un vaisseau*, Albert Jacquard, Éditions du Seuil.
27. *Un Monde en équilibre. État de la population 1992*, rapport du FNUAP.

moyenne pourrait être portée, selon le démographe J. Bourgeois-Pichat, de 75 à 100 ans, et l'âge maximal pourrait être reporté de 115 à 140 ans, et même à 150 ans.

Jacquard invente cette petite fable pour illustrer les répercussions de ce fulgurant accroissement démographique. C'est comme pour les nénuphars « qui, chaque jour, procréent chacun un autre nénuphar. Le premier jour, il y a un nénuphar, le second jour 2, le troisième 4... Par hypothèse, la dimension de l'étang est telle qu'au bout de cent jours sa surface est entièrement recouverte, la vie de la tribu nénuphar est alors arrêtée faute d'espace.

« Au bout de combien de jours, demande-t-il, la surface d'eau libre représente-t-elle encore la moitié de l'étang ? (...) La bonne réponse est 99 jours. On peut constater qu'au bout de 95 jours la surface occupée n'est encore que de 3 % de l'étang. Si quelques nénuphars Cassandre alertent alors leurs congénères en prédisant que cela va mal se terminer, ils se heurtent au scepticisme : "Après 95 jours, il reste encore 97 % d'espace libre, nous avons le temps de voir venir, continuons comme avant". En fait, il ne leur reste que 5 jours avant la catastrophe... Nous sommes aujourd'hui proche de la saturation de la planète... Il nous faut parvenir à une stabilisation de l'effectif humain. »

« LE MONDE PÉRIRA ÉTOUFFÉ PAR LES BERCEAUX »

La planète affiche déjà « complet », affirme Noël Brown, directeur nord-américain du programme environnemental des Nations unies[28]. L'explosion démographique, la « bombe D » comme on l'a surnommée, est la première responsable, soutient Brown, de la déforestation et de la désertification.

En outre, le monde a déjà dépassé le point de saturation dans sa capacité de disposer de ses déchets. Selon le Worldwatch Institute, la pollution de la planète nous a fait perdre 200 millions d'hectares (500 millions d'acres) d'arbres depuis 1972. C'est l'équivalent du tiers de la superficie des États-Unis. De plus, les agriculteurs ont perdu 500 tonnes de terres cultivables. Des lacs et des rivières ont été transformés en égouts. Et des dizaines de milliers d'espèces animales et végétales ont disparu depuis 1972.

---

28. *Time*, 1ᵉʳ juin 1992.

Traitant du boom démographique mondial, un journaliste de *Libération* imagine[29] que si « ces futurs Terriens consommaient les ressources au même rythme qu'un Américain aujourd'hui, l'équivalent des réserves pétrolières actuelles serait consommé en quatre ans et demi ! Les stocks de zinc disparaîtraient en trois ans et demi, le cuivre en moins de cinq ans, l'aluminium en vingt ans... Et il faudrait augmenter de 56 % les terres arables dans les pays en développement.

« L'hypothèse, conclut-il, conduit à l'absurde : un monde englouti par la consommation. Autrement dit, soit le tiers-monde se hisse au niveau des pays industrialisés et c'est un désastre écologique. Soit il ne le fait pas, et c'est un désastre humanitaire. »

À la veille de la Conférence internationale sur la nutrition de décembre dernier, à Rome, Édouard Saouma, agronome libanais et directeur général de l'Organisation des Nations unies pour l'alimentation et l'agriculture (FAO), explique, dans un entretien à l'hebdomadaire français *L'Express*[30], les problèmes d'espace que posera une augmentation de trois milliards d'individus d'ici à 25 ou 30 ans. Calculant qu'il faut un kilomètre carré pour installer un millier de personnes, Saouma estime qu'il faudra alors trouver 300 millions d'hectares de terrains supplémentaires, « dont l'essentiel sera pris sur des sols arables ».

Où trouver ces réserves de terres cultivables pour nourrir ces trois milliards d'humains supplémentaires ? « Un peu aux États-Unis et au Canada, répond Saouma, mais essentiellement en Amérique latine : Argentine, Brésil, Colombie, Paraguay. C'est là que se trouvent les dernières "frontières vertes" – mais aussi la forêt tropicale, "poumon" de la planète qu'il convient de préserver. Lorsqu'on en prend conscience, on mesure le caractère limité des ressources de notre monde. »

Dans une interview à *Paris-Match* coiffée du titre « Le monde périra étouffé par les berceaux[31] », le commandant Cousteau affirme que la surpopulation est le danger le plus grave qui nous guette, et il évoque un monde idéal qui n'abriterait que... de 700 à 800 millions d'humains.

---

29. *Libération*, édition du 30 avril-1ᵉʳ mai, 1993.
30. *L'Express*, 4 décembre 1992.
31. Extraits de cette interview cités dans *Le Point*, 30 mai 1992.

Assez de bouffe pour tout le monde ?

Ce discours alarmiste sur la terre saturée d'hommes, qui n'aura plus assez de ressources naturelles pour nourrir tout le monde, n'est pas nouveau.

Jadis, en son temps, Thomas Robert Malthus s'était inquiété lui aussi de la croissance de la population du XVIIIe siècle, une croissance plus rapide que celle des subsistances. L'économiste et pasteur anglican concluait, dans son *Essai sur le principe de la population* publié en 1798, que cela conduirait l'humanité tout droit vers la famine totale.

Deux cents ans plus tard, ses prédictions se sont avérées. En partie, du moins. Un rapport de l'Organisation mondiale de la santé (OMS)[32] évalue à deux milliards le nombre de pauvres sur la terre. « Si la pauvreté se mesure au nombre de personnes qui ne bénéficient pas d'un niveau de vie leur garantissant une alimentation adéquate, de l'eau saine en quantité suffisante, des services d'assainissement, un logement décent et l'accès à l'éducation et aux soins de santé, on compte plus de deux milliards de pauvres, soit 40 % de la population mondiale. Une forte proportion d'entre eux sont des femmes et des enfants, généralement plus exposés aux risques pour la santé liés à l'environnement ».

Si la situation actuelle des inégalités demeurait inchangée, les neuf dixièmes de la population mondiale de la fin du prochain siècle habiteraient les actuels pays en voie de développement et n'auraient à se partager que le cinquième des richesses de la planète. En ce moment, 20 % de la population de la planète se partagent plus de 80 % du revenu mondial.

Le malthusianisme n'a jamais cessé de hanter les esprits. Le biologiste Jean Rostand reprenait, à son tour, cette doctrine de la terre surpeuplée incapable de nourrir tous les humains dans un livre publié en 1971. « Pour que l'Humanité poursuive sa marche, écrit-il, encore faut-il qu'elle survive. Deux menaces pèsent sur l'humanité : un conflit nucléaire et l'accroissement démesuré du nombre des humains.

« Ce magnifique protoplasme humain peut tourner à la catastrophe s'il n'y est pas mis un frein. Certes, une part seulement

---

32. Rapport de l'Organisation mondiale de la santé rendu public le 4 mars 1992 à Genève.

des terres cultivables est l'objet d'une culture rationnelle; les déserts, les régions polaires, les océans pourront être exploités, les algues, les levures fourniront de nouvelles sources de nourriture. Mais tout cela aura une limite; et ce n'est pas seulement le défaut de subsistance qui menace l'Homme, mais aussi le manque d'eau douce, le manque de place. Il n'y a, sur notre petite terre, que cent millions de kilomètres carrés qui soient habitables[33]».

Cent six millions de naissances évitées, une économie de 472 milliards

Le rapport sur l'*État de la population mondiale en 1991* du FNUAP précise que les objectifs de fécondité et de planification familiale pour la prochaine décennie sont primordiaux à la survie de l'espèce humaine. Le FNUAP propose une nouvelle réduction du taux de fécondité des pays du tiers-monde : de 3,8 enfants à 3,3 enfants avant la fin du siècle. «Tout échec coûterait cher», évaluent les auteurs du rapport, qui ont calculé que, même dans un pays comme l'Inde, les frais d'éducation et de soins médicaux s'élèvent à 7 000 $ par enfant.

«Les 106 millions de naissances évitées depuis 1979, notent-ils avec froideur et cynisme, représentent une économie de 472 milliards de dollars. Sans compter l'impact sur l'environnement...»

Un ancien président de la Banque mondiale préconise lui aussi, dans un discours prononcé devant l'ONU, un «effort massif global» de planning familial dans les années 90[34]. Constatant que l'actuelle population de 5,7 milliards pourrait tripler en un siècle, il déduit que cet accroissement massif de la population affectera les écosystèmes, « en particulier les sols et l'eau, les forêts, la photosynthèse et le climat ».

Au cours d'un colloque de la Société royale du Canada, tenu à Ottawa en novembre 1991, l'astrophysicien français Jean-Claude Pecker, qui fut membre fondateur du comité des droits de la personne de l'Académie des sciences, a évoqué le recours à la stérilisation obligatoire pour contrer l'explosion de population de la race humaine. «Il est à craindre que nous serons peut-

---

33. Préface de Jean Rostand du prologue de la collection de vingt-cinq volumes de *L'Humanité en marche*, p. 16. Réalisation des Éditions du Burin; distribution des Éditions Martinsart.
34. Dépêche AFP, émanant de New York, 10 décembre 1991.

être obligés de violer des droits fondamentaux de la personne si nous voulons que l'humanité survive. L'un des plus grands besoins actuellement est de réduire le taux de naissances dans les pays pauvres. Pour y arriver, vous devez peut-être stériliser des gens après deux enfants, par exemple. Vous allez peut-être devoir choisir cette solution draconienne dans moins de 50 ans. Nous voyons venir l'échéance, mais personne n'ose en parler».

La solution idéale, selon Pecker, serait néanmoins de hausser le niveau de vie dans les pays pauvres, mais les pays riches ne sont pas prêts à faire les sacrifices nécessaires pour y parvenir. Le fossé entre les pays riches et les pays pauvres ne fait que s'élargir, a-t-il également souligné, tant du côté de l'économie que de celui de la population. Et des violations des droits de la personne se produisent presque partout. Les pays riches, par exemple, interdisent les migrations, même si la Déclaration des droits de la personne des Nations unies reconnaît le droit aux gens de vivre là où ils le veulent.

TRANSFERT MASSIF DE POPULATIONS

«Pour ne pas engendrer la pression à l'émigration qui s'exerce maintenant dans les pays du tiers-monde, observent les auteurs du *Rapport sur l'état de la population du Canada 1991*, il n'aurait pas fallu que s'amorce leur croissance démographique après la Seconde Guerre mondiale. Cela implique qu'il aurait fallu la décision impensable et impossible de refuser aux pays du tiers-monde la réduction de leur mortalité qui équilibrait alors leur forte fécondité. Cette rapide croissance démographique étant maintenant un fait, une des thèses les plus répandues est qu'il faudrait fournir à ces pays les moyens d'en supporter les consé-quences, c'est-à-dire de se développer afin d'atteindre des niveaux de bien-être tels que l'incitation à l'émigration vers les pays riches aujourd'hui soit freinée… Un raisonnement juste, mais pas simple à appliquer…»

L'écart entre les nantis et les démunis continue de s'élargir, selon les auteurs du *Rapport mondial de 1992 sur le développe-ment durable*[35], et la misère du tiers-monde constitue une grande

---

35. Analyse tirée du rapport de la conférence-exposition internationale Globe 92, tenue en mars à Vancouver.

menace pour la sécurité de l'environnement et la transformation des biens communs de l'humanité.

« Dans les siècles passés, dit un haut fonctionnaire de l'ONU[36], les disparités économiques trouvaient leur solution dans les guerres et les insurrections, mais aujourd'hui plus personne ne veut la guerre. Alors la solution (aux disparités), c'est le transfert massif de populations (du tiers-monde) dans les pays développés. Je crois que c'est ce qu'appréhendent les Allemands en ce moment ».

Le déclin démographique dans les pays riches et la forte croissance démographique dans les pays pauvres produiront, selon les analyses du FNUAP, l'équivalent d'« une dénivellation entre deux systèmes de basse et haute pression dans l'atmosphère : il pourrait en résulter un fort vent de migration se dirigeant vers le Nord. »

De quels pays partiront les émigrants de demain ? D'où viendront les immigrants des prochaines années ?

---

36. *Globe and Mail* du 31 janvier 1992.

CHAPITRE 2

Pays d'émigration : la misère du monde

> « Vous risquez d'être envahis demain de multitudes d'Africains, qui, poussés par la misère, déferleront en vague sur les pays du Nord. Vous aurez beau faire des législations contre l'émigration, vous ne pourrez pas arrêter ce flot, parce qu'on n'arrête pas la mer avec ses bras. »
>
> (Abdou Diouf, président du Sénégal[37])

Jadis les grands courants migratoires se faisaient, bien souvent, des pays riches vers les pays qui composent le tiers-monde d'aujourd'hui, ils charriaient des flots d'aventuriers partant faire fortune dans des contrées sauvages. C'est maintenant l'inverse qui se produit : on quitte des pays pauvres non pour s'enrichir mais pour survivre, pour échapper à une sécheresse, pour se remettre d'un tremblement de terre, pour fuir une guerre. Des dizaines de millions d'êtres humains se trouvent dans cette situation.

Dans son livre sur l'immigration, Ezzedine Mestri observe que «l'errance des pauvres n'est pas prête à prendre fin en ce XXe siècle. Le fait migratoire est devenu un phénomène mondial au sens où l'immigration la plus récente se caractérise par la diversification et l'éloignement des pays d'origine, en liaison étroite avec des pratiques d'exclusion politique et sociale, dont sont de plus en plus victimes des minorités ethniques ou des opposants à des régimes totalitaires[38]. »

Même son de cloche dans *L'Europe des immigrés* de Dominique Schnapper[39]: «Impossible d'arrêter l'immigration à moins

---

37. Extraits d'une entrevue au quotidien français *Le Figaro*, 3 juin 1991.
38. *L'Immigration*, collection Repères, Éditions La Découverte, 1990.
39. *L'Europe des immigrés*, de Dominique Schnapper publié chez François Bourin.

de modifier nos règles de circulation en compromettant nos libertés, souligne l'auteur. L'aide aux pays pauvres n'empêchera pas non plus la poussée migratoire parce qu'elle accroît la productivité, ce qui incite à l'émigration.»

Le commentaire le plus percutant sur les inévitables transferts de populations du sud au nord revient au président du Sénégal Abdou Diouf : «Vous risquez, déclare-t-il dans une interview au quotidien *Le Figaro*[40], d'être envahis demain de multitudes d'Africains, qui, poussés par la misère, déferleront en vague sur les pays du Nord. Il faut faire attention à ce que l'antagonisme Est-Ouest ayant disparu, nous ne retrouvions un antagonisme plus grave, qui serait l'antagonisme Nord-Sud. Vous aurez beau faire des législations contre l'émigration, lance-t-il en guise d'avertissement aux pays riches, vous ne pourrez pas arrêter ce flot, parce qu'on n'arrête pas la mer avec ses bras... Ce sera comme des hordes que vous avez connues dans votre Moyen-Âge.»

Cent millions de migrants dans le monde

Cent millions d'êtres humains étaient obligés, par la force de circonstances indépendantes de leur volonté, de migrer en 1993. Vingt millions de plus qu'en 1990. Si la tendance actuelle se maintient, nous n'avons encore rien vu !

Le dernier rapport du FNUAP, publié en juillet 1993, fait donc état non plus de 80 millions mais de 100 millions de personnes contraintes à migrer. En plus de ces quelque 100 millions de migrants, il faut ajouter des dizaines et des dizaines de millions de demandeurs d'asile que les pays prospères, stables et calmes d'Asie, d'Europe et d'Amérique qualifient de «réfugiés économiques», d'émigrants fuyant la pauvreté et non la persécution.

Un précédent rapport du FNUAP (avril 1992) faisait état de 70 millions de personnes parties des pays du tiers-monde pour aller travailler, légalement ou illégalement, dans les pays industrialisés. Et les experts du FNUAP prédisent que, dans les prochaines années, viendront s'ajouter à ces migrants économiques des «réfugiés environnementaux», qui fuiront des

---

40. *Le Figaro*, 3 juin 1991.

catastrophes naturelles. Par exemple, le réchauffement de la planète pourra faire monter le niveau de la mer et inonder des terres arables, forçant des populations à partir. Ce serait notamment le cas de 16 % des Égyptiens et de 10 % des habitants du Bangladesh.

Au nombre des errants forcés figurent les réfugiés au sens de la Convention de Genève, c'est-à-dire des personnes menacées de mort ou de persécution dans leur pays. Ils sont de plus en plus nombreux. Les statistiques du Haut Commissariat (des Nations unies) pour les réfugiés (HCR) parlent d'elles-mêmes : 2,5 millions en 1970 ; 8,2 millions en 1980 ; 12,2 millions en 1986 ; et 14,7 millions au début des années 90, auxquels il faut ajouter quelque 2 millions de Palestiniens. Il était déjà question, à l'automne 1993, de 20 millions de réfugiés dans le monde.

Le nombre des pays d'émigration ne cesse de s'accroître.

UN PAYS D'ÉMIGRATION PARMI D'AUTRES : HAÏTI

Un pays d'émigration, c'est, en gros, un pays devenu invivable. Invivable à cause de la dégradation de la situation économique, à cause de la détérioration de l'environnement ou à cause du pourrissement du climat sociopolique. Haïti fait partie de ces quelques dizaines de pays devenus invivables, l'un de ces pays d'où l'on a envie de partir seulement parce qu'on sait que n'importe où ailleurs la vie sera meilleure.

La République d'Haïti n'est peut-être pas à l'heure actuelle le bout de la misère du monde, mais elle a tout ce qu'il faut pour figurer en bonne place au palmarès des principaux pays d'émigration.

Il ne faut pas séjourner bien longtemps à Port-au-Prince pour comprendre pourquoi une écrasante majorité d'Haïtiens font tout en leur possible pour partir, pour fuir. « C'est pire qu'en Inde, parce qu'ici, il n'y a plus d'espérance », se serait exclamée Mère Teresa, lors de sa brève visite dans le pays il y a quelques années. Pour saisir le sens de ce diagnostic, il suffit d'arpenter quelques fois Delmas, cette artère qui traverse Port-au-Prince d'un bout à l'autre. À partir des bidonvilles grouillants, bruyants et malodorants qui s'aplatissent au bord de la mer jusqu'aux quartiers cossus perchés dans les vertes collines fleuries réservées à la petite élite locale, aux membres du corps diplomatique et du clergé, ainsi qu'à des macoutes.

Partout, au milieu des eaux usées qui ruissellent et des odeurs de diesel mêlées à celles du charbon de bois, de poulets ou de cabris grillés et d'excréments, des milliers d'humains s'affairent : des femmes portant des charges impressionnantes sur la tête ; des hommes, des centaines d'hommes à rien faire ; des enfants tendant la main, en se frottant le ventre et en murmurant au passant « J'ai grand goût » ou « Donne-moi petite monnaie » ; des centaines de marchandes écrasées çà et là le long des rues défoncées, qui espèrent trouver preneur pour un bout de savon, un morceau de gomme, un paquet de viande-mouches, des légumes... Partout du monde. De la poussière, des nuages de fumées noires s'étirant derrière les camions transportant charbons de bois, bananes et grappes humaines se tenant en équilibre sur le dessus de la cargaison, des tap-taps qui roulent. Des dizaines de travailleurs équipés de pics et de pelles s'attaquant à un flanc de colline, remplissant les bennes de gros camions.

Et, ici et là, une phrase pour se donner du courage : «*Se palanje, non. Se la volonté, oui*», proclame une banderole au-dessus d'une route. «Pisse de crapaud fait un ruisseau», promet un slogan peinturluré en bleu sur un tap-tap. «*God is able*», assure un autre tap-tap.

Haïti, pays d'émigration par excellence : il ne faut pas séjourner bien longtemps à Port-au-Prince pour comprendre pourquoi une écrasante majorité d'Haïtiens font tout en leur possible pour partir.

Même le plus grand hôpital de Port-au-Prince est crasseux. Rien n'y est blanc. Pas même les pansements des malades, qui sont tellement maculés de sang qu'ils déteignent sur les taies d'oreillers. Pas la peine de décrire la couleur des draps et des murs. Les blocs opératoires restent imprégnés des éclaboussures des dernières interventions chirurgicales. Pas le temps de nettoyer. Tout ce qui rappelle l'institution de santé, c'est une forte odeur de désinfectant s'élevant du plancher et emplissant entièrement les narines... et ce sont les files de malades, de zombies, de mourants en attente de consultation aux portes des différents services.

Dans cet hôpital, on peut même crever littéralement de faim ou de soif si personne de sa famille ne trouve le temps ou les moyens d'apporter de quoi sustenter son malade !

Alors qu'il se trouvait en exil forcé, le prêtre-président Jean-Bertrand Aristide a écrit un livre sur son pays, *Tout moun se moun*, dans lequel il décrit l'Haïti des années 80 : «... À l'intérieur d'un quartier, au pays de la sous-humanité, de l'oppression faite misère ou de la misère faite oppression. Tant certaines images du sombre pays paraissent vous mener au cœur de l'enfer. Même si les photos des bidonvilles et des crève-la-faim courent parfois à travers le monde, il faut voir, il faut entrer dans les gourbis de Port-au-Prince. Des lacis de ruelles si étroites qu'il faut parfois avancer de profil en prenant garde de ne pas marcher sur les enfants. Les baraques en tôle ne résistent pas longtemps aux averses tropicales et au ruissellement qui peut tout emporter. Les rares points d'eau coulent deux heures par jour, le précieux liquide est payant. On s'entasse dans des espaces si réduits qu'il faut dormir à tour de rôle. Et pourtant, ici, on naît, on vit, on meurt[41]. »

Au royaume des malades, les faux médecins sont rois

La République d'Haïti a changé pour le pire dans les années 90 : la répression l'a menée dans des abîmes inimaginables et la désertification l'a conduite au désastre écologique.

---

41. *Tout moun se moun, Tout homme est homme*, Jean-Bertrand Aristide, président de la République d'Haïti, Éditions du Seuil, avril 1992, p. 68.

À propos des services de santé en Haïti, Aristide écrit, toujours dans son livre *Tout moun se moun* que «les enfants (en) sont les premières victimes : la mortalité infantile atteint cent vingt pour mille, et plus de la moitié des enfants – malnutrition ou fléaux – sont physiologiquement anormaux. Comment seraient-ils en bonne santé quand nous comptons un médecin pour vingt mille habitants, presque toujours installés en ville. La typhoïde, la tuberculose, le sida sont courants[42]», et les dispensaires sont rares, même en ville. Rares et mal équipés.

Sans compter que les médecins doivent se battre, comme Maxon Guerrier, ce jeune médecin du dispensaire de Delmas 32 desservant 15 000 personnes au minimum, contre les marchands de pilules et les guérisseurs qui, c'est le cas de le dire, pullulent ici. Au royaume des malades, les faux médecins sont rois.

Un exemple : le meilleur «médecin» du bidonville Carrefour, c'est «Maître Richard». Un monsieur vaguement formé dans les écoles d'infirmerie du Québec et généreusement subventionné par les bonnes œuvres d'une municipalité de nos Laurentides. À son cabinet, il reçoit indistinctement tuberculeux et sidéens, coud des peaux en lambeaux... Et apporte sans doute

Même les rares personnes qui parviennent à trouver du travail ne peuvent espérer une vie normale.

---

42. *Tout moun se moun, Tout homme est un homme*, Jean-Bertrand Aristide,

un minimum de considération à des humains qui en ont désespérément besoin, faute de pouvoir obtenir des vrais soins de santé.

Ce «Maître Richard» n'est du reste pas seul à jouer les missionnaires d'opérette dans ce pays : sans même les chercher, j'ai croisé une bonne demi-douzaine de mécènes québécois. Les uns débarquant avec des boîtes de linge, concurrençant ainsi les religieux qui, eux, vendent les vêtements donnés au Québec ; d'autres s'amenant avec des solutions bibliques, technologiques ou carrément affairistes.

Et que dire de ces couples à la peau blanche, venus d'Europe ou d'Amérique du Nord, «magasinant» leur bébé dans des orphelinats bondés d'enfants enflés par la malnutrition. Des bébés qui se hissent de peine et de misère sur les barreaux de leur lit ou qui gisent, les yeux ronds comme des billes et la peau ratatinée comme celle des vieillards, avec des jambes grosses comme des petits doigts, qui répètent comme des incantations «papa, maman» quand circulent entre les lits les visiteurs blancs.

Même les rares personnes qui parviennent à trouver du travail ne peuvent espérer une vie normale. Par exemple, la journée de travail des employés d'un modeste hôtel commence à 4 h 30. Travail jusqu'à la pause de 6 heures, pour la distribution d'un verre d'eau sucrée. Petit déjeuner à 9 heures, le temps d'avaler en vitesse un petit biscuit sec ou, avec un peu de chance, un tout petit morceau de viande. La deuxième et dernière fois qu'ils auront le droit de manger aux frais de l'entreprise, au cours de la journée, ce sera vers 14 h 30. Menu fixe : riz, ou maïs, ou céréale chaude. Salaire quotidien : cinq gourdes ou un dollar.

« Impossible d'oublier ces têtes roulant dans la rue »

La réalité peut parfois être pire que la vie de tous les jours en Haïti. Et pas seulement quand les médias d'Occident rapportent des scènes d'horreur. Ainsi, au cours de l'hiver 1991, alors que les dépêches d'agences de presse donnaient à croire que tout était au beau fixe partout et qu'un grand vent d'espoir soufflait sur tout le pays à la veille des cérémonies d'investiture du premier président élu démocratiquement, eh bien !, des touristes québécois y ont vécu les pires moments de leur existence. Des gens plus ou moins retraités, qui ne voulaient pas bronzer idiots et qui voulaient apporter leur modeste contribution au soulagement de la misère des humains du tiers-monde en achetant la formule vacances-services. Ils n'avaient jamais imaginé que la réalité puisse être aussi ahurissante.

Un ex-policier de Saint-Alexis-des-Monts, Pierre Bertrand et sa femme Julie ne sont pas près, pour leur part, d'oublier ces images de cadavres dépecés et brûlés, manière « père Lebrun », ces scènes des massacres dont ils furent témoins le 7 janvier 1991 : « Impossible d'oublier cette odeur de chair humaine qui brûle, ces sons de tam-tam qui retentissent dans la nuit, cette foule en transe déferlant en direction de la maison de la maîtresse de Roger Lafontant (l'ex-chef des Tontons macoutes)... et cet homme à qui on a baissé les culottes pour lui couper le pénis et les testicules. Ces têtes roulant dans la rue ; ces cadavres qu'on laisse pourrir dans la rue, pour l'exemple... »

Un journal local confirme les propos des Bertrand, et en rajoute même un peu : « L'anthropophagie montre le nez en Haïti », souligne le journaliste du *Haïti Observateur* de janvier 1991, qui publie une photo d'un photographe de *Newsweek* montrant un déchouqueur portant à sa bouche un morceau de chair de macoute grillée. « Retour en arrière de trente-deux ans » explique le journaliste, qui se souvient que « les duvaliéristes de Papa Doc s'amusaient à hacher les cadavres des putschistes et à annoncer qu'ils en mangeraient la chair. Tel père, tel fils », commente le journaliste. Ou, en créole, «*jouwoumou pa donnen kalbas*»[43].

La situation ne cesse de se dégrader. « Les anciennes structures répressives se sont reconstituées, affirme Amnistie internationale dans un rapport publié le 19 août 1992. Les Haïtiens vivent constamment dans la terreur, tandis que les oppresseurs sont libres de tuer, de torturer et de terroriser le pays en toute impunité. Haïti sombre dans l'anarchie et les forces de sécurité multiplient les violations des droits de la personne en sachant pertinemment qu'elles ne seront pas inquiétées... Des dizaines de milliers de Haïtiens sont obligés de se cacher dans leur propre pays. Des milliers d'autres ont fui leur pays en masse. »

---

43. *Haïti Observateur*, du 23 au 30 janvier 1991.

Comment ne pas rêver de partir ?

Selon les derniers rapports de la Fédération internationale de la Croix-Rouge et du Croissant-Rouge, le nombre de sous-alimentés dépasse aujourd'hui le million. Les paysans mangent leurs semences, vendent leurs animaux et coupent les derniers arbres pour les transformer en charbon de bois.

Comment ne pas rêver de foutre le camp au plus tôt d'un enfer pareil ! La « Perle des Antilles », comme on disait jadis quand on se donnait encore la peine d'imprimer des dépliants touristiques pour vanter les charmes d'Haïti, brille pour de moins en moins de monde.

· « À côté de maisons bourgeoises d'une architecture remarquable, écrit l'écrivain haïtien Jean Metellus[44], où les habitants baignent dans la fraîcheur et l'aisance du matin au soir, au sein de jardins colorés et verdoyants, parmi les arbres fruitiers les plus variés, tout près de villas où se mêlent à profusion à longueur d'année bougainvillées et hibiscus, manguiers, bananiers, goyaviers, amandiers, sapotilliers, cirouelliers, calebassiers et fleurs de toutes couleurs et de tous parfums, s'incrustent des habitats dérisoires construits avec des matériaux de récupération, totalement insalubres, sans commodités, éclairés au kérosène, à la merci du premier vent fort, vulnérables à l'incendie, sans hygiène et sans eau, brûlés du matin au soir par le soleil. »

L'ex-premier ministre Jean-Jacques Honorat, issu du putsch qui entraîna l'exil du président élu Jean-Bertrand Aristide et qui devait lui succéder, décrivait lui-même ainsi la ligne de pouvoir haïtienne, lors d'une conférence au Centre Woodrow Wilson, à Washington, en septembre 1986 : « 4 000 familles urbaines, dont 3 000 dans la seule ville de Port-au-Prince, et 200 millionnaires en dollars réalisent plus de 9 000 $ par an par personne ; à l'opposé, 61 p. cent des familles paysannes perçoivent moins de 45 $ par an par personne, tandis que 95 pour cent de cette masse vit au-dessous du seuil de la pauvreté absolue, seuil estimé à 150 $ par an par la Banque mondiale. Il s'ensuit forcément, au niveau de cette immense majorité de la population, l'inobservance la plus totale des droits humains les plus fondamentaux, tels que

---

44. *Haïti, une nation pathétique*, Denoël, 1987.

ceux de tout homme, de toute femme et de tout enfant au pain
quotidien, au logement sain, au vêtement décent, à l'éducation
et à la santé. »

Une histoire d'émigration qui remonte à l'indépendance

Cette « tradition », ce besoin d'émigrer chez les Haïtiens ne
date pas d'hier. Comme les souffrances du peuple.

« Après l'Indépendance survenue le 1er janvier 1804, raconte
Jean-Claude Icart[45], nous observons une absence totale de véritables courants migratoires à partir d'Haïti durant tout le XIXe
siècle. Le pays vit coupé du reste du monde, entouré de puissances colonialistes et esclavagistes. Haïti devient... l'intrus
dans le monde, et toute son histoire sera celle d'une longue lutte
contre l'isolement.

« Le XXe siècle, poursuit Icart, sera radicalement différent, et
verra deux importantes périodes migratoires sous l'occupation
américaine et sous le régime duvaliériste... L'abondante force
de travail nécessaire à l'importante industrie sucrière mise sur
pied par les Américains en République dominicaine et à Cuba
sera recrutée principalement en Haïti. Entre 1913 et 1934, plus
de 400 000 travailleurs haïtiens iront à Cuba, et autant en République dominicaine. Littéralement "vendus" par leur gouvernement à celui de Santo Domingo.

« Ces migrations sucrières, mieux connues sous le nom de
traite verte, furent d'une telle importance qu'elles laissèrent leur
empreinte dans la structure de la population haïtienne. Haïti
hérite donc du rôle de réservoir de main-d'œuvre de la région.
En d'autres termes, l'intégration d'Haïti à la sphère économique
américaine se fera surtout par l'exportation de la force de travail. »

Icart évoque ensuite les saignées sous le régime duvaliériste,
l'exode des cerveaux, d'abord dans les années 60, et l'émigration
massive de travailleurs dans les années 70. « Le duvaliérisme

45. Communication livrée lors d'un séminaire scientifique sur les tendances
    migratoires dans les pays de la francophonie, organisé par le ministère
    des Communautés culturelles et de l'Immigration (MCCI) en marge du
    Sommet de la francophonie de Québec et tenu à Montréal du 25 au 28
    août 1987.

emplissant tout l'espace, il n'y a plus que la mer autour d'Haïti. »
Les Haïtiens seront d'ailleurs les premiers *boat people* à
échouer sur les côtes nord-américaines, en décembre 1972. Aux
États-Unis, ce fut en premier lieu sur une plage de Pompano en
Floride.

Et à cette époque, ils arrivaient massivement comme simples
touristes à Montréal. Au point qu'Haïti devient alors le numéro
un au hit parade de l'immigration québécoise.

Après la vague des exilés politiques des années 60 et celle
des faux touristes des années 70, et malgré l'imposition du visa
obligatoire pour tout ressortissant haïtien désirant passer la frontière canadienne et en dépit du fait qu'une toute petite poignée
d'immigrants indépendants parviennent à obtenir la note de
passage de la grille de sélection, le nombre d'Haïtiens qui arrivent
au Québec demeure impressionnant : depuis le début des années
80, ils sont entre 2 500 et 3 000 par an à partir d'Haïti pour venir
rejoindre un parent déjà établi. Les autorités fédérales n'avaient
jamais imaginé que le bassin de parrainage pouvait être aussi
vaste dans ce seul petit pays.

Au Canada, ils sont 50 000, surtout dans la région montréalaise (les quartiers de Saint-Michel et de Parc Extension dans
Montréal, ainsi que Saint-Léonard et Montréal-Nord). Ils sont
30 000 aux Bahamas, quelques milliers en Guyane et dans les
Antilles françaises. Et probablement près d'un million, immigrants légaux et clandestins additionnés, aux États-Unis, selon
une source au consulat américain à Port-au-Prince.

Le consulat américain en Haïti émettait 8 777 visas en 1989,
10 000 en 1990, prévoyait en émettre encore plus en 1991 et
envisageait d'atteindre une pointe de 14 000 en 1992.

«Nous n'imposons pas de quotas pour l'immigration familiale, explique un fonctionnaire au consulat. Et, bien que ces
arrivées massives d'immigrants, souvent inaptes au marché du
travail et rarement intégrables à la société américaine, constituent des problèmes socio-économiques importants pour des
villes comme New York ou Miami, nous serions bien mal venus
de changer nos lois et règlements d'immigration basés sur la
réunification des familles pour ne les appliquer qu'aux seuls
immigrants anglophones. D'ailleurs, les puissants lobbys hispaniques, sud-américains, asiatiques et même antillais bloqueraient

immédiatement un gouvernement qui s'aventurerait à défendre une politique discriminatoire. »

« En Haïti, on est libre de pratiquer sa religion, alors quoi... »

Au moins un Haïtien sur sept vit à l'étranger, selon Paul Dejean, ancien exilé haïtien au Québec sous les régimes duvaliéristes, père et fils, et ami personnel du prêtre-président Jean-Bertrand Aristide.

« Ils sont, précise-t-il au cours d'une interview[46] entre 500 000 et 1 000 000 dans le pays voisin, la République dominicaine ; la plupart sont coupeurs de canne à sucre, venus pour la période de la zaffra, qui s'installent là-bas après la récolte. »

La diaspora haïtienne dans la partie orientale de l'île d'Hispaniola connaît des conditions de vie qui frôlent parfois l'esclavagisme : attirés par la perspective de trouver du travail et de gagner un peu d'argent au moment de la récolte, un bon nombre de ces coupeurs de canne sont devenus de véritables esclaves dans ces grandes plantations, condamnés au travail forcé sous la menace des gardes armés du gouvernement dominicain.

Ils seraient sans doute encore plus nombreux dans la diaspora s'il n'y avait maintenant autant de freins pour les empêcher d'émigrer. À la suite du putsch du 30 septembre à Port-au-Prince et des violences qui s'ensuivirent, des centaines et des milliers d'Haïtiens ont fui. De la ville à la campagne, à pied. D'Haïti aux États-Unis dans des embarcations de fortune, de véritables cercueils flottants. Ils sont 34 000 à avoir trouvé les 90 $ nécessaires pour payer le passage vers les côtes américaines, la sortie des enfers, selon le journaliste Michael Tarr qui vit en Haïti depuis 1987[47].

Même si ça crève les yeux que le simple fait de se trouver en Haïti représente une menace à la vie pour de très nombreux Haïtiens, il est néanmoins devenu extrêmement difficile pour ceux-ci d'obtenir asile politique aux États-Unis, en France, en Suisse ou au Canada. Les Haïtiens qui parviennent à s'établir

---

46. Interview dans ses bureaux de la rue des Miracles à Port-au-Prince, le 1er février 1991.
47. *Globe and Mail*, 30 mai 1992.

dans un autre pays le font presque tout le temps, maintenant, en vertu d'un programme de réunification familiale.

Personne ne doute, en fait, qu'il existe en Haïti un véritable climat de terreur, une situation de grossière violation des droits fondamentaux depuis le renversement du régime du prêtre-président Jean-Bertrand Aristide, mais tout le monde continue néanmoins de faire comme si les demandeurs d'asile haïtiens n'étaient que de simples immigrants économiques cherchant à améliorer leur situation.

Les États-Unis appliquent à la lettre la vieille entente, conclue entre Washington et Port-au-Prince, permettant aux autorités américaines de retourner sur le champ, sans droit de plaider sa cause, tout Haïtien surpris en train d'essayer d'entrer aux États-Unis.

Si Haïti était dirigé par des dictateurs communistes au lieu d'être aux mains de tyrans militaires, écrit le journaliste David Ellis dans le magazine *Time*[48], les *boat people* haïtiens des derniers mois auraient pu trouver refuge aux États-Unis. Mais, explique un porte-parole du département d'État en réponse aux questions du journaliste, «en Haïti, les gens sont libres de pratiquer la religion de leur choix et de décrocher un emploi – s'ils en trouvent.»

L'attitude américaine à l'égard des *boat people* haïtiens a été vivement dénoncée par les défenseurs des réfugiés. «Il est clair que les États-Unis sont en train de violer la Convention de Genève relative au statut de réfugié», déclare le Conseil canadien pour les réfugiés dans un communiqué le 31 mai 1992.

Le nouveau président Bill Clinton n'a guère été plus conciliant envers les *boat people* haïtiens que son prédécesseur : pour régler le problème posé par les *boat people* haïtiens en territoire américain, il préconise des solutions politiques... en Haïti. Si ça va moins mal en Haïti, les Haïtiens chercheront moins à fuir vers les États-Unis. Le gouvernement canadien est du même dire.

Cela dit, ce n'est pas demain la veille qu'Haïti cessera d'être un pays d'émigration pour devenir un pays d'immigration.

---

48. *Time*, 2 décembre 1991.

DE L'AFRIQUE À L'ASIE, EN PASSANT
PAR LE MOYEN-ORIENT

Et ce n'est pas demain la veille que la liste des pays d'émigration cessera de s'allonger !

Ces pays d'émigration, nous les découvrons plus souvent qu'autrement par les reportages de télévision montrant des hordes d'êtres humains fuyant une guerre ou une catastrophe naturelle. Ce sont tantôt des Kurdes gelant dans les montagnes enneigées de Turquie, tantôt des corps inertes d'enfants éthiopiens autour desquels s'agitent des nuées de mouches, tantôt des femmes squelettiques croupissant dans des camps en Somalie... Les images nous hantent quelques jours, quelques semaines. Et puis les équipes de télévision changent de plateau de tournage. D'autres images viendront nous troubler et nous faire reléguer aux oubliettes celles du mois dernier. Pourtant, la vie ne sera nulle part devenue plus supportable dans ces pays.

«La pitié s'érode. Les gens sont submergés par les tragédies du monde entier», constate un responsable d'une agence gouvernementale américaine d'assistance en voyant le peu d'empressement de la communauté internationale à répondre à l'appel au secours de l'ONU pour les Africains. Pourtant les rapports de presse sont interpellants.

Un relevé, certes incomplet, de ceux du début des années 90 permet de mesurer une partie de cette misère du monde. Les noms des pays ne sont peut-être plus les mêmes aujourd'hui, mais leur nombre n'a certainement pas diminué.

Surpopulation, sécheresse, famine et guerres ont transformé, ces derniers temps, tout le continent africain en un théâtre d'une des pires tragédies humaines de l'histoire.

Malgré le sida (qui ne freine la croissance démographique que [!] de 7 %) et en dépit du très haut taux de mortalité, les pays d'Afrique connaissent un taux de croissance annuel moyen de 3,01 %. À ce rythme-là, la population aura doublé dans 35 ans[49].

C'est à l'intérieur du continent africain, où, selon le dernier rapport de l'Organisation des Nations unies pour l'alimentation et l'agriculture, 142 millions d'Africains souffrent de la faim,

---

49. *L'Express*, 9 octobre 1992.

que l'on observe les plus importants mouvements migratoires : 5 millions de réfugiés et 12 millions de personnes déplacées. Obligées de partir pour survivre, pour ne pas mourir.

Partout, et toujours, le même scénario hallucinant de milliers de migrants errants.

À son retour d'un voyage le long du fleuve Sénégal, le correspondant du journal *Le Monde* décrit l'enfer de ces migrants wolofs, toucouleurs et soninkés qui errent de village en village en Mauritanie, au Mali et au Sénégal. « Leurs maigres champs de sorgho ne les nourrissent plus. Une épouse, souvent deux, dix enfants, vingt enfants. Le désert qui s'étend. Le soleil qui brûle tout. L'exil comme destin... Immigrés de toujours, toujours ils émigreront. Il n'est que d'arpenter les terres arides qui les ont vu naître et se désespérer pour le vérifier[50]. »

Guy Sorman raconte l'épopée d'un jeune migrant sénégalais dans son livre *En attendant les Barbares*[51]. L'histoire de Mahmadou, ce pourrait être celle de deux millions de ses compatriotes qui émigrent en Europe ou même en Amérique du Nord et qui font quasiment vivre les six millions de Sénégalais qui restent au pays.

Mahmadou quitte donc son village de Gandiaye pour monter sur Paris. Mais, auparavant, il aura rendu visite au marabout de son village, qui lui promettra bonheur et prospérité et qui lui donnera un gri-gri pour le rendre invisible au passage des frontières. Mahmadou se rend d'abord à Bamako au Mali. En train. Puis, il gagnera l'Algérie et la Tunisie. En car. De là, il s'embarquera dans la cale d'un rafiot pour se diriger vers la Sicile. Il remontera l'Italie. À pied, le plus souvent. Un passeur lui fera franchir les Alpes, et lui indiquera la direction de Paris.

Mahmadou a l'adresse d'un « cousin » dans la capitale française, qui l'aidera à se trouver une place dans un foyer clandestin, qui est en général une sorte de réplique, à l'échelle, d'un village sénégalais avec ses anciens, son marabout, son tailleur, son cordonnier, son cuisinier. Même s'il ne parle pas français et même s'il ne sait ni lire ni écrire, Mahmadou trouvera vite un emploi. Au noir. Dans la confection, parce que Mahmadou

---

50. *Le Monde* du 26-27 avril 1992.
51. *En attendant les Barbares*, Guy Sorman, Fayard, chapitre 12.

appartient à la tribu des Toucouleurs du Sénégal et que ceux-ci ont la réputation d'être de bons tailleurs. Il touchera l'équivalent du SMIC (salaire minimum), mais sans les charges sociales. Il se fera tout discret pour éviter d'attirer l'attention des autorités. Il transférera presque tous ses revenus à sa famille. Dix personnes vivront de ses mandats postaux au Sénégal.

Après trois ans de dur labeur, rapporte Sorman, Mahmadou a eu le mal du pays. Il est revenu à Gandiaye, où l'on a accueilli en héros celui qui venait de « faire la France ». Il restera quelques mois au village, puis la pression sociale le poussera à repartir. Les anciens, les femmes et les enfants ont impérativement besoin des mandats de l'étranger, autrement ils devraient abandonner le village.

Tous les Africains n'ont pas la « chance » de Mahmadou

L'immense majorité des Africains n'ont pas la « chance » de Mahmadou. La plupart des réfugiés et des « personnes déplacées » ne sortent pas du continent africain. Ils fuient un pays de calamités pour aboutir dans un pays de misère. Il suffit de passer à travers les coupures de presse des derniers mois pour mesurer l'ampleur du drame africain :

— En Afrique australe, où sévit la sécheresse la plus sévère du siècle, plus de 23 millions de personnes y sont dans le besoin[52]. Le Mozambique est de loin le plus frappé, rapporte *Le Monde diplomatique* dans son édition de juillet 1992. « Guerre et sécheresse combinées ont jeté cinq millions de Mozambicains – un tiers de la population – sur les routes et près de deux millions d'entre eux ont, en outre, franchi les frontières pour se réfugier dans les pays limitrophes. On meurt aujourd'hui de faim et de soif au Mozambique, le choléra y a éclaté, la mortalité infantile, déjà la plus élevée du monde selon l'UNICEF, y monte en flèche. Selon les Nations unies, trois millions de personnes sont directement menacées de mort dans les semaines qui viennent. »

— Au Malawi, un citoyen sur huit est un réfugié. La plupart sont venus du Mozambique, fuyant la guerre civile qui y perdure

---

52. *Afrique-Relance*, avril 1992.

depuis la déclaration d'indépendance et qui a déjà fait plus d'un million et demi de morts en 16 ans et fait fuir des centaines de milliers de Mozambicains. Surtout au Malawi, un pays qui n'avait déjà pas assez de denrées alimentaires de base pour nourrir ses propres citoyens. Pas plus du reste que le Zimbabwé, la Zambie, la Tanzanie et le Swaziland où des dizaines de milliers d'autres Mozambicains ont échoué.

— En Éthiopie, rapporte *Le Monde diplomatique*, la situation n'a jamais été aussi catastrophique que maintenant. Neuf millions d'Éthiopiens sont en danger de mourir de faim ou de soif, soit plus encore qu'au cours de la famine de 1984[53].

— En Somalie, les mots et les images ne suffisaient plus à un certain moment pour y décrire la souffrance. « Je n'ai jamais vu un tel désastre, s'exclame Daniel Tauxe, délégué général pour l'Afrique du CICR[54]. » Il s'agit ici d'une population en voie d'extinction.

Des responsables américains d'organisations humanitaires affirment que le quart des enfants de moins de cinq ans a succombé à la famine et à la guerre civile. « À Baidoha, écrit Bertrand Le Gendre[55], les enfants meurent de famine et d'indifférence, les yeux mangés de mouches, petits corps squelettiques agrippés aux seins fripés de leurs mères... La gorge se serre devant ces hordes faméliques, qui guettent, anéanties, un peu de compassion. Hébétés, des enfants au visage purulent expriment une douleur muette... La Somalie meurt de l'indifférence de l'Occident, de sa timidité à lui venir en aide. La Somalie meurt aussi de sa propre folie. »

« L'ancienne colonie italienne aura tout connu, rapporte *Le Monde*[56]. De l'expérience du socialisme scientifique à l'alliance avec les États-Unis, elle fut d'abord un pion stratégique sur l'échiquier mondial, mais, l'enjeu disparu, vint la guerre civile... Aujourd'hui, la Somalie n'a plus ni gouvernement, ni armée, ni loi. Dans ce vide juridique, la population de six millions d'habitants est l'otage de multiples chefs de factions. » Et ces derniers ont empêché pendant de très longs mois les missions

---

53. *Le Monde diplomatique*, juillet 1992.
54. *Le Monde*, juillet 1992.
55. Correspondance spéciale du journal *Le Monde*, 7 août 1992.
56. *Le Monde*, 30 juillet et 6 août 1992.

humanitaires de l'ONU d'aller porter secours à la population. L'ONU a même dû dépêcher quelques dizaines de milliers de militaires pour permettre l'acheminement de nourriture aux populations affamées.

Parce qu'en plus de la sécheresse, il y a ces luttes de pouvoir entre Issaks du nord, Ogaden du sud et Hawiye du centre[57]. «Les milices sont des pillards, rapporte *L'Express*[58]. Le riz volé est revendu à prix d'or. L'argent réuni sert à acquérir des munitions. Et surtout du qat, ces feuilles euphorisantes dont on est friand de part et d'autre de la mer Rouge. Après avoir masti-qué cette drogue douce, les "pistoleros" somaliens sont comme fous.» Rien ne prouve qu'au départ des troupes onusiennes le pays ne reviendra pas sous le joug des pillards.

— Les luttes ethniques en Afrique centrale sont également encore loin d'être éteintes. Notamment au Rwanda, où elles ont conduit, dans les années 60 et 70, quelque 270 000 personnes à chercher refuge au Burundi, en Ouganda et en Tanzanie.

Le Burundi, où les Tutsis (14 % de la population) exercent un pouvoir quasi absolu sur le pays, au détriment des Hutus (85 % de la population) et des Twas (1 % de la population), a lui-même contraint plus de 80 000 de ses nationaux à trouver refuge au Rwanda, en plusieurs vagues, et 155 000 en Tanzanie. Trois cent mille Tutsis ont fui le Rwanda, où les Hutus les massacraient, pour venir s'installer en Ouganda. De nouveaux massacres à l'automne 1993 ont encore entraîné sur les routes d'exode des milliers de Tutsis et de Hutus.

Israël et Palestine, terre d'asile et terre d'exil

Israël est une terre de retour, le pays d'immigration par ex-cellence. La population israélienne étant toujours en forte expansion, le pays en est venu à manquer d'espace. Alors, la terre d'asile des uns a forcé l'exil des autres.

Les mouvements migratoires marquent, en fait, dramatique-ment l'histoire de peuplement de ce coin de planète. Rappelons quelques dates : d'abord, les Romains chassent les Juifs de Palestine au cours du premier siècle de notre ère. Les Arabes

---

57. *Le Monde diplomatique*, août 1992.
58. *L'Express*, 21 août 1992.

occupent ensuite, pendant quelques siècles, tout ce territoire. À la fin du dernier siècle, ils représentent toujours la population dominante parmi laquelle quelques milliers de Juifs se perdent.

Août 1897, à Bâle en Suisse, le Congrès sioniste tient sa première grande conférence en vue d'organiser le retour des Juifs du monde entier en Palestine. Les deux grandes guerres mondiales favoriseront la venue, en cette «terre sainte», d'environ un demi-million de Juifs fuyant les pogroms en Europe de l'Est et les persécutions nazies en Europe de l'Ouest. À mesure qu'ils repeuplent le pays, les Juifs agrandissent leur territoire, occupent ceux de leurs voisins. D'où les tensions et les violences entre Juifs et Arabes qui perdurent depuis plus de 50 ans.

Parce que le plan de partage de la Palestine en deux États, l'un juif et l'autre arabe, adopté à l'Assemblée générale des Nations unies le 29 novembre 1947, n'a jamais été mis en œuvre.

La population arabe de Palestine, en 1947, alors sous mandat britannique, se composait d'environ 1,3 million de personnes, aux deux tiers des familles paysannes jouissant d'un revenu supérieur à celui des autres paysans de la région. Contre 600 000 Juifs[59].

Pour les Palestiniens arabes, Israël représente, par la force des choses, un pays d'émigration : ils forment une nation de six millions de déracinés sans territoire ni institutions étatiques, éparpillés au Liban (591 000 Palestiniens, dont 317 000 réfugiés – 53 % dans des camps), en Syrie (295 000 Palestiniens, tous réfugiés – 29 % dans des camps), en Jordanie (1 559 000 Palestiniens, dont 999 000 réfugiés – 23 % dans des camps – auxquels il faut ajouter 350 000 Palestiniens expulsés du Koweït) et dans les territoires occupés par Israël depuis 1967, la Cisjordanie (1 104 000 Palestiniens, dont 452 000 réfugiés – 26 % dans des camps) et la bande de Gaza (613 000 Palestiniens, dont 595 000 réfugiés – 55 % dans des camps).

Israël a dépensé cinq milliards de dollars depuis 1967 pour la construction de 30 000 unités d'habitation destinées à loger 112 000 colons dans plus de 140 colonies de peuplement, rapporte Ed Broadbent à son retour d'une mission d'observation à titre de président du Centre international des droits de la

---

59. *Le Monde diplomatique*, juillet 1992.

personne et du développement démocratique[60]. Cette politique de peuplement des territoires attaque le droit au retour de quelque 750 000 Palestiniens qui vivent dans 61 camps de réfugiés, écrit Broadbent.

Dans les pourparlers de paix sur le Moyen-Orient, amorcés à Madrid en octobre 1991, les Palestiniens invoquent la résolution 194 des Nations unies pour faire valoir leurs droits. Votée le 11 décembre 1948, lors de la cent quatre-vingt-sixième séance plénière de l'Assemblée générale des Nations unies, cette résolution stipule qu'«il y a lieu de permettre aux réfugiés de rentrer dans leurs foyers le plus tôt possible et de vivre en paix avec leurs voisins et que des indemnités doivent être payées à titre de compensation pour les biens de ceux qui décident de ne pas rentrer dans leurs foyers et pour tout bien perdu ou endommagé... L'Assemblée générale donne pour instruction à la commission de conciliation de faciliter le rapatriement et le relèvement économique et social des réfugiés, ainsi que le paiement des indemnités[61]...»

Pour les Palestiniens arabes, les réfugiés sont ceux qui furent expulsés ou forcés de partir de chez eux à partir de 1947, ainsi que ceux qui ont été déplacés lors de la guerre de 1967.

L'accord historique du 13 septembre 1993, scellé par la célèbre poignée de mains du premier ministre israélien Itzhak Rabin et du chef de l'Organisation de libération de la Palestine (OLP) Yasser Arafat chez le président américain Bill Clinton, ne semble pas y faire cesser les dérangements migratoires.

Pour les Rohingyas, vaut mieux l'exil au Bangladesh que la répression en Birmanie

Si la question des réfugiés palestiniens est omniprésente dans les médias, il en est bien autrement de celle des Rohingyas, ces musulmans de Birmanie victimes des atrocités commises par les soldats birmans, qui brûlent les mosquées, prennent le bétail et les réserves de riz, ne laissant d'autre choix que l'exode.

Quelque 100 000 à 200 000 des 1,3 million à 3 millions de Rohingyas vivant en Arakan, État à majorité islamique du

---

60. *Le Devoir*, 25 février 1992.
61. Source : Publications officielles des Nations unies.

Myanmar ou ex-Birmanie, où prédomine la confession boud-
dhiste, se retrouvent dans des camps surpeuplés du Bangladesh.
À vivre à six, huit, dix personnes dans des huttes de branchages,
sur quelques mètres de terre battue[62].

« Tout vaut mieux que la répression en Birmanie, même
l'exil et la pauvreté au Bangladesh, déclare un réfugié au correspondant du journal *Le Monde*[63]. Les Birmans ne veulent plus de
nous, musulmans. Ils confisquent nos terres, violent nos femmes
et profanent nos mosquées. Alors, nous partons. » Pour le
Bangladesh, l'un des pays les plus pauvres et le plus densément
peuplé du monde, un pays plus souvent qu'à son tour ravagé par
des inondations et autres catastrophes naturelles.

Kurdes et Afghans

Cinq millions et demi d'Afghans sur une population totale
de 15 millions vivent à l'étranger et, pour ainsi dire, à proximité
de chez eux : 2,3 millions en Iran et 3,2 millions au Pakistan.

Ils sont répartis dans 12 camps de réfugiés au Pakistan, logés
et nourris par l'ONU et protégés par la police de l'ONU. Un plan
de rapatriement est en cours : un sur dix part, mais la plupart des
rapatriés reviennent au bout de deux jours. Le Pakistan, c'est la
désolation, mais l'Afghanistan, c'est pire avec ses terres minées
et ses trafiquants de drogue qui font régner la terreur.

Écartelés entre la Turquie, l'Iran, l'Irak et la Syrie, les
Kurdes, ce peuple de montagnards, sont eux aussi sans pays.
Même si leur présence sur les terres qu'ils occupent est millé-
naire. En Turquie, où ils représentent 20 % de la population, ils
sont des non-êtres. Continuellement confrontés aux aléas des
jeux politiques et des alliances de pays de la région, les Kurdes
sont en perpétuels déplacements forcés : « Six mois après la
fuite vers la Turquie et l'Iran, rapporte une dépêche d'agence,
au moins 500 000 des 3,5 millions de Kurdes qui vivent en Irak
sont encore déplacés. La population kurde n'est pas réfugiée
aux fins des statitiques onusiennes, mais déplacée dans son
propre pays, et l'exode d'avril dernier n'était que le plus récent
d'une longue série de migrations forcées par la destruction

---

62. *Libération*, 27 février 1992.
63. *Le Monde*, 28 mars 1992.

systématique, année après année depuis 1975, de quelque 4 500 villages kurdes».

Deux millions d'Indochinois partis s'enraciner ailleurs

Plus de deux millions de personnes ont quitté la péninsule indochinoise de 1975 à 1990. Un million et demi d'entre elles ont pu être réinstallées dans une trentaine de pays, dont près de la moitié aux États-Unis. La plupart étant des Vietnamiens considérés comme de véritables victimes du «communisme».

Au lendemain de l'instauration du parti communiste au pouvoir au Laos en décembre 1975, qui conduisit à la collectivisation des terres, et après les inondations de 1978, qui provoquèrent une baisse de la production agricole, des centaines de milliers de Laotiens se mirent en marche pour trouver un endroit où améliorer leur sort : de 1975 à 1985, on évalue à 309 000 le nombre de Laotiens qui se réfugièrent en Thaïlande.

Selon un relevé du Haut Commissariat des Nations unies aux réfugiés (HCR) du 31 janvier 1991, la Thaïlande comptait 78 977 réfugiés, dont un très, très petit nombre avait une chance de s'installer dans le pays – il faut prouver son origine thaïlandaise –, tandis que certains autres pouvaient espérer être choisis par les États-Unis, le Canada, la France et l'Australie.

En outre, le même rapport évaluait à 18 978 le nombre de revendicateurs de statut de réfugié en attente. Soit 4 611 Laotiens et 14 367 Vietnamiens. Sans compter quelque 320 000 Cambodgiens techniquement «déplacés» le long de la frontière entre la Thaïlande et le Cambodge et installés dans six camps frontaliers en Thaïlande. Des camps qui ont constitué pendant de nombreuses années des sortes de *no man's land* échappant à la juridiction thaïlandaise et se trouvant sous la coupe de fractions khmères qui y puisaient une partie des troupes avec lesquelles elles poursuivaient leurs combats.

Le HCR applique, depuis l'hiver 1992, son programme de rapatriement volontaire des Cambodgiens qu'il espérait compléter d'ici à 1993. L'opération est toutefois complexe : en premier lieu, il faut recenser les réfugiés afin de définir leur lieu d'origine et leur métier ; repérer, à l'aide du satellite français Spot, des terres fertiles non occupées au Cambodge ; restaurer des ponts, des routes et des voies de chemin de fer; mobiliser des dizaines de camions et d'autobus, et même des avions; prévoir une aide alimentaire pendant les 12 mois suivant l'installation...

Le choix des terres pose un problème quasi insoluble : la plupart des réfugiés veulent récupérer leurs propriétés (terrains, maisons), lesquelles sont occupées par ceux qui n'ont pas fui.

En outre, le plan de rapatriement se heurte à des difficultés inattendues : d'abord, beaucoup de réfugiés ne comprennent pas très bien leur intérêt de réintégrer ou même d'intégrer ce pays. Certains réfugiés vivent dans des camps depuis 13 ans, d'autres y sont nés. Quarante pour cent des réfugiés de certains camps thaïlandais n'ont jamais rien vu d'autre. Leurs parents, assistés depuis des années par les organisations non gouvernementales (ONG) et les Nations unies, ont perdu toute notion du travail.

Certains réfugiés vivent dans des camps depuis treize ans, d'autres y sont nés. La coopérante québécoise Marie Huguet-Latour, qui a pris cette photo au camp de Phanat Nikhom où elle a enseigné, ajoute ce commentaire : « Visage interrogateur. Quel avenir a-t-elle ? »

Les statistiques du UNHCR démontrent en effet qu'un très grand nombre de réfugiés (80 % ont entre 20 et 30 ans) vivent dans ces camps depuis plusieurs années, qu'ils ont appris à se familiariser avec le niveau de vie occidental et qu'ils sont moins enclins que leurs aînés à retourner dans un pays avec lequel ils ne se sentent quasiment plus d'affinités. Alors ils cherchent plutôt à s'établir dans un tiers pays.

Ensuite, il y a un énorme problème de mines au Cambodge. On estime que 300 Cambodgiens perdent la vie chaque mois en marchant sur des terres minées. Autant perdent un membre. Les camps thaïlandais comptent 50 000 amputés, et le Cambodge même en déclare 35 000. Il s'agit sans doute de la plus grande concentration de handicapés au monde.

Autre difficulté : des milliers de ruraux de l'Ouest cambodgien franchissent, depuis les opérations de rapatriement, la frontière thaïlandaise en sens inverse pour rejoindre les camps de réfugiés, afin de bénéficier du programme de rapatriement. Chaque famille de 4,4 personnes en moyenne reçoit des moyens de subsistance pour 12 à 18 mois (outils, matériel de construction, vivres et médicaments) avant d'être installée sur deux hectares de terre arable[64].

Cette opération de rapatriement coûtera 109 millions et, compte tenu des difficultés de réunir ces fonds, il est possible, selon le *New York Times*[65], que l'on doive reporter le gros des opérations de rapatriement.

« Les prémices du plan de rapatriement se sont rapidement révélées fausses, explique *Le Monde diplomatique*[66]. Une enquête de la Fondation Ford réalisée parmi les chefs de famille conclut que 80 pour cent des réfugiés, d'origine paysanne, veulent retourner à l'agriculture. Or, le HCR reconnaît que les provinces de l'Ouest, voisines de la Thaïlande, et choisies par la plupart des réfugiés, ne pourront les accueillir, les terres disponibles font défaut ou sont truffées de mines, tandis que les autres provinces, proches du Vietnam et beaucoup plus sûres, offrent moins d'attrait.

« Les difficultés de réinstallation des réfugiés sont aggravées par l'existence d'innombrables mines, héritage de vingt années de guerre… Quatre millions de mines semées partout. Petits engins de plastique, indétectables, originaires de Chine, mines antitank empilées en pyramides de trois sous les routes, charges profondément enfouies et reliées au sol par un bâton d'apparence inoffensive : les démineurs des Nations unies sont décou-

---

64. *Le Monde*, 31 mars 1992.
65. *New York Times*, 20 janvier 1992.
66. *Le Monde diplomatique*, août 1992.

ragés par la diversité des explosifs et par la diabolique ingéniosité avec laquelle ils ont été placés.»

Les boat people *de Hongkong : des «faux» réfugiés aux yeux des autorités*

Tout comme la Thaïlande, Hongkong cherche aussi à se
débarrasser de ses réfugiés. Ou plutôt de ses «faux» réfugiés.

Pour les autorités de Hongkong, à peine 5 000 des 63 000 ou
64 000 *boat people* vietnamiens étaient considérés comme
d'«authentiques» réfugiés, au sens de la Convention de Genève
de 1951, à l'automne 1991. De ce nombre, 39 000 étaient toutefois en attente de statut, tandis que 19 000 autres étaient déjà
classés comme «réfugiés économiques» et menacés de rapatriement forcé.

C'est par eux qu'on a commencé le programme de rapatriement obligatoire annoncé à l'automne 1991, à la suite de la
signature de l'accord vietnamo-britannique visant à rapatrier de
force, en trois ans, des dizaines de milliers de *boat people*
réfugiés à Hongkong.

En vertu de cet accord, le Vietnam s'engage à ne pas persécuter ou harceler les rapatriés, qui bénéficieront d'ailleurs de
l'aide des Nations unies une fois rentrés ; Hanoï recevra par
ailleurs 1 000 $ d'aide pour son développement économique de
la Communauté économique européenne (CÉE) et de la Grande-
Bretagne pour chaque Vietnamien rapatrié ; ces derniers touche-
ront un montant forfaitaire de 50 $ au départ ainsi qu'une alloca-
tion mensuelle de 30 $ pendant un an après leur retour.

Ex-Yougoslavie : le plus vaste exode en Europe depuis 1945

«Un drame terrifiant comme l'Europe n'en avait pas connu
depuis la fin de la Seconde Guerre mondiale», a dit le pape Jean-
Paul II.

La situation ne cesse, du reste, de s'y détériorer. Un rapport
du Haut Commissariat aux réfugiés des Nations unies estime
qu'il s'agit de la première crise majeure de réfugiés en Europe
depuis 41 ans[67].

---

67. UNHCR, Update 1er mai 1992.

L'ampleur de l'exode des déracinés, depuis le début des combats qui ont suivi les proclamations d'indépendance de la Croatie et de la Slovénie, n'en finit plus de s'élargir semaine après semaine. Les statistiques du HCR changent sans arrêt : en mai 1992, elles font état de 1,3 million de personnes déplacées dans l'ensemble de l'ex-Yougoslavie ; le mois suivant, on ajuste à 1,5 million ; fin juillet, il est question de 2,3 millions d'exilés, Croates et Bosniaques pour la plupart. De ce nombre, 1,9 million se trouvaient toujours dans l'ex-Yougoslavie, alors que 400 000 autres avaient trouvé asile, temporaire ou définitif, dans le reste de l'Europe, surtout en Allemagne (200 000), en Autriche (50 000), en Hongrie (50 000), en Suède (44 167) et en Suisse (17 573)[68].

Au même moment, Ottawa, qui, à l'instar de Paris et de Londres, estime que le problème de l'ex-Yougoslavie doit trouver sa solution sur son propre territoire, consentait néanmoins à ouvrir les portes canadiennes à quelque 26 000 Croates, Bosniaques et Serbes ayant déjà de la famille au Canada : 16 000 ex-Yougoslaves déjà en sol canadien, munis soit d'un visa de touriste ou en attente d'un statut de réfugié, peuvent demander et obtenir ici même le statut de résident permanent. Et les fonctionnaires en poste à Zagreb, la capitale de la Croatie, reçoivent l'ordre de faire diligence dans le traitement d'une dizaine de milliers de demandes de résidence permanente présentées par des ressortissants de l'ancienne Yougoslavie qui sont bloqués dans la région, à condition toujours qu'ils aient de la famille au Canada[69].

Très peu de ces ex-Yougoslaves se prévaudront, cependant, de l'offre canadienne. Un an après l'annonce du programme, un communiqué du ministre de la Sécurité publique Doug Lewis précisait que seulement 2 800 des 16 000 ex-Yougoslaves se trouvant en sol canadien avaient choisi d'immigrer.

---

68. Source : HCR.
69. Déclaration du ministre fédéral de l'Immigration, Bernard Valcourt, 30 juillet 1992.

Rapide survol des Amériques

Guerres civiles, répression, difficultés économiques et catastrophes naturelles ont déraciné plus de deux millions de personnes en Amérique centrale au cours des années 80.

Ils sont moins nombreux, moins sous-alimentés, moins malades et moins démunis qu'en Asie ou en Afrique, souligne-t-on dans la revue *Réfugiés*, mais, comme tous les autres, les réfugiés d'Amérique centrale sont des pauvres et des déshérités pris par malchance dans l'engrenage de bouleversements civils et politiques. Ils fuient la destruction de leurs foyers et de leurs moyens de subsistance.

Voici, à titre d'exemple, quelques-uns des mouvements migratoires récents enregistrés dans ce coin du monde : les Salvadoriens ont été, un moment, jusqu'à 200 000 à vivre dans la clandestinité au Mexique, tandis que les Guatémaltèques y étaient 43 000 disséminés dans une centaine de camps[70]. La Guyane, pour sa part, a hébergé en 1990 pas moins de 7 000 réfugiés fuyant la guerre au Suriname, groupés dans des camps autour du petit village de Saint-Laurent-du-Maroni en attendant leur rapatriement.

Des milliers de personnes d'Amérique latine, d'Europe de l'Est, d'Indochine, du Moyen-Orient et d'Afrique frappent aujourd'hui aux portes des pays riches. Elles revendiquent le droit de partager une partie des récoltes des richesses de la planète. Le droit d'immigrer, en somme. Nous leur répondons qu'immigrer n'est pas un droit, mais un privilège. Un privilège que les pays riches accordent à qui ils veulent. Comment? Quand? Pourquoi?

---

70. *Globe and Mail*, 13 février 1992.

CHAPITRE 3

Pays d'immigration :
désolé, c'est complet !

« Nous devons dire non à l'immigration illégale pour pouvoir continuer de dire oui à l'immigration légale. » (Bill Clinton, président des États-Unis d'Amérique[71])

« À l'époque franque, écrit Ezzedine Mestri dans son livre *L'Immigration*[72], l'étranger était un "hors-la-loi", à moins qu'il n'ait été protégé par le roi ou un haut personnage, ou encore qu'il fût intégré dans la communauté des habitants des villes et des villages. Dans ce cas, il accédait au statut d'"aubain". Au fil des décennies, voyant que les intérêts du commerce français pouvaient y gagner, les rois et seigneurs accueillirent des étrangers en France, et même les attirèrent. Louis XII et surtout François Ier, influencés par leurs expéditions en Italie, amplifièrent ce mouvement migratoire vers la France. Ils appelèrent dans le royaume de nombreux artistes italiens pour décorer des châteaux et prêter l'habileté de leurs doigts à l'orfèvrerie et à la tapisserie. »

Ce n'est pas d'hier que les pays dits d'immigration utilisent à leur profit l'immigration. Ce n'est pas par altruisme que le Canada a accueilli, jadis, des milliers de Chinois : il avait besoin de travailleurs pour bâtir son chemin de fer. Quand les États-Unis et l'Australie ont ouvert toutes grandes leurs portes aux immigrants, c'était pour peupler des territoires. Quand les Allemands ont laissé entrer à pleines portes les travailleurs turcs, c'était pour combler des besoins de main-d'œuvre.

La plupart des membres de l'ONU (ils étaient 184 à l'automne 1993) reconnaissent le droit d'émigrer, comme le prévoit

71. *Le Monde*, 29 juillet 1993.
72. *L'Immigration*, Ezzedine Mestri, Collection «Repères», Éditions La Découverte.

l'article 13 de la Déclaration universelle des droits de l'homme portant sur la libre circulation des gens, mais ne considèrent pas l'immigration comme un droit. Il s'agit plutôt d'un privilège que les États consentent, selon leur bon vouloir, à qui ils veulent et quand ils le jugent utile.

« Les problèmes de réfugiés sont devenus internationaux dès lors que le monde s'est divisé en États, écrit Jean-Luc Mathieu, auteur de « Migrants et réfugiés »[73]. C'est au XXᵉ siècle que le monde a achevé de se structurer en États. Jusqu'alors, la plupart des frontières étaient poreuses et aucune limite ne partageait encore de vastes zones de notre terre. Les États, en s'enfermant derrière des frontières de plus en plus étanches, ont transformé en questions internationales des problèmes qui ont été, jusque fort avant dans le XIXᵉ siècle, réglés par les individus, pratiquement sans intervention des pouvoirs publics. »

N'empêche que les pouvoirs publics se préoccupaient déjà passablement des étrangers au siècle dernier. Et en des termes qui ressemblent étrangement au discours d'une certaine extrême-droite d'aujourd'hui. « Si le chiffre de la population se maintient, s'il s'accroît même encore dans une très faible proportion, cela tient à l'immigration étrangère, déclare le maire de Paris, un certain Rochard, devant l'Académie de médecine en 1883[74]. C'est l'étranger qui comble nos vides, et cette introduction parmi nous d'éléments le plus souvent hostiles, c'est une invasion déguisée, c'est une menace pour l'avenir. Un peuple qui se recrute à l'étranger perd vite, dans ce commerce, ses mœurs, ses forces propres, il y perd avec le temps ce qu'il a de plus précieux, sa nationalité. »

Le sociologue François Dubet, coauteur avec Didier Lapeyronnie de *Quartiers d'exil*, exprime, plus de 100 ans plus tard, des craintes semblables au maire Rochard. Il estime que « la machine à fabriquer des Français » commence à s'enrayer. Soulignant que les vieilles valeurs de la Révolution française avaient permis d'intégrer les « tribus » d'Occitans, d'Auvergnats, de Bretons, de Catalans et de Landais, il doute que les valeurs

---

73. *Migrants et réfugiés*, collection « Que sais-je », Presses Universitaires de France.
74. Article de l'historien Philippe Videlier sur les « Difficultés d'intégrer les étrangers à la société d'accueil », *Le Monde diplomatique*, octobre 1993.

d'aujourd'hui permettront de rééditer ce succès d'intégration. «L'idéal républicain est en crise, raconte-t-il dans une interview au *Nouvel Observateur*[75]. L'idée que le progrès, la science, la raison conduisent forcément à plus de justice sociale n'est plus crédible. Les convictions de la Révolution française sont bien moins ancrées... Un jeune ne demande plus à l'école qu'on fasse de lui un bon Français, mais de lui donner un job.

«Il faut surtout cesser de se raconter des histoires et ne plus vivre dans la nostalgie de la France des grandeurs, continue-t-il. Il faut accepter que les citoyens venus d'autres pays, qui ont d'autres cultures, ne soient pas intégrés comme l'ont été les Italiens ou les Polonais au début du siècle. Ça, ce n'est plus possible. Pas seulement parce qu'ils sont de cultures plus éloignées, comme les Africains, mais aussi parce que les conditions d'intégration ne sont plus les mêmes... Nous sommes dans une situation politique dangereuse parce que l'imaginaire de la République est mort.»

Le maire de Montpellier, Georges Frêche, croit, lui, que la France réussira au bout du compte, comme elle l'a toujours fait, à faire des Français de tous les immigrés qui entrent sur son territoire. «Il y avait autant de différences entre un Breton et un Occitan qu'entre un Serbe et un Croate, affirme-t-il au cours d'une entrevue au *Nouvel Observateur*[76], et pourtant la République a réussi à en faire de bons Français. On fera la même chose avec les étrangers d'aujourd'hui.»

Cent mille étrangers deviennent français chaque année

Le dernier recensement français, celui de 1990, nous apprend que 3 582 000 étrangers vivent en France. Soit 6,3 % de la population totale, mais 16 % à Paris contre 2 % dans les communes rurales[77]. La population étrangère y est donc légèrement moins importante que lors du recensement de 1975, en dépit de cette impression ressentie par la plupart des Français de souche que les étrangers sont plus nombreux que jamais en France. Explication :

---

75. *Nouvel Observateur*, octobre 1992.
76. *Nouvel Observateur*, 1992.
77. *Libération*, 29 janvier 1992.

plus d'étrangers sont devenus citoyens français au cours des dernières années que dans le passé.

Le professeur Raphaël Hadas-Lebel de l'Institut d'études politiques à Paris note dans un article publié dans *L'Express*[78] que 100 000 étrangers deviennent français chaque année. Et il explique comment : environ 20 000 deviennent français par filiation «*jus sanguinis*» (est français un enfant dont l'un des parents est français) ; près de 20 000 autres par «*jus soli*» (peut devenir français à 18 ans, par acquisition de plein droit, et sauf opposition de l'administration, un enfant né en France de parents nés à l'étranger et qui réside en France depuis plus de cinq ans (disposition fort controversée !) ; environ 35 000 en vertu d'un décret de naturalisation, acte discrétionnaire de l'administration, qui prend en compte la durée de résidence (5 ans au minimum) ; et près de 30 000 par mariage à un Français, qui permet l'acquisition de la nationalité par simple déclaration, après six mois de mariage et si la vie commune n'a pas cessé.

Ces mariages sont parfois, selon une enquête du magazine français *Le Point*, des unions de complaisance. Il y aurait un «marché noir des mariages blancs. Le principe est simple et ne varie guère. Un rabatteur fournit au clandestin une femme française sans ressources financières, qui accepte, contre rémunération, de faire un "vrai-faux" mariage. Un dossier est alors constitué. Certificat prénuptial, certificat de coutume – qui indique la religion pratiquée par le marié – pièces d'identité, et le tour est joué ! Il ne reste plus qu'à passer devant monsieur le maire. Celui-ci, même s'il constate que l'un des deux conjoints est en situation irrégulière, est contraint par la loi de procéder au mariage. Cette formalité accomplie, il suffit au clandestin de se rendre à la préfecture pour obtenir un récépissé de titre de séjour. Six mois plus tard, il obtient sa carte de résident valable dix ans et renouvelable. En prime, il peut même demander la nationalité française ! Le rabatteur touche sa commission, la "mariée" ses 20 000 ou 30 000 francs, et le couple peut entamer la procédure de divorce[79]...»

Cela dit, si de plus en plus d'étrangers régularisent leur situation et deviennent résidents ou citoyens pour obtenir des

---

78. *L'Express*, 4 octobre 1991.
79. *Le Point*, décembre 1992.

droits sociaux, la majorité de ceux-ci, en l'occurrence des Maghrébins, deviennent moins vite des Français dans tous les sens du terme que les Italiens au début du siècle. Si bien que les Français de souche ont le sentiment d'être envahis par les étrangers. Et ils n'aiment pas !

« *Overdose d'étrangers* » en France, affirme Chirac

Sondages et déclarations politiciennes témoignent éloquemment des difficultés de cohabitation entre Français de vieille souche et immigrants récents : 41 % des Français interrogés, lors d'un sondage de la Commission des droits de l'homme réalisé auprès de 990 personnes, du 21 au 25 novembre 1991, se déclarent «plutôt» ou «un peu» racistes. Soixante-dix pour cent croient qu'il y a trop d'Arabes en France, le même pourcentage qu'au printemps précédent[80].

Ce même sondage Sofres nous apprend que le tiers des Français adhèrent aux idées de Jean-Marie Le Pen, dont le programme politique en matière d'immigration promet «le départ des immigrés du tiers-monde; la préférence nationale et européenne dans le logement, l'emploi et l'aide sociale; l'expulsion immédiate de tous les immigrés en situation irrégulière et un contrôle très sévère de la filière des réfugiés politiques; la réduction de la durée du permis de séjour à un an et le départ des immigrés extra-européens à l'expiration du délai... »[81]

Après avoir invité Jessye Norman à chanter *La Marseillaise* sur la Place de la Concorde, lors des fêtes du bicentenaire de la Révolution, et après avoir connu les succès des campagnes «Touche pas à mon pote» d'Harlem Désir, l'euphorie multiculturelle s'est estompée dans la société française, devenue pourtant de plus en plus multiraciale et multiconfessionnelle.

Le président François Mitterrand déclare que la France a atteint son seuil de tolérance face à l'immigration.

Jacques Chirac parle d'une «overdose d'étrangers». «Dans le quartier (arabo-africain) "la Goutte d'Or", raconte-t-il lors d'une entrevue célèbre, vous trouvez un père avec ses trois ou

---

80. *Le Monde*, 31 mars 1992.
81. Brochure *1972-1992, le Front national a 20 ans. Le Front national, c'est vous.*

quatre femmes, et sa vingtaine d'enfants, qui touche 50 000 francs d'aide sociale – naturellement sans travailler. Ajoutez à cela le bruit et l'odeur : le travailleur français voyant cela devient fou.»

Le racisme à la française, notent les observateurs, n'est plus fondé sur la prétendue suprématie d'une race sur une autre, mais basé sur la culture : on ne parle plus de pureté raciale, on parle plutôt d'identité culturelle unique, ce qui traduirait une peur de la différenciation, du métissage...

«Il est certain, selon Michel Wieviorka, auteur de *La France raciste*[82], qu'on ne peut plus se contenter de beaux discours, et qu'un certain antiracisme n'a plus d'effet. Il est trop facile de traiter de racistes des gens en situation socioéconomique difficile lorsqu'on a l'argent et l'éducation pour s'en sortir... L'antiracisme doit plutôt passer par un ensemble de stratégies : politiques nationales et locales en santé, en logement, en éducation, en militantisme, en action syndicale et en déontologie dans les médias.»

Bref, en France, l'heure n'est plus aux discours sur le droit à la différence, sur la conservation des spécificités, sur la construction d'une société multiculturelle, sur la société pluriethnique ou sur l'égal respect pour toutes les traditions... l'époque a ramené à la mode du jour le vieux concept de l'«intégration républicaine» : pas de droits sans devoirs.

D'où cette déclaration sans équivoque du secrétaire d'État à l'Intégration, Kofi Yamgnane : «Les musulmans de France doivent renoncer à la polygamie, à la répudiation des femmes, au foulard à l'école. Si on n'est pas d'accord, on s'en va.»

D'où cette nouvelle politique d'immigration qui permet, *grosso modo*, de bloquer et d'expulser un plus grand nombre de demandeurs d'asile, qui élargit les contrôles d'identité par la police sur tout le territoire français, qui restreint les possibilités de devenir citoyen français et qui rend la vie plus difficile aux étrangers en situation irrégulière en les écartant notamment des droits sociaux[83].

---

82. Entrevue dans *Le Devoir*, 15 avril 1992.
83. *Le Monde*, 20 et 21 juin 1993; *Libération*, 14 juillet et 16 août 1993.

EUROPE : FRONTIÈRES FERMÉES ET NOMBRE RECORD D'ÉTRANGERS

La France n'est pas le seul pays riche à ainsi naviguer à vue entre une opinion publique devenue xénophobe au cours des dernières années et les politiques d'ouverture généreuses à l'égard des étrangers implantées dans les années 60. Tous les pays d'Europe de l'Ouest naviguent dans le même bateau.

Les pays d'Europe ne sont pas des pays d'immigration au même sens que nous l'entendons de ce côté-ci de l'Atlantique. L'immigration s'est, en quelque sorte, installée à la sauvette là-bas. « Dans l'immédiat après-guerre, raconte le professeur Georges Tapinos de l'Institut d'études politiques de Paris, l'Europe (France et Belgique exceptées) se considérait comme surpeuplée. On a donc imaginé des mécanismes pour inciter les gens à partir outre-Atlantique. Or, à la fin des années 50, la grande immigration du travail a commencé. En dix ans, l'Allemagne, qui se prenait pour un pays d'émigration, est devenue le pays principal d'immigration d'Europe (7 % d'étrangers aujourd'hui, pour 1 % en 1950[84]. »

Les frontières des pays d'Europe de l'Ouest sont officiellement fermées aux immigrants, mais... Mais, les gouvernements laissent s'installer depuis les années 60 et 70 des millions d'étrangers sur leurs territoires, soit parce que le patronat a besoin d'une main-d'œuvre bon marché et maléable, soit parce que les autorités politiques sont impuissantes à appliquer jusqu'au bout leurs lois, c'est-à-dire, par exemple, expulser les clandestins pris en flagrant délit ou les demandeurs d'asile déboutés.

Avec ce résultat que la communauté européenne, qui compte 343 millions d'habitants, se retrouve aujourd'hui avec une population d'environ une dizaine de millions d'étrangers en sus. Plus exactement, selon *Le Monde diplomatique* de novembre 1992, il y a dans la communauté 6,4 millions d'étrangers provenant du tiers-monde (principalement du Maghreb pour la France, du Pakistan pour le Royaume-Uni et de la Turquie pour l'Allemagne) ou de l'Europe de l'Est, ainsi qu'approximativement 3 millions de clandestins.

---

84. *L'Express*, 24 décembre 1992.

Jusque vers la fin des années 70, Européens et étrangers cohabitaient plutôt bien. «Depuis le milieu des années 50 et jusqu'au début des années 70, observent les experts de l'Organisation internationale pour les migrations (OIM)[85], la première génération d'immigrés trouvait du travail lorsqu'elle se présentait sur le marché parce qu'elle avait été recrutée à cette fin. Elle avait de quoi se loger et était prête à accepter ces conditions, n'en ayant jamais connu de meilleures. Au moment où le regroupement familial s'est généralisé, la première génération a été touchée de plein fouet par le chômage, ce qui a affecté dramatiquement ses chances sur le marché du logement privé. Lorsque, dans les années 70 et au début des années 80, les enfants ont rejoint leurs parents ou sont nés dans les logements suroccupés des centres urbains délabrés ou des immeubles-tour, leur scolarité s'est déroulée dans de mauvaises conditions ou, même, elle n'a été que de pure forme pour des raisons linguistiques ou culturelles, dans le cas des filles surtout... Lors du passage de l'école au travail, ces jeunes doivent se contenter de ce qu'on leur offre : les emplois les moins bien rémunérés, les emplois les moins stables...

«Ce qui distingue de leurs parents les enfants et petits-enfants des anciens immigrés ouvriers d'Europe, poursuivent les auteurs du rapport, c'est qu'ils ne se résignent plus. Ils en savent plus et ont plus d'ambition. Si les sociétés n'ouvrent pas leurs possibilités à ces jeunes, ceux-ci finiront par se révolter, tout d'abord individuellement, puis en tant que bandes de quartiers et enfin en tant que groupes ethniques...»

Tahar Ben Jelloun, écrivain marocain domicilié en France, prix Goncourt 1987, écrit dans *Le Monde*: «... on est arrivé à une situation où un Français sur trois dit se reconnaître dans les idées du Front national (ce parti d'extrême-droite qui fait, de la lutte aux immigrés, sa grande plate-forme électorale)... Un peu partout en Europe, on exploite la peur et la haine des étrangers... Pendant longtemps, les Allemands ont coexisté (sans se mélanger) avec leurs immigrés turcs, comme les Belges ont fait place aux Marocains. Aujourd'hui, une vague d'attentats ra-

---

85. Étude de l'Organisation internationale pour les migrations (OIM) préparé pour la conférence ministérielle de janvier 1991 du Conseil de l'Europe.

cistes s'empare d'une partie de cette Europe blanche et qui tient à le rester.»

C'est sur un véritable fond de fièvre xénophobe ou raciste que l'Europe de l'Ouest tente laborieusement, depuis le début des années 90, de mettre en œuvre une politique commune en matière d'immigration, en composant tant bien que mal avec les citoyens des sociétés d'accueil qui se révoltent contre les «réfugiés économiques». Les déclarations des chefs de gouvernement reflètent bien les humeurs européennes.

En France, la première ministre du début des années 90, Edith Cresson, menace les «réfugiés économiques» de rapatriement à pleins charters. Son prédécesseur Michel Rocard les avait avertis que son pays ne pouvait pas accueillir toute la misère du monde. En Angleterre, le premier ministre John Major prévient, lui, que son pays, pas plus que les autres pays européens, n'est portes ouvertes «tout simplement parce que Rome, Paris et Londres sont plus attrayantes que Bombay ou Alger».

«Les immigrés, observe Jacques Delors, président de la Commission européenne[86], affluent en Europe parce qu'ils y trouvent des emplois; ne suffirait-il pas de contrôler les entreprises pour que ces emplois souvent clandestins disparaissent et que les immigrés ne viennent plus?

«Cette solution limpide, si l'on suit les recommandations de la Commission de Bruxelles, pourrait devenir, poursuit le grand patron de l'Europe des Douze, la politique européenne en matière d'immigration dans le nouvel "espace" européen. Tout employeur, de Salonique à Glasgow, de Porto à Copenhague, devrait respecter les normes communautaires de salaire minimum et de cotisations sociales. Il ne serait plus possible de faire appel à des immigrés clandestins et l'intérêt même en disparaîtrait : l'inspection du travail aurait remplacé la police des frontières.»

Les Européens sont encore loin de cette solution aussi efficace que simple. Pourquoi faire simple quand il est si simple de tout compliquer? C'est un peu l'impression que l'on peut avoir en suivant les débats de la Commission européenne où Français, Belges, Luxembourgeois, Néerlandais, Allemands, Italiens, Espagnols, Portugais, Grecs, Anglais, Danois et

---

86. *En attendant les Barbares*, de Guy Sorman, chez Fayard.

Irlandais tentent de s'entendre sur une politique de libre circulation des personnes à l'intérieur de la nouvelle Communauté.
Après des années de tergiversations, neuf des douze pays
finissent par se mettre d'accord sur la suppression des frontières
internes et signent la convention de Schengen, dont l'application sera toutefois reportée à plusieurs reprises. «Les conditions
préalables à la libre circulation des personnes ne seront réunies
ni d'ici à la fin 93, ni même sans doute avant une longue
période», déclarait en mai 1993 le ministre français aux Affaires
européennes, Alain Lamassoure[87]. Anglais, Danois et Irlandais
restent pour leur part farouchement opposés à cet accord, faisant
valoir que n'importe quel clandestin débarqué sur l'une des
2 000 îles grecques pourra ensuite se rendre sans problèmes à
Rome, Paris, Londres ou Dublin.

Outre ce fameux Accord de Schengen, qui prévoit donc qu'il
n'y aura plus de frontières entre les pays signataires et que seuls
subsisteront les contrôles frontaliers aux limites de ce bloc de
pays, les gouvernements européens discutent de toute une série
de mesures visant à uniformiser leurs politiques en matière
d'immigration et de droit d'asile. Ils ont adopté, au sommet de
Maastricht de décembre 1991, une série de propositions toutes
sujettes à être ratifiées par les parlements des douze pays signataires : en gros, explique le chercheur Ural Manço de l'Université libre de Bruxelles dans un article publié dans *Le Monde
diplomatique* de novembre 1992, ces propositions visent à
l'établissement d'une politique commune de délivrance de visas
(si un pays refuse un visa à un ressortissant, tous les autres pays
en feront autant); à unifier le traitement des dossiers de réfugié
(un refus dans un pays l'est automatiquement dans les autres); à
la mise en place d'une surveillance commune de l'immigration
clandestine de travailleurs, au renvoi dans leur pays d'origine des
clandestins découverts et à la répression des employeurs de clandestins; à organiser des programmes d'immigration temporaire
sous contrat et à durée déterminée, selon les besoins conjoncturels
en main-d'œuvre; et à procéder à une réforme du statut des populations non européennes installées en Europe (accès plus facile à
la nationalité, insertion socioprofessionnelle et libre circulation à
l'intérieur du grand marché de 1993).

---

87. *Libération*, 26 août 1993.

En tout cas, une chose est certaine : en attendant l'harmoni-sation de toutes ces politiques d'immigration, il existe une nette volonté dans l'Europe des Douze de freiner les flux migratoires.

Allemagne : Ausländer raus*! dehors, les étrangers!*

Pas un seul pays européen n'est aussi riche que l'Allemagne et pas un seul n'a été aussi ouvert que l'Allemagne envers les étrangers. Une toute petite phrase dans la Constitution allemande ouvrait, jusqu'au 1ᵉʳ juillet 1993, toutes grandes les portes de cet Eldorado aux étrangers : « Tous les persécutés politiques jouissent du droit d'asile », stipulait l'article 16 de la Constitution adopté au lendemain de la Deuxième Grande guerre.

Une fois cette déclaration magique prononcée, l'étranger pouvait rester au pays ainsi qu'il était prévu par l'article 19 de la Constitution. Pas question de le refouler ou de tenter de l'expé-dier dans un autre pays, que l'on pourrait juger sûr. L'étranger avait, dès lors, le droit de faire valoir son point de vue. Cela pouvait prendre des mois et des années. Pendant ce temps, il était logé aux frais de l'État et il avait même droit à des alloca-tions pour l'aider à patienter en attendant que l'on statue sur son sort : environ 400 $ par mois pour un chef de famille, allocation à laquelle il fallait ajouter près d'une centaine de dollars pour la ou le conjoint, et à peu près autant pour chaque enfant. À peine 1 ou 2 % de tous ces étrangers qui forçaient leurs frontières obtenaient, au bout du compte, gain de cause devant les agents d'immigration[88].

Total de la facture : six milliards de dollars, seulement pour l'année 1990. Beaucoup plus en 1991, et encore plus en 1992.

Même si elle a officiellement mis un terme à l'immigration en 1974, l'Allemagne est devenue, ces dernières années, le pays européen accueillant le plus grand nombre d'étrangers, de travail-leurs légaux et clandestins, de réfugiés et de demandeurs d'asile. Cinq millions d'étrangers y vivent, la plupart sont des travailleurs temporaires, des *gastarbeiter*, sans oublier tous les demandeurs d'asile qui y sont débarqués au cours des dernières années.

Prenons justement le cas des demandeurs d'asile : l'Alle-magne en a reçu plus d'un quart de million en 1991 ; 256 000,

---

88. *Libération*, 9 novembre 1992.

plus exactement. Les deux tiers des demandeurs d'asile de toute l'Europe. Ils viennent ici de l'ex-Yougoslavie, de Roumanie, de Turquie, de Bulgarie, mais aussi d'Iran, du Nigeria, du Vietnam et du Sri Lanka. L'immense majorité d'entre eux ne pourront obtenir le statut de réfugié politique. Mais les procédures étant longues, tout ce monde reste au pays en attendant que les autorités gouvernementales statuent sur leur sort.

«La demande d'asile est, en réalité, la seule voie légale d'accès en Allemagne, rapporte le correspondant du journal *Le Monde*[89]. Elle permet non seulement de séjourner dans le pays, mais aussi d'obtenir un hébergement et le droit au travail – logé et bénéficiant d'une allocation, le demandeur d'asile a le droit de travailler si l'emploi qu'il convoite ne peut être occupé par un Allemand, ni par un ressortissant de la CÉE, ni par un immigré turc. Ce droit au travail a été rétabli en juillet dernier pour alléger le système d'allocations et répondre à l'argument xénophobe de l'oisiveté subventionnée des étrangers.»

En Allemagne, il n'existe en effet ni loi sur l'immigration ni législation pour intégrer les travailleurs immigrants. Ce n'est que dans la tourmente xénophobe de 1992 que les politiciens ont commencé à envisager sérieusement de limiter le fameux article 16 sur le droit d'asile, un article apparu dans la Constitution au lendemain de la guerre, en 1949 plus exactement. L'idée consistant, on le devine, à montrer que l'Allemagne devenait désormais un refuge pour tous les persécutés de la terre, soit à cause de leur race ou à cause de leurs croyances politiques ou religieuses.

C'est ainsi que l'Allemagne a accueilli tour à tour des fugitifs hongrois et tchèques, des dissidents soviétiques, des Africains et des Sud-Américains opposés au régime dans leur pays, des exilés iraniens et des réfugiés libanais, des Tziganes[90]... Les nouvelles restrictions sur le droit d'asile permettent de refouler tout demandeur ne venant pas d'un pays considéré, par les parlementaires allemands, comme un pays pratiquant des persécutions politiques. La loi allemande prévoit par ailleurs une répartition des demandeurs d'asile entre chaque région, c'est-à-dire dans les quelque 16 Länder, dont 5 sont issus de l'ancienne République démocratique allemande (RDA).

---

89. *Le Monde*, 1ᵉʳ janvier 1992.
90. *L'Express*, 30 octobre 1992.

En outre l'Allemagne doit composer avec les Ossies, ces anciens Allemands de l'Est. Depuis l'unification des deux Allemagnes, plus d'un million ont franchi le mur devenu imaginaire. Ils s'intègrent difficilement à leur nouvelle société. Ils sont plutôt mal considérés comme travailleurs, au point qu'on leur préfère les travailleurs turcs pour les travaux délicats.

Et il y a les Aussiedler, des Allemands de souche installés dans les pays de l'Est, surtout en Pologne, en Roumanie, en ex-URSS, en Tchécoslovaquie, en Hongrie et en ex-Yougoslavie, qui, en regagnant la mère patrie, en acquièrent automatiquement la nationalité. L'article 116 de la Constitution allemande garantit à chaque personne de souche allemande exilée un retour à la *heimat*, dans la patrie, et à la nationalité allemande. Ils devraient être trois millions à gagner l'Allemagne unifiée au cours des prochaines années. Ils sont déjà 1,2 million, et il en viendra d'autres. Selon la définition de la *Deutschtum*, l'allemancité si on veut, les *Aussiedler* de l'ex-URSS sont une douzaine de millions.

Ensuite, il y a les *gastarbeiter*, les travailleurs invités, une formule mise au point dans les années 60, au lendemain de l'édification du mur de Berlin qui restreignit considérablement l'immigration de la main-d'œuvre de l'Allemagne de l'Est. La formule consistait à recruter à l'étranger, particulièrement en Turquie, en Yougoslavie et en Italie, des travailleurs temporaires. Ceux-ci faisaient fortune en trois ou quatre ans, et repartaient ensuite chez eux. Or, les *gastarbeiter* d'aujourd'hui, d'origine turque pour la plupart, ne repartent plus et préfèrent s'installer en Allemagne.

Et ils font les frais des ratés de l'unification allemande. L'arrivée massive des Allemands de l'Est sur le marché du travail a en effet fait faire des bonds spectaculaires au chômage chez les Turcs, qui sont 1,8 million dans le pays et qui sont maintenant jugés de trop dans l'opinion publique. Les travailleurs turcs sont eux aussi victimes des incidents racistes et xénophobes. «Après vingt ans de travail de chien à Berlin, confie l'un d'eux aux correspondants de *Libération*[91], je n'ai qu'une hâte : quitter ce pays qui nous a exploités sans jamais un mot de bienvenue ni de remerciement. Rentrer en Turquie, ma vraie patrie.»

---

91. *Libération*, 30 novembre 1992.

Bref, si on additionne tous ces étrangers avec des statuts divers, ça finit par faire pas mal de monde !

« Les étrangers ont remplacé la menace atomique soviétique au premier rang des peurs collectives allemandes », dit le député social-démocrate Freimut Duve[92].

La pression migratoire y est tellement forte qu'elle a déclenché des violences xénophobes comme le pays n'en avait pas connu depuis la mort du régime hitlérien. Jour après jour, les médias font état de faits divers à incidence raciste : un Srilankais lancé sous les roues d'un train ; deux jeunes Libanaises défigurées à la suite de l'explosion d'une bombe dans leur maison ; des skinheads et des néonazis qui scandent *Ausländer raus!* (dehors, les étrangers !) ; une foule des badauds qui applaudit au passage des cars remplis d'étrangers, forcés de fuir des camps en forme de gymnases d'écoles ou d'abris de fortune de toutes sortes, y compris des conteneurs de bateaux...

Un rapport préliminaire de la Fédération internationale des droits de l'homme[93] brosse, pour l'année 1991, un sombre tableau de la xénophobie allemande : six morts, cinquante blessés graves, des centaines de cas d'agression physique et des centaines d'incendies. La situation n'a fait qu'empirer en 1992 : plus de 4 100 délits à connotation xénophobe, dont 2 010 actes de violence ; 17 morts (8 étrangers et 9 Allemands) et 850 blessés[94]. Selon l'Office de protection de la Constitution, il y a eu 1 180 crimes à caractère raciste perpétrés par des membres de l'extrême-droite du 1er janvier au 22 juillet 1993 contre 788 pour la même période en 1992[95].

Les autorités semblent incapables d'endiguer cette recrudescence de violences racistes. La Cour constitutionnelle, l'organe de protection de la Constitution, estimait en 1991 à 60 000 le nombre de sympathisants d'extrême-droite, dont 6 000 organisés en commandos[96]. Les groupuscules fascistes sont vraisemblablement plus nombreux aujourd'hui, mais, cela dit, il faut aussi, un peu, se méfier de l'inflation médiatique : l'agence Reuter révèle

92. *Le Monde*, 1er janvier 1992.
93. Dépêche de l'AFP émanant de l'ONU-Genève.
94. *Le Monde diplomatique*, janvier 1993.
95. Dépêche de l'Associated Press, 30 juillet 1993.
96. Le Monde diplomatique, janvier 1993.

dans l'édition du 31 août 1992 de *Libération* que «deux chaînes de télévision, française et américaine, ont payé de jeunes Allemands pour qu'ils fassent le salut hitlérien devant les caméras au cours de manifestations racistes à Rostock».

Une nouvelle législation, entrée en vigueur le 1er juillet 1993, restreint maintenant considérablement le droit d'asile en Allemagne : il est désormais possible de refouler de nombreux étrangers, surtout ceux qui arrivent par voie terrestre. Le nombre de demandeurs d'asile a immédiatement chuté[97].

Cela dit, aucun pays d'Europe ne compte, encore aujourd'hui, autant d'étrangers que l'Allemagne.

Grande-Bretagne : «problème de race»

En Grande-Bretagne, où la population non blanche n'est que de 2,6 millions environ, soit 4,7 % de la population de 56 millions, les tensions xénophobes sont néanmoins fortes. Et publiques.

La presse rapporte toute une série d'incidents racistes dans Millwall, une banlieue de Londres où vivent de nombreux citoyens originaires du Bangladesh. Le 16 septembre 1993, lors de l'élection municipale, les citoyens y ont élu le conseiller Derek Beackon du parti d'extrême-droite British National Party. Une semaine avant le jour du scrutin, le candidat du BNP s'était fait photographier le bras tendu, faisant le salut nazi[98].

«Je ne crois pas, écrivait Charles Moore dans *Spectator*, à l'automne 1991[99], que le problème soit le nombre (d'immigrés), encore que le nombre accentue les difficultés, mais il s'agit plutôt d'une question de race. On peut être Britannique sans parler anglais ou sans être chrétien ou sans être de race blanche. Mais le Britannique est néanmoins fondamentalement, à la base, anglophone, chrétien et de race blanche. Et si on se met à penser, à dire qu'il (le Britannique) peut être à la base un parlant ourdou (ourdouphone), un musulman, une personne à la peau brun foncé, alors il y a de quoi avoir peur, de quoi être irrité, révolté...»

---

97. *Le Monde*, 22 juillet 1993.
98. Article «Alerte xénophobe à Londres», *Le Monde*, 19-20 septembre 1993.
99. *Spectator*, magazine britannique de tendance conservatrice.

Plus de la moitié des étrangers en Grande-Bretagne sont Indiens, Pakistanais ou du Bangladesh. L'immigration en provenance des anciennes colonies a été freinée ces dernières années, au point qu'à peine 50 000 personnes sont maintenant acceptées chaque année, plusieurs d'entre elles venant du Canada ou d'Australie.

Les demandes d'asile en Grande-Bretagne ont grimpé de 5 000 en 1988 à 50 000 en 1991 ; 75 % seront rejetées. La nouvelle législation permet de statuer rapidement : en moins de 90 jours, au lieu de plusieurs années autrefois. Les revendicateurs ne disposent que de deux jours pour aller en appel à la suite d'un refus. Ils doivent écrire aux autorités de l'immigration qui décideront, sans audition, en moins de cinq jours, si la cause a un fondement.

Autriche : « Le bon temps sous les nazis »

S'il est un pays du Vieux Continent qui a l'habitude des mouvements migratoires, c'est bien l'Autriche. Un pays qui, tout seul, a accueilli près de deux millions de réfugiés pendant la période comprise entre les années immédiates d'après-guerre (la Deuxième) et la fin des années 80, la plupart repartant vers les États-Unis, le Canada et l'Australie. Six cent mille y sont demeurés.

Même si les étrangers ne représentent, aujourd'hui, que 7 % de la population[100], le seuil de tolérance des Autrichiens semble néanmoins atteint. Le fait que le nombre des étrangers ait quasiment doublé en moins de cinq ans explique peut-être en partie ce ressentiment.

Quoi qu'il en soit, la présence de ces centaines de milliers d'étrangers crée des remous dans la société autrichienne. Et réveille de vieux démons, un peu comme en Allemagne. Un sondage, réalisé en octobre 1991, révèle que près du tiers des Autrichiens n'aiment pas les Juifs et les étrangers en général. Que 19 % estiment qu'il vaudrait mieux pour l'Autriche qu'il n'y ait pas de Juifs du tout dans le pays.

Pas étonnant de découvrir que l'Autriche a, elle aussi, un leader d'extrême-droite flamboyant comme le Le Pen des

---

100. *Libération*, 23 novembre 1992.

Français. Jörg Haider, chef d'un parti libéral d'extrême-droite issu d'un regroupement d'anciens nazis, évoque, dans ses discours, le «bon temps sous les nazis» et fustige les étrangers. Ce politicien dans la jeune quarantaine, l'air d'une vedette sportive (il est effectivement champion en saut à l'élastique, dit-on) et une réputation de défendre les petites gens, a réussi à imposer l'immigration comme sujet principal du débat politique en Autriche. Il rallie de plus en plus d'électeurs : à l'automne 1992, il était à 16 % dans les intentions de vote[101].

L'essentiel de la position de Haider en matière d'immigration tient dans le texte de cette pétition qu'il faisait récemment circuler dans le pays : inscrire dans la Constitution que l'Autriche n'est pas un pays d'immigration, mettre un terme à l'immigration, interdire aux étrangers le droit de vote, imposer un plafond de 30 % d'élèves étrangers par classe... Ce manifeste, intitulé l'*Autriche d'abord*, «entend montrer, précise Haider, que nous ne voulons pas d'une société multiculturelle, mais au contraire affirmer l'identité autrichienne et le droits des Autrichiens à leur patrie[102]».

La politique gouvernementale officielle est évidemment plus modérée. N'empêche que, depuis 1992, le gouvernement autrichien a durci ses lois en matière d'immigration pour bloquer l'entrée des réfugiés «économiques», surtout ceux venant d'Europe de l'Est, pour lutter contre le travail au noir d'immigrés clandestins et pour restreindre à une vingtaine de milliers le nombre d'étrangers permis par année.

Ailleurs en Europe...

— Pays-Bas : les Néerlandais ont beaucoup émigré, mais ils ont aussi beaucoup accueilli : des réfugiés juifs et huguenots de France, des catholiques d'Allemagne... et, plus récemment, des retours de colonies. Aujourd'hui, on compte 1 million d'étrangers (Surinamiens, Antillais et Indonésiens, les citoyens des anciennes colonies, en somme) dans une population de 14 millions. Près de 300 000 sont des travailleurs turcs et marocains, qui espèrent faire valoir un jour leurs droits du sol pour la

---

101. *Libération*, 23 novembre 1992.
102. *Libération*, 23 novembre 1992.

nationalité. La cohabitation y semble plus facile qu'ailleurs en Europe. Et les droits de citoyen plus aisément reconnus aux immigrés : après cinq ans de résidence, tout immigré peut participer, comme électeur ou comme candidat, aux élections des comités de citoyens des grandes villes et des conseils municipaux.

— Suède : pays d'émigration jusqu'au XIXᵉ siècle, le «modèle suédois» a par la suite attiré des immigrants. On compte en ce moment, dans le pays, quelque 400 000 étrangers, dont 160 000 Finlandais. Et un afflux de plus en plus important de réfugiés, ce qui crée des tensions sociales parce que ces nouveaux venus vivent aux crochets de l'État, ne pouvant obtenir de permis de travail tant qu'ils n'ont pas reçu de permis de séjour. En 1989, la Suède a dépensé 465 millions de dollars américains pour installer 22 000 réfugiés et demandeurs d'asile. Un nouveau parti politique anti-immigration, qui préconise le renvoi des immigrés parce qu'ils «détruisent» la culture suédoise, vient d'y voir le jour, et obtient déjà, moins d'un an après sa naissance, 10 % d'appui populaire.

Un sondage du quotidien *Expressen* révélait, à l'automne 1993, que 63 % des Suédois exigent le renvoi des réfugiés et des immigrés.

— Suisse : jamais les étrangers n'ont été aussi nombreux qu'à la fin de 1991, rapporte une dépêche d'Associated Press émanant de Berne. Ils étaient 1,163 million, soit 17,1 % de la population – les saisonniers, les requérants d'asile, les fonctionnaires internationaux et les bénéficiaires d'une autorisation inférieure à une année n'étant pas compris dans cette statistique.

Les quelque 6,7 millions de Suisses, particulièrement «allergiques» aux étrangers, ont du mal à cohabiter avec cette population. Les Helvètes croient que les demandeurs d'asile abusent de leur hospitalité et des lenteurs de leur système administratif de procédures pour s'implanter dans le pays. À noter que moins de 5 % des demandeurs d'asile finissent par être considérés comme d'authentiques réfugiés politiques.

— Italie : pays d'émigration jusqu'à tout récemment, l'Italie compte aujourd'hui un million d'immigrés. Trop aux yeux de certains, si l'on en juge par les récentes chasses aux vendeurs africains et maghrébins dans les sanctuaires touristiques italiens.

Qu'on se souvienne de la réaction des Italiens, au début des années 90, quand les ports sur l'Adriatique ont vu déferler des dizaines de milliers de demandeurs d'asile albanais cherchant par tous les moyens à fuir le plus pauvre des pays d'Europe.

— Espagne : autre pays d'émigration jusqu'à tout récemment, l'Espagne commence maintenant à être envahi par des immigrés. Notamment des *boat people*. Partis du Maroc, du Mali, de Mauritanie et du Sénégal, ils tentent de traverser le détroit de Gibraltar. Des bateaux de fortune partent en douce de la côte marocaine près de Tanger, là où seulement 14 kilomètres de mer Méditerranée les séparent de Gibraltar. Deux à trois mille clandestins parviennent à destination, tandis qu'un millier périssent dans les eaux tumultueuses du détroit. « Des pêcheurs-passeurs, rapporte *Le Monde*[103], les jettent à l'eau, chambres à air en guise de bouées de sauvetage, à quelques encablures des côtes espagnoles. Pour les mauvais nageurs, la noyade est souvent au bout du voyage. Pour d'autres, c'est le renvoi sans ménagement dans le pays d'origine aussitôt après avoir été "cueillis" par la garde civile espagnole. Les autres se perdront quelque temps ou pour tout le temps dans la clandestinité d'un pays européen. »

Un sondage du quotidien *El Mundo*[104] révèle que 17 % des Espagnols souhaitent interdire l'entrée de nouveaux immigrés et que près de 20 % jugent la race blanche intellectuellement plus capable que la race noire. Ici aussi on rapporte de plus en plus souvent des incidents racistes.

L'Espagne, aussi, a lancé une vaste offensive pour contrer l'immigration clandestine. Dès après avoir ratifié l'Accord de Schengen en juin 1991, l'Espagne a en effet considérablement resserré ses contrôles aux frontières. Des visas sont maintenant imposés à tous les Maghrébins, et au premier chef aux Marocains qui veulent entrer sur la péninsule ibérique. Des visas qui sont difficiles à obtenir : les Marocains doivent démontrer qu'ils ont un compte en banque, un emploi, la sécurité sociale, de l'argent en poche... Quant aux autres Africains, qui, jusqu'à tout récemment, étaient relâchés au bout de quarante jours si les autorités espagnoles n'étaient pas parvenus à trouver leur pays

---

103. *Le Monde*, 10 octobre 1991.
104. *Libération*, 23 novembre 1992.

d'origine, eh bien !, dorénavant, en vertu d'un accord avec le Maroc, ils seront réexpédiés au Maroc[105].

MÊME L'AUSTRALIE SE REFERME

Pays d'immigration comparable au Canada, l'Australie compte limiter à 80 000 le nombre de visas d'immigration pour 1992[106]. C'est 31 000 de moins qu'en 1991.

Le gouvernement du premier ministre Paul Keating vient d'y adopter toute une série de mesures visant non seulement à limiter le nombre d'immigrants, mais aussi à les choisir en fonction de leurs compétences et... de leur connaissance de l'anglais. La nouvelle loi sur l'immigration est également plus sévère à l'encontre des illégaux, des *boat people*.

Il semble que ce durcissement des règles en matière d'immigration fait consensus dans la société australienne, du moins si l'on en croit le commentaire du journaliste Padraie McGuinness rapporté dans *Le Monde*: «Ces réfugiés n'en sont pas au sens traditionnel, écrit le commentateur australien. Il se peut que l'Australie n'ait pas d'avenir à long terme en tant qu'enclave blanche au bout de l'Asie et que nous ne puissions éviter d'être submergés par l'immigration asiatique. Ce n'est ni raciste ni hostile envers l'Asie de suggérer que ce n'est pas ce que veut la majorité des Australiens. Nous ne voudrions pas que notre identité nationale disparaisse totalement.»

Jusqu'en 1947, l'immigration en Australie était presque exclusivement britannique ; puis, elle fut à dominante européenne jusqu'en 1973, année au cours de laquelle les Australiens mirent fin à leur politique discriminatoire et même raciste en matière d'immigration. Aujourd'hui, la moitié des immigrants sont asiatiques.

PÉRIL JAUNE EN LA DEMEURE... AU JAPON

Les statistiques officielles fournies par le Consulat général du Japon à Montréal font état d'une augmentation de 88,9 % des travailleurs illégaux de 1991 à 1992.

---

105. *L'Express*, 23 octobre 1992.
106. Article de Sylvie Lepage, correspondante du journal *Le Monde* à Sydney, article repris dans *Le Devoir* du 20 juin 1992.

Le correspondant de *Libération* à Tokyo[107], rapporte les propos suivants d'un fonctionnaire du bureau de l'immigration, M. Eguchi : «L'augmentation du nombre de travailleurs étrangers illégaux a des effets négatifs non seulement sur les marchés du travail mais aussi sur la santé et la tranquillité publiques. Nous ne pouvons tout de même pas accepter l'augmentation du nombre de meurtres, les problèmes posés à l'environnement par les attroupements, les menaces sur notre système de santé posées par les malades étrangers, non couverts par la Sécurité sociale, sous prétexte que nous avons un problème de pénurie de main-d'œuvre non qualifiée !» Le correspondant de *Libération* ajoute que ce type de réaction est révélateur de l'opinion.

Le journaliste brosse ensuite un tableau de la présence étrangère au Japon : «À l'exception de 700 000 Coréens (descendants en majorité des Coréens enrôlés de force pendant la guerre) et de quelque 200 000 Sud-Américains (Brésiliens en majorité) d'origine japonaise, la main-d'œuvre étrangère est étroitement contrôlée et l'immigration légale ne dépasse pas un pour cent.

«On a recensé, poursuit-il, 300 000 clandestins sur l'archipel, dont environ 100 000 femmes (en majorité des hôtesses de bar et des prostituées philippines et thaïlandaises) et des ouvriers pakistanais, iraniens, chinois, philippins ou malaisiens arrivés dans les années 80.»

Les travailleurs clandestins sont, on s'en doute, tout à fait vulnérables. Ils entrent comme touristes ou comme étudiants et ils n'ont droit qu'aux petits métiers, qu'aux tâches dégradantes pour lesquelles on ne trouve personne. Les emplois de la catégorie des trois K comme on dit dans le pays : *Kitsui, Kitanaï et Kiken,* que l'on peut traduire par salissant, fatigant et dangereux.

Les Japonais ont, d'autre part, mis au point ces dernières années une nouvelle forme d'immigration temporaire : l'immigrant-stagiaire.

Les grandes entreprises nippones vont recruter les immigrants-stagiaires de leur choix en Asie du Sud-Est ou ailleurs, a-t-on pu apprendre dans des reportages de la télévision canadienne ces derniers temps. Le gouvernement accorde à ceux-ci un visa de séjour de trois ans.

---

107. *Libération*, samedi 24 et dimanche 25 juillet 1993.

L'immigrant-stagiaire passera le tiers de son temps en formation, et les deux autres tiers en production. Il percevra non pas un salaire mais une indemnité de stage (qui équivaut à un montant inférieur au salaire minimum), et il sera logé par l'entreprise.

Au bout de trois ans : départ obligatoire de l'immigrant-stagiaire, qui, toutefois, aura de bonnes chances de trouver un emploi dans l'usine-filiale que l'entreprise aura implantée dans son pays d'origine.

La formule ne semble faire que des gagnants : l'entreprise compense son manque de main-d'œuvre autochtone tout en se constituant un pool de travailleurs pour ses filiales à l'étranger, qui, par ailleurs, produiront à un moindre coût qu'au Japon ; le tiers-monde accueille des investissements japonais et hérite de travailleurs expérimentés, pour lesquels il n'a pas eu à débourser un cent pour la formation. Et les immigrants-stagiaires, eux, faute d'avoir un nouveau pays, eh bien !, ils auront appris un métier et, probablement, trouvé un emploi... dans leur propre pays.

« N'est-il pas plus rationnel de fabriquer des voitures là où règne le sous-emploi plutôt qu'au Japon où nous manquons de main-d'œuvre ? fait valoir Schoichi Ikuta, fonctionnaire au ministère de l'Industrie et du Commerce international, à Guy Sorman[108]. Ne vaut-il pas mieux exporter les lieux de production plutôt que d'importer des immigrés ? N'est-il pas préférable d'épargner au Japon les troubles socioculturels et les coûts d'installation de communautés immigrées ? »

ÉTATS-UNIS, TERRE DE PRÉDILECTION DES IMMIGRANTS

Même si l'Amérique du Sud s'apprête à accueillir une vague d'immigrants sans précédent depuis la Dernière Guerre mondiale[109] (trois millions de Russes, de Polonais et de Tchécoslovaques s'apprêtent à débarquer en Argentine, au Brésil, au Venezuela et au Paraguay, selon l'OIM de Genève), l'Amérique du Nord demeure la terre de prédilection des émigrants. Et, au premier chef, les États-Unis d'Amérique. Encore aujourd'hui, si

---

108. *En attendant les Barbares*, Guy Sorman, Fayard, p. 152-153.
109. Dépêche AP, 14 avril 1992.

l'on excepte les déplacements de populations pour cause de catastrophes ou de guerres, c'est le pays où l'on immigre le plus au monde. Légalement ou illégalement.

Le rapport de juillet 1993 du FNUAP fait état de 7,3 millions d'entrées légales et de 2,7 millions d'entrées illégales aux États-Unis pendant les années 80.

C'est aux États-Unis que l'on trouve «le poste-frontière qui détient le record des cinq continents pour le nombre de passages quotidiens, que la confrontation quasi physique entre le monde de la misère et le monde de la prospérité est la plus brutale, la plus directe[110]. Tijuana, c'est un peu le Checkpoint Charlie du nouveau champ géopolitique où, désormais, la polarité Nord-Sud s'est substituée à la polarité Ouest-Est... Tijuana est un entonnoir vers lequel convergent de larges flux migratoires attirés vers le "Nord", mais c'est aussi un déversoir par lequel ce même "Nord" se débarrasse de ses vieux frigidaires, de ses voitures endommagées ou volées, de ses meubles fatigués qui vont s'entasser dans les *secundarias* (magasins d'occasion) et les ateliers de *yonke* (de l'argot américain *junk*, rebut).»

Selon *L'Express*, les quelque 800 *migras*, ces policiers de la frontière, coincent chaque jour, chaque nuit, 1 600 immigrants clandestins dans un rayon de 80 kilomètres; 50 000, chaque mois. Et il en passe trois fois plus[111].

Le sociologue mexicain Jorge Bustamante compare le rôle du garde-frontière américain à celui d'un agent de circulation, qui ouvre et ferme la porte selon les besoins du marché de l'emploi. «L'employeur américain, remarque Bustamante, a inventé le "travailleur idéal": le Mexicain sans papiers, sans protection légale ni sociale. Ce Mexicain travaille pour un salaire de misère, il remplit avec docilité les fonctions que les Blancs refusent et que les employeurs préfèrent ne pas confier aux Noirs, en admettant que les Noirs en veuillent[112].»

Le traité de libre-échange Canada–États-Unis–Mexique, qui prévoit la libre circulation des produits, mais pas celle des hommes, pourrait freiner dans une certaine mesure le flux migratoire Mexique–États-Unis puisque le traité devrait favoriser la

---

110. *Le Monde diplomatique.*
111. *L'Express*, 7 août 1992.
112. *En attendant les Barbares*, Guy Sorman, Fayard.

prolifération des *maquiladoras* (du verbe espagnol *maquilar* utilisé dans le sens de « retenir une partie de la farine en échange du blé moulu »), ces manufactures appartenant à des entreprises américaines où l'on fabrique, à moindre coût, des produits de consommation destinés au marché nord-américain. Le principe est simple : on importe la matière première des États-Unis, du Japon et d'autres pays asiatiques pour le faire assembler par une main-d'œuvre bon marché dans ces usines, qui échappent aux réglementations nord-américaines du travail et de l'environnement. Le produit fini repart ensuite vers le Nord.

En ce moment, selon une correspondance du *Wall Street Journal* qui cite un document du ministère mexicain de l'Industrie et du Commerce[113], 500 000 Mexicains travaillent dans quelque 2 100 *manufactures maquiladoras* qui génèrent des investissements de quatre milliards de dollars par année au Mexique, ce qui représente pour le pays la deuxième plus importante source de revenu après le pétrole.

États-Unis : quota annuel de 700 000 immigrants

Pays d'immigration par excellence, les États-Unis sont probablement le pays qui déploie, par ailleurs, le plus d'énergies pour contenir les flux migratoires. Ou, plus exactement, si l'on se fie à la toute dernière loi sur l'immigration que l'administration du président George Bush a fait adopter, pour gérer les flux migratoires.

Signée le 29 novembre 1990 par le président Bush, cette loi maintient le système des quotas sélectifs et accroît de 40 % le nombre de personnes autorisées à s'installer aux États-Unis. « C'est, a affirmé le chef du gouvernement américain au moment de l'entrée en vigueur de la loi en octobre 1991, la réforme la plus importante de notre législation sur l'immigration depuis soixante-six ans ».

Une sorte de retour, dans l'esprit du président Bush, aux principes édictés, en 1793, par George Washington, alors que ce dernier proclamait que « le sein de l'Amérique est ouvert non seulement aux riches et respectables étrangers, mais aussi aux opprimés et aux persécutés de toutes les nations et de toutes les

---

113. *The Globe and Mail*, 24 septembre 1992.

religions... à qui nous souhaitons la bienvenue pour participer à nos droits et à nos privilèges».

Jusqu'à la fin des années 1800 aucune loi ne fut, du reste, promulguée pour restreindre la portée de cette déclaration.

C'est en 1882 que la première loi raciale arrêta l'entrée des travailleurs chinois. Puis, en 1924, la loi des quotas permit d'exclure les candidats à l'immigration venant d'Asie et des pays d'Europe du Sud. Le principe de base de cette loi demeurera en vigueur jusqu'en 1965. Puis les critères de sélection basés sur la race disparaîtront, mais les restrictions par pays demeureront jusqu'à la mise en application de la loi sur l'immigration de 1990. La nouvelle loi prévoit qu'il ne sera plus possible de refuser un immigrant parce qu'il est communiste, homosexuel, déprimé, retardé...

Par ailleurs, l'Immigration Act 1990 vise essentiellement à faire en sorte que l'immigration rapporte autant, par ses créations d'emplois et la compétence de ses gens, qu'elle coûte en prestations d'assistance sociale et en allocations de retraite.

La nouvelle loi relève le quota annuel d'immigrés de 500 000 à 700 000. On prévoit maintenir ce quota jusqu'en 1994, après quoi on envisage de l'abaisser à 675 000. Mais, il y a tout lieu de croire que le nombre d'immigrés dépassera les quotas prévus au cours des prochaines années. Ainsi, si l'on additionne les quotas annoncés par catégories pour l'année dernière, nous arrivons à 831 000 immigrés :

• L'immigration familiale compte maintenant pour la moitié de l'immigration totale. On passe de 216 000 à 520 000.

• Le quota annuel des réfugiés politiques grimpe de 125 000 à 131 000.

• Mais, surtout, le quota basé sur les capacités professionnelles fait un bond de 54 000 à 140 000 entrées par an. Dix mille de ces visas sont réservés aux étrangers en mesure d'investir au moins un million dans la ville de leur choix aux États-Unis ; ou 500 000 $ dans une zone rurale ou particulièrement touchée par le chômage. Cette nouvelle catégorie d'investisseurs devrait faire entrer 10 milliards de dollars dans le pays et créer 100 000 emplois.

• Les États-Unis reprenaient par ailleurs, pour la dernière fois en 1993, leur loto-émigration ouverte aux citoyens de 35 pays qui, s'ils sont parmi les 40 000 gagnants, peuvent obtenir rapidement un visa leur permettant d'immigrer aux États-Unis sans devoir se soumettre aux formalités administratives habituelles. Les gagnants doivent cependant démontrer qu'ils ne seront pas une charge à l'État et prouver qu'ils sauront se dénicher un emploi. Des millions de personnes de partout dans le monde tentent, chaque année, leur chance à cette loterie.

Les mesures, annoncées par le président Bill Clinton en juillet 1993, modifient peu les règles générales en matière d'immigration, mais visent plutôt à contrer l'immigration illégale.

«Nous n'abandonnerons pas notre frontière à ceux qui voudraient exploiter notre passé de compassion et de justice», a fait valoir le président Clinton, alors qu'il défendait devant le Congrès sa demande de crédits additionnels de 172,5 millions pour contrer l'immigration illégale[114]. «Nous devons dire non à l'immigration illégale pour pouvoir continuer à dire oui à l'immigration légale.»

En gros, les nouvelles mesures prévoient un renforcement des contrôles aux frontières, une aggravation des sanctions contre les illégaux, des mesures accrues aux officiers d'immigration pour enquêter sur de présumés criminels revendiquant le statut de réfugié politique et des moyens expéditifs pour refouler les faux demandeurs d'asile politique.

Les observateurs politiques croient que ce changement de cap de Bill Clinton, qui prônait, pendant la campagne électorale, la tradition des États-Unis, terre d'immigration par excellence, a été déterminé dans une large mesure par l'entrée clandestine quelques semaines plus tôt de centaines de Chinois, exploités par des réseaux de contrebande. Les liens établis par la police entre le cheikh Abdel Rahman et des groupes terroristes responsables de l'attentat contre le World Trade Center de New York ont également influencé la décision du président. D'autant que le président ne pouvait ignorer le mouvement en profondeur de l'opinion publique, confirmé par divers sondages : en 1986, 49 % des Américains se déclaraient en faveur de restrictions en matière d'immigration alors que ce chiffre passait à 61 % au début de l'année 1993 pour atteindre 69 % au milieu de l'été.

---

114. *The New York Times*, 28 juillet 1993 ; *Le Monde*, 29 juillet 1993.

D'autres sondages confirmaient cette opinion : un sondage CNN-USA Today nous révélait au même moment que les deux tiers des Américains souhaitent un arrêt (27 %) ou une baisse (49 %) de l'immigration.

Un autre sondage, réalisé pour le compte du magazine *Newsweek* les 29 et 30 juillet 1993 et publié dans l'édition du 9 août 1993, indique que 60 % des Américains considèrent « mauvais » (*bad*) le niveau actuel d'immigration.

Déclin de l'Euro-Amérique

L'augmentation des quotas annuels d'immigration, consentie par la réforme Bush, devrait accentuer les métamorphoses actuelles de la société américaine. Accélérer le processus de changement de l'« Homo americanus », qui est de moins en moins blanc et de souche européenne.

L'immigration a fait l'Amérique, dit-on souvent. On pourrait ajouter que l'immigration est en train de refaire l'Amérique.

Le recensement américain de 1990 nous apprend qu'au cours des années 80 les « minorités » raciales ou ethniques sont devenues « majoritaires » dans 51 villes de 100 000 habitants et plus aux États-Unis : Houston (59 %), New York (57 %), Memphis (56 %), Stockton en Californie (56 %), San Francisco (53 %), Dallas (52 %), Cleveland (52 %)...

Ce même recensement nous révèle aussi que les *White Anglos* ne représentent plus que 57 % de la population en Californie.

Projections pour l'an 2000 : il n'y aura plus de majorité en Californie, que des minorités. Si la Californie illustre l'avenir de l'Amérique, Los Angeles, c'est déjà le futur de la Californie puisque, dans cette ville et ses banlieues, il n'y a déjà plus de majorité raciale.

« Mexicains et Guatémaltèques représentent maintenant 30 pour cent de la population de la Californie, le quart de celle de Los Angeles, rapporte *L'Express*[115]. Le nombre d'Asiatiques (Chinois, Coréens ou Indiens) a doublé, dépassant celui des Afro-Américains... Résumons : la Californie n'est plus vraiment blanche et les Blancs – les "Caucasiens", comme on dit ici – savent que d'ici à l'an 2000 ils seront minoritaires. »

---

115. *L'Express*, 7 août 1992.

Exit le « melting pot »

Pays d'immigration, les États-Unis avaient réussi jusqu'à tout récemment à intégrer, voire à assimiler les nouveaux arrivants dans un « melting pot », un creuset dans lequel se fondaient toutes les cultures et disparaissaient toutes les langues au profit de l'américain. Aujourd'hui, chacun, invoquant les diverses dispositions des lois sur les droits et libertés, garde intactes sa personnalité, sa langue et sa culture. Le nouveau paradigme américain met désormais l'accent sur la diversité raciale et ethnique, ainsi que sur les différences culturelles. La tradition du « melting-pot » disparaît au profit d'un nouveau concept baptisé « salad bowl ».

« Quand j'étais petit, raconte le maire de New York David Dinkins dans une interview à Richard Hétu de *La Presse*, on nous apprenait que New York et le pays étaient un "melting pot". New York n'est plus un "melting pot". C'est une splendide mosaïque avec entre 125 et 170 ethnies différentes. C'est dans cette diversité que réside la force de New York ».

Ce nouvel ordre démographique inquiète cependant bon nombre d'Américains de souche européenne. Certains évoquent avec frayeur l'image d'une balkanisation de l'Amérique. Des politiciens font adopter des lois pour proclamer l'anglais langue officielle, par peur, expliquent-ils, de devenir linguistiquement et culturellement divisés comme le Canada.

Arthur Schlesinger, historien, écrivain politique et ancien conseiller de John Kennedy, lance un cri d'alarme[116] et dénonce ce qu'il appelle le séparatisme culturel des minorités de couleur aux États-Unis et l'afrocentrisme des artistes et des intellectuels noirs, qui affirment qu'à travers l'influence égyptienne, les cultures africaines ont jeté les bases de la civilisation occidentale. L'afrocentrisme est très à la mode dans les universités, et il pénètre de plus en plus dans les écoles publiques.

Dans une entrevue au quotidien *Le Figaro*[117], Schlesinger explique qu'après avoir réussi à fondre les différentes cultures en une nation pendant plus de deux siècles, les États-Unis se

---

116. The Disuniting of America publié aux éditions Whittle Direct Books (New York).
117. *Le Figaro*, 27 février 1992.

retrouvent aujourd'hui en face d'un rejet de concept du « melting pot ». « Poussés par le chauvinisme ethnique et racial, certains dénoncent l'idée du "melting pot", et cherchent à sauvegarder, à promouvoir, à perpétuer l'existence de communautés ethniquement et racialement distinctes. C'est là un phénomène nouveau que je trouve alarmant ».

L'historien ajoute que le plus grave de l'idéologie afrocentriste c'est qu'« elle recèle des tendances profondément anti-européennes, et même europhobes ».

Plus récemment, dans une entrevue au magazine *L'actualité*[118], l'auteur de *Disuniting of America* s'en prend plus particulièrement à l'école publique qui, selon lui, s'est transformée en « instrument de promotion du séparatisme ethnique... L'école publique est devenue un moyen de préserver la culture d'origine des immigrants, ce qui nous conduit sur la voie yougoslave. » Schlesinger préconise un retour à cette école qui permettait d'intégrer les immigrants à l'Amérique. « Si les États-Unis sont devenus le plus grand pays multiculturel du monde, c'est justement parce que nous avons cru depuis 200 ans que l'identité américaine transcendait celle des immigrants d'origines diverses. »

Quelques mois plus tard, dans une entrevue au quotidien *Le Monde*[119], Arthur Schlesinger, 75 ans, historien de formation, ex-professeur de l'Université Harvard, continue de s'insurger contre « le renouveau du séparatisme ethnique » qui contribue à produire « une nation de minorités ».

« Si nous tombons dans une phase de récession sévère, soutient Schlesinger, nous n'aurons plus de melting pot mais un boiling pot (une bouilloire), ce qui est beaucoup plus dangereux pour notre société. »

Et, à propos du « mouvement en faveur du multiculturalisme et à des dérives plus dangereuses, il dit : Le phénomène n'est pas nouveau. Déjà, après la Seconde Guerre, des groupes "blancs", est-européens, notamment des Hongrois, des Polonais, des Tchèques, se disaient excédés par la suprématie de la tradition anglo-américaine. »

---

118. *L'actualité*, 15 octobre 1992.
119. *Le Monde*, 27 avril 1993.

Norman Birnbaum, professeur à l'université Georgetown et auteur de *The Radical Renewal*, écrit dans *Le Monde diplomatique*[120] que «le débat actuel sur l'état de la société américaine rappelle à s'y méprendre l'histoire de la tour de Babel. Certains intellectuels déplorent la destruction des valeurs culturelles. D'autres insistent sur les avantages du nouveau multiculturalisme. Alors qu'un groupe d'économistes affirme que la richesse nationale diminue, un autre prétend que les conditions d'un nouvel essor ont rarement été meilleures.

«... Dans cette société d'autant plus diverse qu'elle vient d'accueillir de nouvelles vagues d'immigrants venus d'Asie et d'Amérique latine, explique Birnbaum, le débat sur le thème du multiculturalisme fait rage. Il s'explique en partie par l'affaissement de l'autorité morale de l'élite protestante blanche. Il résulte aussi de l'impuissance d'une société civile déjà multiculturelle, composée de segments catholiques, protestants et juifs, qui organisent chacun de son côté des associations, des églises, des quartiers et un réseau de clientélismes économiques et politiques. À présent, ce sont les Asiatiques, les Hispaniques, les Noirs et les Indiens qui réclament à leur tour, et dans leurs termes, le "droit à la cité" en même temps qu'ils rejettent une interprétation linéaire de l'histoire américaine construite autour de la notion d'un progrès continu et sans pareil ailleurs.»

LA LOI CANADIENNE, CELLE D'UN PEUPLE «COMPATISSANT ET TOLÉRANT»

La nouvelle loi fédérale sur l'immigration vise à «promouvoir les intérêts du Canada sur les plans économique, social, humanitaire et culturel et à remplir les obligations du Canada au niveau international, c'est-à-dire s'occuper de l'admission des immigrants et des visiteurs ainsi que de l'établissement des immigrants et exercer un contrôle efficace à l'égard des personnes qui cherchent à entrer ou à demeurer au Canada, tout en protégeant la santé des Canadiens et en assurant leur sécurité», précisait, en juin 1992, le ministre Bernard Valcourt. Qui affirmait, par ailleurs, que la nouvelle loi canadienne sur l'immigration

---

120. *Le Monde diplomatique*, novembre 1992.

préserverait notre image d'un peuple « compatissant et tolérant » dans le monde.

Le gouvernement fédéral maintient, en gros, les objectifs du Plan d'immigration 1991-1995, un plan qui prévoit 250 000 immigrants par année pendant la première moitié de la décennie 90, avec une augmentation du nombre d'immigrants indépendants, le maintien des objectifs de l'immigration humanitaire et une diminution des immigrants de la catégorie de la famille. Le changement de gouvernement à Ottawa, en octobre 1993, ne devrait pas changer grand-chose aux quotas annuels. Même si le nouveau ministre libéral Sergio Marchi a réitéré, aussitôt installé dans ses fonctions, l'engagement électoral de son parti d'augmenter de 1 % le niveau d'immigration.

Le nombre d'immigrants accueillis aura été légèrement en dessous des prévisions en 1993. Et il est permis de croire, récession et resserrement des contrôles aux frontières obligent, que la tendance à la baisse, par rapport aux prévisions, se poursuivra encore quelques années. Notamment parce que les amendements à la loi du printemps 1993 élèvent la barre des exigences pour être admis au Canada : il faut désormais être plus instruit pour obtenir le « privilège » de venir s'installer au Canada ; il faut démontrer que l'on maîtrise au moins l'une des deux langues officielles du pays ; et, surtout, il est désormais plus difficile aux revendicateurs du statut de réfugié d'entrer au Canada.

Le gouvernement fédéral a, du reste, clairement exprimé son intention de signer des ententes avec les États-Unis et l'Europe des Douze permettant de refouler sur le champ les demandeurs d'asile dans leur premier pays d'accueil. Rares sont les demandeurs d'asile qui arrivent directement au Canada, sans avoir fait escale dans un autre pays.

Seuil de tolérance moins élevé

Toutes ces nouvelles mesures plus sévères à l'endroit des étrangers répondent aux pressions de l'opinion publique, qui, est-il nécessaire de le préciser, est devenue plus frileuse à l'égard des non-Canadiens.

Un sondage effectué en janvier 1992 et commandé par le ministère fédéral de l'immigration[121] révèle en effet que le tiers des répondants canadiens considèrent qu'il faut tenir à l'écart ceux qui sont différents des autres Canadiens; la moitié des personnes interrogées disent craindre de devenir une minorité si l'immigration n'est pas mieux contrôlée; la moitié des répondants affirment que le Canada accueille trop d'immigrants, et laissent entendre que les règles d'admission doivent être plus strictes. C'est à Toronto que l'on enregistre l'humeur la plus hostile à l'endroit des immigrés.

Enfin, le document fédéral nous apprend que, dans l'esprit des Canadiens, il y a un bon et un mauvais immigrant: le «bon», c'est celui qui travaille, qui est autonome, qui est flexible et qui s'adapte à la culture canadienne ou québécoise. Il est, souligne-t-on, Blanc ou Jaune. Le «mauvais», lui, est perçu comme un bénéficiaire d'aide sociale, qui s'amène au pays avec des coutumes ou des attitudes menaçantes pour la culture canadienne, qui ne s'adapte pas à sa nouvelle société et qui peut être un déviant ou même un criminel. Le «mauvais» immigré dans l'opinion publique est, toujours selon ce document jusqu'alors tenu secret, ou Noir, ou Indien ou Pakistanais.

Un rapport du très sérieux Institut C. D. Howe[122], préparé par le journaliste Daniel Stoffman de Toronto, observe que «le Canada accepte plus de nouveaux arrivants que jamais depuis la grande vague des années 20 et se montre maintenant moins sélectif que jamais depuis la fin du dernier conflit mondial.

«Le Canada ne devrait admettre, conclut l'auteur du rapport, que 150 000 immigrants par année au lieu de 250 000, dans le but de faire diminuer les pressions s'exerçant sur la société d'accueil. Les niveaux actuels (d'immigration) sont trop élevés par rapport à ce que l'infrastructure canadienne peut tolérer... Le changement trop rapide engendre des tensions raciales.»

Le Conseil économique du Canada fait état, lui aussi, des inquiétudes des citoyens canadiens à l'égard des immigrants: «Certains éprouvent des appréhensions particulières au sujet de l'effritement possible de traditions chères que ne partagent pas tous les immigrants en matière d'action communautaire ou de

---

121. *La Presse*, 14 septembre 1992.
122. *La Presse*, 30 juin 1993.

bénévolat, par exemple. Ils s'inquiètent aussi du fait que ces derniers soient peu au courant des valeurs canadiennes comme la séparation de l'Église et de l'État, l'égalité des sexes, le maintien de l'ordre et le respect de la loi, de la difficulté de préserver la langue et la culture françaises au Québec parce que les immigrants adoptent souvent l'anglais, des problèmes des écoles inondées d'élèves apprenant l'anglais ou le français comme langue seconde et d'un régime d'examen des demandes d'immigration dont, aux yeux de certains, on a perdu la maîtrise.

« Les nouveaux immigrants en provenance de nouveaux pays d'émigration – de l'Asie, de l'Amérique latine, des Antilles et de l'Afrique – vont transformer notre pays en profondeur et leur présence entraînera éventuellement des conflits sociaux et ethniques, peut-on également lire dans le rapport du Conseil économique du Canada. Certains Canadiens nous ont fait remarquer à maintes reprises que les immigrants volent les emplois des Canadiens ou qu'ils provoquent un recul des salaires et des conditions de travail. Et les Canadiens voient d'un mauvais œil la montée des coûts qu'entraîne l'immigration, au moment même où les déficits publics s'aggravent... »

Des millions pour gérer l'immigration

Dans son document expliquant la loi C-86, le ministre fédéral de l'Immigration, Bernard Valcourt, évaluait à « 900 millions le coût du programme d'immigration en 1992-1993, un programme qui impliquait huit ministères et agences du gouvernement fédéral et nécessitait le travail de plus de 6 200 années-personnes »[123].

Comme un ministère en cache toujours un autre dans notre régime fédéral, il faut ajouter les coûts du ministère provincial pour arriver à se faire une idée approximative de la note payée par les contribuables.

L'étude des crédits du ministère des Communautés culturelles et de l'Immigration (MCCI) en commission parlementaire à Québec, au printemps 1993, nous apprend que le budget de fonctionnement du MCCI s'est élevé à 73 000 000 $ pour

---

123. *Pour une politique d'immigration adaptée aux années 90* du ministre fédéral Bernard Valcourt.

l'exercice 92-93[124]. Ce montant ne tient pas compte du traitement des employés du réseau des bureaux à l'étranger, qui, eux, sont payés à même le budget du ministère des Affaires internationales (MAI).

Selon des évaluations conservatrices faites tant à Québec qu'à Ottawa, l'affectation d'un fonctionnaire à l'étranger coûte environ un quart de million de dollars par année. Au bas mot. Et en moyenne. Cela comprend les émoluments du fonctionnaire, certaines primes, une partie de ses frais de séjour à l'étranger et, souvent, un certain nombre de voyages entre sa mission et le Canada.

Les opérations «immigration» à l'étranger coûtent 10 millions au ministère des Affaires internationales (MAI) et 5 millions au ministère des Communautés culturelles et de l'Immigration (MCCI), selon une évaluation sommaire faite par le sous-ministre au MCCI, Norman Riddell[125].

Le Québec compte une trentaine d'agents d'immigration à l'étranger. Plus exactement, selon les documents du ministère de l'immigration publiés en octobre 1992, le Québec compte 27 conseillers et 65 employés de soutien dans ses treize services d'immigration à l'étranger (SIQ), qui sont installés dans les délégations du Québec ou dans les ambassades du Canada. Le Québec est ainsi présent à Boston, à Mexico, à New York, à Port-au-Prince, à Londres, à Paris, à Bruxelles, à Vienne, à Rome, à Damas, à Bangkok, à Hongkong et, depuis le 1er décembre 1992, au Caire, en plus d'avoir une antenne à Rabat.

À titre de contribuables, nous payons aussi, il va sans dire, pour les dépenses du ministère fédéral des Affaires extérieures. Qui, lui, dispose de 269 agents d'immigration et d'une dizaine d'agents consulaires à l'étranger : 31 agents en 11 postes en Afrique et au Moyen-Orient ; 56 agents et 2 agents consulaires dans 13 postes en Amérique latine et dans les Caraïbes ; 84 agents et un agent consulaire en 13 postes en Asie et dans le Pacifique ; 71 agents et 5 agents consulaires en 21 postes en

---

124. Commission parlementaire pour étudier les crédits du MCCI, 22 avril 1993.
125. Bref entretien au cours de l'hiver 1991 avec le sous-ministre Norman Riddell du MCCI.

Europe; 27 agents et 2 agents consulaires en 11 postes aux États-Unis; 85 agents en poste à Ottawa complètent l'équipe[126].

Que rapportent les efforts des contribuables québécois aux programmes d'immigration?

---

126. Entrevue téléphonique avec Nicole Martel, fonctionnaire aux Affaires extérieures au cours de l'hiver 1992.

Chapitre 4

Québec : entre la peur de disparaître et la crainte de s'affirmer

> « *L'immigré est tenu de respecter avec reconnaissance le patrimoine matériel et spirituel de son pays d'accueil, d'obéir à ses lois et de contribuer à ses charges.* » (extrait du *Nouveau petit catéchisme de l'Église catholique*)

Les politiques gouvernementales du Québec en matière d'immigration démontrent toutes, depuis au moins 25 ans, une nette volonté de tirer des bénéfices de l'immigration : l'immigration est vue comme un moyen de faire tourner l'économie ou bien une façon d'obtenir des investissements financiers, ou encore une manière d'assurer la survie d'un peuple.

Voilà pour les vœux !

Hélas ! l'immigration n'est pas plus une panacée chez nous qu'ailleurs. Peut-être même moins qu'ailleurs parce que le Québec ne dispose pas de tous les moyens nécessaires pour atteindre ses objectifs.

L'IMMIGRATION AU QUÉBEC : D'ABORD UNE AFFAIRE « CANADIENNE »

Jusqu'au début des années 60, l'immigration au Québec était une affaire à peu près exclusivement « canadienne ». Fédérale, si on veut. Une affaire que menait rondement Ottawa, avec notamment pour résultat que 440 000 des quelque 500 000 immigrants accueillis au Québec entre la fin de la Deuxième Guerre et l'Exposition universelle de Montréal étaient ou sont devenus anglophones.

Autre particularité : l'immigration au Québec devenait rapidement un phénomène d'émigration. Les immigrants ne faisaient que passer au Québec. «L'histoire migratoire de la population québécoise montre que, depuis le milieu du XIXe siècle, le Québec aura été somme toute une terre d'émigration, le solde migratoire total ayant été négatif pour l'ensemble de cette période[127].» Une étude récente estime à 28 % le taux de perte des immigrants cinq ans après leur arrivée au Québec[128].

Il faut attendre les effets de la Révolution tranquille pour voir les premiers gouvernements québécois commencer à s'occuper sérieusement d'immigration. À se prévaloir, en fait, tout simplement des droits prévus à l'article 95 de l'Acte de l'Amérique du Nord britannique qui reconnaît au Parlement du Canada et aux législatures des provinces une juridiction concurrente en matière d'immigration.

L'entente administrative fédérale-provinciale en matière d'immigration ne laisse cependant pas une bien grande marge de manœuvre au Québec dans le choix de ses immigrants : c'est Ottawa qui décide pour les questions d'immigration humanitaire ; Québec joue un rôle limité dans les programmes de réunification familiale ; et les fonctionnaires provinciaux, qui ont les coudées franches pour sélectionner des candidats à l'étranger, ne recrutent au bout du compte qu'assez peu de ces fameux immigrants riches, instruits et francophones dont il est tant question dans les politiques du ministère des Communautés culturelles et de l'Immigration (MCCI).

«Aux termes de l'article 95 de la Loi constitutionnelle de 1867, explique le sénateur et expert constitutionnel réputé Gérald-A. Beaudoin, l'immigration est un domaine concurrent, avec, en cas d'incompatibilité entre la législation fédérale et une loi provinciale, prépondérance fédérale.

«Le Québec, vu son taux inquiétant de dénatalité, a découvert brutalement l'importance de ce domaine, ajoute Beaudoin. L'Accord Cullen-Couture conclu le 20 février 1978 et renouvelé en 1983 et en 1991 est un arrangement administratif qui porte sur la sélection de certains ressortissants étrangers désireux de

---

127. *La migration interprovinciale (1981-1986) des immigrants admis avant juin 1981 : l'expérience du Québec* de Marc Tremblay pour le MCCI.

128. *Taux de présence de l'immigration au Québec : analyse et commentaires* de Mireille Baillargeon et Claire Benjamin pour le compte du MCCI, juin 1989.

s'établir au Québec[129]. » Feu l'entente de Charlottetown aurait en quelque sorte scellé de façon constitutionnelle cet accord Québec-Ottawa.

La loi fédérale sur l'immigration aurait de toute façon continué d'avoir préséance sur celle du Québec. C'est Ottawa, et Ottawa seul, qui a le pouvoir d'admettre les étrangers en territoire canadien, le pouvoir de délivrer des visas d'immigration, le pouvoir d'accorder le statut de résident permanent à un étranger, le pouvoir d'accorder la citoyenneté canadienne au bout de trois années de résidence permanente.

La dernière entente Ottawa-Québec confère par ailleurs au Québec, avec compensation financière, l'entière responsabilité de l'accueil et de l'intégration linguistique et culturelle des immigrants sur son territoire. Toutefois, Québec s'engage à fournir à cet égard le même type de services que ceux offerts dans les autres provinces. En somme, Québec s'engage à se conformer aux normes canadiennes. Et Ottawa conserve le droit d'offrir des services à saveur de multiculturalisme. D'autre part, l'entente prévoit que la province a, seule, le pouvoir de sélectionner les immigrants de la catégorie des « indépendants » destinés à son territoire.

Bref, Québec n'est habilité à choisir qu'une infime partie de ses immigrants !

« Le rapport officiel sur l'immigration (au Canada) pour l'été 1986, écrit Julien Harvey dans *Relations*[130], répartit ainsi les nouveaux venus au nombre de 105 000 à 115 000 : seulement 12 000 à 15 000 seront sélectionnés comme immigrants libres. Tous les autres arriveront sans sélection : 45 000 au titre familial, dont un nombre croissant de personnes âgées ; 16 000 réclamant le statut de réfugié ; 4 000 à 7 000 cas humanitaires ; 22 000 à 26 000 dépendants d'immigrants libres ; 4 000 immigrants investisseurs. Total : seulement 12 % correspondent à la description traditionnelle.

« Pour ce qui est du Québec, enchaîne Harvey, la situation est encore plus complexe : au récent colloque du Barreau, le sous-ministre à l'immigration du Québec, Régis Vigneau, reconnaissait que sur un total de 22 000 immigrants et de plus de

---

129. *La Presse*, 15 septembre 1992.
130. *Relations*, 1987.

11 000 réfugiés qui seront admis cette année, seulement 1 900 seront sélectionnés, soit 6 %».

René Marleau, fonctionnaire à l'immigration aujourd'hui à la retraite et actuel conseiller en affaires internationales et en immigration dans le cabinet du chef péquiste Jacques Parizeau, affirme, cinq ans après Régis Vigneau, que le Québec ne contrôle toujours pas la moitié de son immigration[131].

« Nous n'exerçons même pas un pouvoir vraiment partagé avec le gouvernement fédéral, soutient-il. Nous administrons, dans le cadre général de la politique canadienne, des responsabilités administratives spécifiques et limitées quant à leur portée... Québec se retrouve dans cette situation où il doit administrer une entente qui reflète davantage les orientations fédérales que les siennes. »

Pour mesurer la portée des pouvoirs du Québec en matière d'immigration, il suffit d'examiner les statistiques. Prenons, par exemple, celles de 1991[132] qui nous disent que le Québec a accueilli 51 420 immigrants ainsi répartis :

— Indépendants (des immigrants sélectionnés, soumis à toute une série de critères et d'exigences) : 20 136 (39,2 %). Dont 443 retraités (0,9 %) ; 5 075 gens d'affaires (9,9 %), eux-mêmes divisés dans les sous-catégories de « travailleurs autonomes » (488 ou 0,9 %), « entrepreneurs » (3 766 ou 7,3 %), « investisseurs » (821 ou 1,6 %) et « autres indépendants » (14 618 ou 28,4 %). Dans la catégorie des gens d'affaires, on calcule que chaque immigrant est accompagné d'une (1,7 à 1,8 plus exactement) à trois personnes en moyenne.

— Parents aidés (des immigrants également soumis à la grille de sélection, mais par la bande) : 3 032 ou 5,9 %. À noter que les immigrants de la catégorie « parents aidés » pouvaient à cette époque, en vertu de l'article 16 de la dernière entente administrative fédérale-provinciale, soit se soumettre à la grille de sélection du Québec ou du Fédéral.

— Membres d'une famille (il s'agit d'immigrants accompagnant un parent ou venant rejoindre un parent) : 12 751 ou 24,8 %.

— Réfugiés : 15 501 (30,1 %), dont 4 697 (9,1 %) au sens de la convention de Genève et 10 804 (21 %) dans la catégorie

---

131. *Le Devoir*, 21 août 1992.
132. Source : MCCI, mars 1992.

des « classes désignées ». À noter que sur les 15 501 réfugiés, 13 500 sont des revendicateurs de statut de réfugié, donc des gens qui ont pu régulariser leur situation ici même en vertu des règles fédérales, Ottawa étant maître d'œuvre de l'application de la loi sur l'immigration en sol canadien.

Eh bien, de ces 51 420 immigrants, seulement 7 000 ont véritablement été soumis aux critères de sélection déterminés par Québec, l'immigration familiale et humanitaire échappant complètement ou partiellement aux exigences québécoises

Alors, jusqu'ici, il est difficile de prétendre que le Québec exerce des pleins pouvoirs sur le renouvellement de sa population par les immigrants.

C'est Ottawa, et Ottawa seul, qui a le pouvoir d'admettre les étrangers

Oui, c'est Québec, et Québec seul, qui sélectionne les immigrants à l'étranger. Mais, à partir de critères qui sont, pour l'essentiel, pareils à ceux d'Ottawa.

Même si elle est régulièrement mise à jour en fonction des besoins du moment, la grille de sélection des candidats à l'immigration tourne toujours autour d'à peu près les mêmes grands critères suivants : l'âge, la scolarité, l'expérience professionnelle, la fortune personnelle, les capacités d'adaptation...

Une fois le test de la grille de sélection réussi, il reste ensuite au candidat à l'immigration à passer l'examen médical : en gros, il s'agit de prouver qu'on n'a pas de maladies contagieuses ou qu'on n'est pas un malade susceptible de représenter une charge pour le Canada. Curieusement, jusqu'à tout récemment on faisait encore subir un test de dépistage de syphilis, mais aucun pour dépister les candidats à l'immigration porteurs du virus du sida. « Nous sommes conscients de cette incongruité et nous allons y mettre un terme bientôt, déclare Brian Grant, directeur du service de contrôle et de mise en application de la loi sur l'immigration à Ottawa[133]. Nous n'avons par ailleurs pas l'intention d'imiter les États-Unis (techniquement, les Américains n'imposent pas de test, mais exigent que les séropositifs déclarent leur maladie dans le formulaire de demande de visa d'immigration), la France, l'Australie et la Chine qui imposent des tests de dépistage du

---

133. *The Globe and Mail*, 3 novembre 1992.

sida à leurs visiteurs de longue durée et à leurs candidats à l'immigration. (Plusieurs autres pays, dont notamment Israël, la Belgique, la Russie, le Mexique, la Turquie, la Syrie et la Libye, imposent déjà le test du sida soit pour des séjours de trois mois et plus, soit pour tous les séjours.) Cependant, si les autres tests qu'on fait normalement subir au candidat permettent de déceler des signes cliniques montrant qu'il est porteur du virus, alors on lui demandera de passer le test du sida. Si ce test confirme que nous sommes en présence d'un sidéen, nous ne lui émettrons pas de visa d'immigration, selon le principe que le Canada n'accepte pas d'immigrant pouvant constituer un fardeau supplémentaire pour les services médicaux du pays.»

Une étude du *Canadian Medical Association Journal*[134] montre que les immigrants cardiaques représentent des coûts de soins de santé à peu près comparables à ceux des immigrants sidéens : on a calculé que 484 des 161 929 immigrants entrés au Canada en 1988 étaient porteurs du virus du sida, et que leur traitement sur une période de dix ans s'élèverait à 18,5 millions. Pendant la même période, on a estimé que 2 558 immigrants auront eu des problèmes cardiaques, qui auront coûté 21,6 millions aux contribuables. Alors, pourquoi faire subir des tests aux sidéens et pas aux cardiaques ? se demandent les auteurs de l'étude.

Autre formalité indispensable pour l'obtention d'un visa d'immigrant : montrer patte blanche à l'enquête sur la sécurité. Mis à part les terroristes fichés et les bandits de grand chemin, il est rare qu'un candidat soit recalé à ce chapitre. Et encore il est arrivé que des criminels de guerre aient pu obtenir l'asile au Canada pour des considérations politiques, nous y reviendrons...

Les enquêtes médicale et de sécurité relèvent toutes deux des autorités fédérales.

Enfin, pour ce qui est de l'admission, c'est-à-dire le «privilège» accordé à un étranger de venir s'installer dans l'une des dix provinces canadiennes, c'est Ottawa, et Ottawa seul, qui a le pouvoir d'admettre les étrangers à titre de résident permanent et, éventuellement, d'accorder la citoyenneté canadienne. Après trois ans de séjour.

Notons que l'on peut devenir citoyen canadien de trois façons : 1) *Jus soli*, droit acquis automatiquement si l'on naît en

---

134. *The Globe and Mail*, 3 novembre 1992.

sol canadien, même si les parents ne sont que des visiteurs, des revendicateurs du statut de réfugié ou des immigrants clandestins ; 2) *Jus sanguinis*, droit acquis par un enfant né ici ou à l'étranger dont au moins l'un des parents est canadien ; 3) Par naturalisation : le demandeur doit être âgé d'au moins 18 ans et avoir été légalement admis au Canada à titre de résident permanent, il doit avoir résidé au Canada pendant au moins trois années en tout pendant les quatre années qui ont précédé sa demande et il doit avoir une connaissance suffisante de l'une des deux langues officielles du Canada[135].

Les formalités pour obtenir techniquement la citoyenneté canadienne sont en apparence simples. Au cours d'une cérémonie, le candidat à la citoyenneté canadienne doit démontrer qu'il s'est intégré à la société canadienne, qu'il peut se débrouiller dans l'une ou l'autre des langues officielles du pays, qu'il a acquis certaines connaissances élémentaires sur son pays d'accueil en répondant à certaines questions du genre : donner le nom du premier ministre du Canada, celui du gouverneur général du Canada (pas nécessaire de l'épeler !), nommer les dix provinces canadiennes...

Toutes des questions qui se veulent anodines, mais auxquelles plusieurs Canadiens de vieille souche auraient probablement du mal à répondre. Un récent sondage Angus Reid démontre en effet que 21 % des Canadiens ne savent même pas combien il y a de provinces au Canada. Pas étonnant que certains immigrés échouent à l'examen. Comme cette Mme Ida Peca, dont faisait état le *Globe and Mail*, une immigrante d'origine italienne de 40 ans, vivant au Canada depuis 23 ans, qui a su trouver le nom du premier ministre, mais qui l'a placé à la tête du NPD plutôt que des Conservateurs. Elle devra patienter dix-huit mois avant d'avoir une deuxième chance.

L'INTÉGRATION, UNE AFFAIRE QUÉBÉCOISE, MAIS...

Si l'entente administrative fédérale-provinciale accorde peu de pouvoirs réels au Québec sur les contrôles de l'immigration, elle lui laisse, en revanche, toute latitude pour les questions d'intégration. Mais, intégration à quoi ? Question simple et

---

135. *Journal du Barreau*, 1er avril 1993.

réponse évidente pour n'importe quel immigrant débarquant en Allemagne, en Italie, en Angleterre, aux États-Unis ou en France.

Qui suis-je ? D'où viens-je ? Où vais-je ? Je suis moi, je viens de chez moi et je rentre chez moi. C'est, adaptation libre, l'une des célèbres boutades de l'humoriste français Pierre Dac.

Qui est Québécois ? D'où vient-il ? Où s'en va-t-il ? Les réponses à ces questions ne tombent pas aussi dru que les répliques de l'humoriste. Ici, on ne plaisante pas avec ces questions-là, on fait des débats. Des débats politiques.

Qu'est-ce qu'un Québécois ?

Le commentateur Henri L. Comte, de tendance fédéraliste, parle d'une «crise identitaire profonde» dans un billet publié dans *Le Devoir*[136]. «Commentateurs et politiciens ne savent plus comment appeler les immigrants, ne savent plus ce qu'est un Québécois, écrit-il. Une recension des articles permettra d'identifier les expressions suivantes pour désigner les citoyens québécois d'origine étrangère : "Ceux qui ne sont pas de souche" (Bernard Landry) ; "Francophones de fraîche date" (Marcel Adam) ; "Québécois de nouvelle souche", "Les communautés linguistiques", "Minorités non francophones" (Lysiane Gagnon) ; "Néo-immigrant" (Abdelhamed Gmati) ; "Québécois issus des communautés culturelles" (Fatima Houda-Pépin) ; "Ces gens-là" (Jacques Parizeau)... Cette difficulté de se définir au plan littéraire explique la carence identitaire des Québécois», conclut M. Comte.

Pour nommer ce peuple pourtant bien réel, qui a forgé le Québec d'aujourd'hui, sa culture et sa spécificité, nous avons changé de nom bien des fois : Français d'Amérique, Français conquis par les Anglais, Canayens, Canadiens français, Québécois, Québécois francophones et, dernière trouvaille, Francophones québécois. Le peuple s'est ainsi laissé bercer au gré de ces appellations plus ou moins contrôlées.

Dans un document commandé par le Conseil scolaire et, sans doute, destiné à former l'opinion publique de demain[137], un groupe de sages précisent à quelle société les immigrants devraient

---

136. *Le Devoir*, 10 mars 1993.
137. *Les Francophones québécois*, de Gérard Bouchard, François Rocher et Guy Rocher.

s'intégrer : «Les Francophones québécois de vieil établissement, provenant de familles arrivées avant 1760, composent la majorité de la population québécoise et c'est leur culture qui donne son sens et son axe central à la culture québécoise», écrivent-ils.

La langue française doit être le véhicule commun, estiment les auteurs de cet ouvrage qui explicitent leur pensée dans un article publié dans *La Presse*[138]: «Renoncer à ce principe, c'est ouvrir la porte toute grande au multiculturalisme. Or, nous pensons que ce modèle ne convient pas à la situation du Québec, parce qu'il ne tient pas compte de la dynamique multiséculaire en place et n'y fait pas justice, parce qu'il compromet à long terme le développement et la consolidation de la francophonie québécoise, parce qu'il conduit à la multiplication de véritables ghettos socio-ethniques...»

Cet énoncé sur l'identité québécoise est loin d'avoir fait l'unanimité chez les faiseurs d'opinions, certains commentateurs tournant en dérision les auteurs de cette nouvelle définition des «Francophones québécois», tandis que les autres observaient la loi du silence.

À quoi correspond la société québécoise ?

Il n'y a pas de consensus clair sur le type de société à laquelle les immigrants sont conviés. Il ne leur faut pas longtemps pour découvrir qu'ils viennent de mettre le pied au pays de l'ambiguïté. Comment savoir s'ils viennent de débarquer dans une province d'un beau grand pays, où, en principe, il fait bon vivre en français et en anglais de l'Atlantique au Pacifique, ou s'ils viennent d'atterrir dans un pays-province où ça se passe d'abord et avant tout en français. Si le Canada est un véritable pays bilingue anglais-français ou si le seul vrai bilinguisme au Canada est pratiqué dans une province officiellement... unilingue française, ou si la politique fédérale de multiculturalisme finira par transformer le Canada en une mosaïque de ghettos culturels.

Même entre Québécois, le débat n'est pas terminé !

La dernière édition du programme du Parti québécois (1991) proclame qu'être Québécois «c'est habiter le territoire du Québec, mais c'est aussi partager un certain nombre de valeurs communes : l'attachement à la langue française, le souci de perpétuer l'exercice des libertés fondamentales et de la démocratie,

---

138. *La Presse*, 7 novembre 1991.

la tolérance et l'ouverture sur le monde, l'ambition de développer au maximum une culture, une manière de vivre originale. »

Les sympathisants du groupe du libéral Jean Allaire parlent
d'une société québécoise faite de quatre grandes composantes :
une majorité canadienne-française, une minorité anglaise, des
communautés ethniques et les autochtones.

À laquelle des composantes de la société distincte le nouvel
arrivant va-t-il s'intégrer ? À la majorité d'expression française ?
À l'influente minorité anglaise ? Ou, pourquoi pas, à la puis-
sante minorité amérindienne ? Le Québec, c'est tout ça. C'est
tout ça, non pas d'un bloc, mais séparément.

Et il ne faut pas trop compter sur l'*Énoncé de politique en
matière d'immigration et d'intégration du gouvernement québécois*, publié par la ministre provinciale libérale Monique
Gagnon-Tremblay, pour se faire une opinion éclairée. Son énoncé
n'est pas d'un grand secours pour qui veut savoir comment
exactement se définit la société québécoise, comment se fondent
les cultures française, anglaise, amérindienne, de même que celles
de quelques nouvelles ethnies plus récemment implantées au
Québec.

On nous y apprend que le Québec est non pas multiculturel
mais pluraliste. « À l'opposé de la société québécoise traditionnelle qui valorisait le partage d'un modèle culturel et idéolo-
gique uniforme par tous les Québécois, le Québec moderne s'est
voulu, depuis plus de trente ans, résolument pluraliste. »
Pluralisme dans le dictionnaire *Robert*, c'est ou bien une doctrine
suivant laquelle les êtres sont multiples, individuels et ne dépendent pas d'une réalité absolue ou bien un système politique
qui repose sur plusieurs organes de direction.

Pompeusement baptisé « contrat moral entre la société
d'accueil et les personnes qui désirent immigrer au Québec », un
dépliant remis aux candidats à l'immigration résume les grandes
lignes de l'*Énoncé gouvernemental* et édicte ainsi les valeurs
fondamentales de la société québécoise : 1) Le Québec est une
société démocratique, l'État est laïque, la Charte des droits et
libertés de la personne interdit la discrimination sous toutes ses
formes, la Déclaration sur les relations interethniques et interra-
ciales condamne le racisme, et la société québécoise ne tolère
pas l'expression violente des rivalités ethniques, politiques et

religieuses ; 2) Le Québec est une société d'expression française :
pour s'intégrer dans son nouveau milieu de vie, l'immigrant qui
ignore la langue française doit faire des efforts pour l'apprendre ;
3) Le Québec est une société pluraliste : la majorité d'origine
française cohabite avec une minorité d'origine britannique, des
nations amérindiennes et des gens de diverses origines et cultures
venus d'ailleurs dans le monde.

Il faut rappeler que, bien avant de prendre connaissance de
ce « contrat moral », les candidats à l'immigration prêtent d'abord
une série d'actes de foi aux politiques du gouvernement central
d'Ottawa. Ils doivent, au préalable, obtenir un visa d'immigration du Canada. Ils doivent subir un examen médical sous
supervision fédérale. Ils doivent montrer patte blanche non pas à
des policiers de la Sûreté du Québec mais à des enquêteurs
d'Ottawa. Une fois toutes ces barrières franchies, ils peuvent
s'établir au... Canada. Trois ans plus tard, s'ils veulent devenir
citoyens à part entière, avec pleins droits politiques, ils devront
se présenter devant une cour fédérale et répondre correctement à
un questionnaire conçu pour mesurer leurs connaissances des
institutions canadiennes.

Ensuite, nous leur disons : excusez-nous, il y a maldonne, ce
n'est pas au Canada bilingue anglais-français qu'il faut vous
intégrer, mais au Québec unilingue français... et pluraliste. Pas
reposant, la vie d'un immigré au Québec en Canada.

Pas étonnant qu'ils aient d'aussi curieux comportements aux
élections.

Canadiens, d'abord, et (peut-être ?) Québécois ensuite

Au référendum de mai 1980, les allophones avaient majoritairement voté NON : « Environ 4 p. cent, en moyenne, du vote
néo-québécois est allé au OUI, estime Pierre Drouilly dans une
analyse publiée dans *Le Devoir*[139]. Plus précisément, ce fut de
zéro pour cent dans Park Extension à 15 p. cent dans le Mile-
End, en passant par un maximum de 5 p. cent chez les Italiens
de Saint-Michel. » Des citoyens d'origines sud-américaine,
asiatique et antillaise ont supplanté en nombre ceux d'origines

---

139. *Le Devoir*, 18 septembre 1980.

grecque et italienne dans ces quartiers, de quel côté penchera leur vote lors du prochain référendum ?

Le même Pierre Drouilly constate que la situation n'a que très légèrement changé au référendum de 1992[140]. Analysant le vote dans certaines circonscriptions à forte concentration allophone (Crémazie, Dorion, Saint-Louis, Laurier, Notre-Dame-de-Grâce et Mercier), il conclut que le vote en faveur de l'entente constitutionnelle de Charlottetown, défendue par presque tous les ténors fédéralistes, l'a emporté haut la main. « Le vote pour le NON, écrit-il, est certainement égal ou inférieur à 10 pour cent, ce qui représente au total un à deux pour cent au maximum du vote global obtenu par le NON. » Plus des deux tiers des Québécois francophones se prononçaient pour le NON à ce référendum.

Au printemps 1992, un sondage présageait déjà ce fort sentiment d'appartenance au Canada plutôt qu'au Québec chez les Québécois de souche récente : à peine 5 % des répondants des minorités ethniques se disent « plutôt favorables à la souveraineté du Québec », selon un sondage omnibus CROP-*La Presse*[141]; 70 % se disent « plutôt favorables au fédéralisme ». Seuls les Latinos-Américains et les Noirs francophones montrent un léger intérêt pour la cause souverainiste, se prononçant en sa faveur dans des proportions respectives de 14 % et de 12 %.

« Comme un bloc de béton, écrit Pierre Drouilly[142], l'électorat non-francophone, toutes distinctions sociologiques confondues (...) a voté, au cours des huit dernières consultations, contre le Parti québécois et son option nationaliste, que celle-ci soit indépendantiste, souverainiste ou qu'elle soit même associationniste. Ce comportement est tout à fait exceptionnel.

« Qu'est-ce qui amène au Québec un assisté social anglophone, catholique et d'origine irlandaise vivant à Pointe-Saint-Charles à voter comme un cadre supérieur, anglo-protestant d'une grande banque canadienne vivant à Westmount ; un

---

140. *La Presse*, 31 octobre 1992.
141. Sondage CROP-*La Presse*, réalisé entre le 20 mars et le 17 avril 1992, à partir de 1 661 entrevues téléphoniques avec des personnes d'une origine ethnique autre que française ou britannique, âgées de 18 ans et plus, et résidant dans la région métropolitaine de Montréal.
142. Analyse de Pierre Drouilly de l'UQAM dans *Le Devoir*, 22 juillet 1993.

immigrant italien de Ville Saint-Michel à voter comme un ingénieur d'origine scandinave demeurant à Senneville; un chômeur jamaïcain de Côte-des-Neiges comme un prospère avocat juif de Hamstead; un réfugié politique, venant de n'importe quel pays d'Amérique latine ou d'Asie, comme un homme d'affaires venant du Moyen-Orient; un immigrant arrivé d'Europe de l'Est sans autre bagage que ses espérances, comme un millionnaire fuyant Hongkong avant qu'elle ne redevienne chinoise; etc.? Au plan sociologique, il y a quelque chose de choquant à voir un tel unanimisme politique... C'est un comportement que l'on pourrait qualifier de "pied-noir": pour le petit colon anglo-saxon ou immigrant, qui veut s'intégrer à la société dominante, le Québécois est, et restera toujours, un indigène auquel on ne peut, en aucun cas, s'identifier.

« Si l'indépendance du Québec doit se faire, conclut Drouilly, elle ne se fera peut-être pas contre les anglophones et les allophones, mais certainement sans eux. Ceci nous devons le comprendre, sans honte et sans culpabilité, sinon sans colère ni sans amertume. »

Faisant une analyse du vote référendaire du 26 octobre 1992 devant les membres de son parti, le chef péquiste Jacques Parizeau en vient à la conclusion que « les Québécois francophones de souche peuvent, dans le cadre d'une consultation démocratique, dégager une majorité dans un référendum sur la souveraineté. » S'ensuit un délire de protestations et de dénonciations de la part des éditorialistes, des commentateurs politiques et des porte-parole des communautés ethniques. Dans ce concert d'indignation, le chroniqueur Jean Barbe ira même jusqu'à comparer Jacques Parizeau à Abimael Guzman, le chef du mouvement terroriste péruvien « Sentier lumineux ».

Toute cette controverse inspirera un long commentaire à l'ancien leader indépendantiste Pierre Bourgault, que *Le Devoir* publiera en deux jours. « ... Vient enfin l'objet de l'ultime scandale : Jacques Parizeau a dit qu'il était possible pour les Québécois de faire la souveraineté sans l'appui des anglophones et des allophones. A-t-il dit que c'est ce qu'il souhaitait ? Non, mais c'est ce qu'on lui fait dire. A-t-il dit que les anglophones et les allophones sont moins Québécois que les autres ? Non, mais c'est ce qu'on lui fait dire. A-t-il dit que seul compte le vote des

Québécois francophones de souche ? Non, mais c'est ce qu'on lui fait dire. A-t-il dit que le PQ allait cesser de promouvoir le rapprochement avec les communautés culturelles ? Non, mais c'est ce qu'on lui fait dire. Comme procès d'intention, c'est réussi[143]. »

S'il y a un reproche à faire au Parti québécois, en plus de celui d'expliquer assez peu et plutôt mal la vie dans un Québec souverain, c'est de ne pas avoir demandé à ses sondeurs d'examiner au milieu de cette tourmente les répercussions chez les allophones d'un vote référendaire majoritairement favorable à la souveraineté du Québec. Les Péquistes auraient probablement alors appris que les immigrés peuvent vivre avec l'idée de l'indépendance. Un sondage CROP-*La Presse*, effectué auprès des immigrés (nés à l'étranger ou ayant un parent né à l'étranger) incite en effet à croire que, devant le fait accompli, les immigrés feraient, somme toute, contre mauvaise fortune bon cœur.

Invités à identifier leurs préoccupations, « les domaines qui posent le plus de problème à leur groupe ethnique », les répondants placent la « peur de la souveraineté » en dernier. Loin derrière la recherche d'un emploi (29 %), la langue française (24 %), le coût de la vie et l'intégration en général (9 %) et la discrimination raciale (8 %). Seulement 7 % des personnes interrogées disent avoir peur de se retrouver dans un Québec souverain[144].

« Le vieux rêve (d'un pays bâti par deux peuples fondateurs égaux en droits) se dissipe, écrit Pierre de Bellefeuille dans *L'ennemi intime*[145], mais le nouveau rêve (d'un Québec souverain) ne s'impose pas encore. Notre mentalité de colonisés continue de faire obstacle. Car l'ennemi est en nous. Il n'est ni anglais, ni néo-québécois. Il s'appelle indécision. Il s'appelle mollesse. Il s'appelle économisme. Il y a en nous, comme en général dans les autres peuples, une certaine lâcheté, une certaine vénalité qui font la fortune des politiciens adversaires du changement. C'est la nature humaine. Il faut d'abord maîtriser cet ennemi. »

---

143. *Le Devoir*, 3 février 1993.
144. *La Presse*, 16 juin 1992.
145. *L'ennemi intime*, de Pierre de Bellefeuille, éditions de l'Hexagone.

PEUR DE PERDRE UN PAYS QUE
NOUS POSSÉDONS SI PEU

Tout a basculé en l'espace d'une génération à Montréal, comme dans toutes les grandes villes canadiennes : le Canada blanc, de souche européenne et de religion judéo-chrétienne est devenu, en 20 ans, multiracial, multiculturel et multireligieux. Quand Pierre Elliott Trudeau a proclamé en 1971 sa politique de multiculturalisme, moins de 5 % de la population canadienne était non européenne ; en 1986, ce pourcentage passait à 9,2 % ; le recensement de 1991 nous révélera notamment que le chinois est devenu la deuxième langue parlée dans les foyers canadiens et que le nombre des Canadiens d'autres souches qu'européenne monte en flèche dans les statistiques.

Le dernier rapport du Conseil économique du Canada sur l'immigration estime qu'«à moins d'une suppression totale de l'immigration, une proportion de plus en plus forte de Canadiens appartiendront à des minorités visibles.»

C'est surtout en milieu urbain que le choc de l'immigration est le plus vivement ressenti, les immigrants s'installant très majoritairement dans les grandes villes. Les «minorités» ethniques ont, du reste, déjà cessé de l'être dans presque toutes les plus grandes villes canadiennes depuis quelques années.

Ainsi, la métropole du Canada a carrément perdu ses allures de ville *wasp* et austère avec 350 000 Torontois d'origine chinoise et 200 000 personnes de race noire, principalement originaires de Jamaïque. Conséquence visible : Toronto est passée des défilés orangistes à des festivals multiculturels.

Le professeur John Samuel, de l'Université Carleton, prévoyait, dans une allocution prononcée devant les participants à la 55e Conférence annuelle de la Fédération canadienne des municipalités, qu'à la fin du siècle la population métropolitaine de Toronto sera composée de 45 % de minorités visibles. À Vancouver, ce sera 39 %. Et, à Montréal, 20 %[146].

«Avant longtemps, prédisent les experts du Conseil scolaire[147] les francophones seront en minorité dans plus de 20 % de

---

146. *La Presse*, 7 juin 1992.
147. Commission parlementaire sur l'immigration, février 1991.

leurs écoles sur l'île de Montréal... Le jour n'est plus loin où les élèves francophones des commissions scolaires de l'île de Montréal ne formeront plus la majorité absolue de la population scolaire... Une immigration supérieure à 35 000 personnes par année conduirait à une proportion de francophones inférieure à 57 % en 1996... Qu'on le veuille ou non, les tendances actuelles conduisent inéluctablement vers une île de Montréal majoritairement anglophone et allophone de souche et le reste du Québec majoritairement francophone de souche.»

Ces renversements dans les statistiques s'expliquent par l'arrivée de plus d'immigrants et par le déclin démographique de la population de souche. Les immigrants constituent maintenant la principale source de renouvellement de la population.

«Dans l'état actuel des choses, souligne Mordecai Richler dans son livre polémique *Oh Canada! Oh Québec!*[148], quarante pour cent des Canadiens ne sont ni d'origine française ou anglaise. Il est certain que dans les trente, ou même vingt prochaines années, ils formeront la majorité de notre population, et nos enfants trouveront normal de voir des Canadiens d'origine chinoise, sikh, africaine ou centre-américaine, siéger au Parlement aux côtés de Canadiens d'origine polonaise, grecque, ukrainienne et italienne déjà en place. Il est sûr également que ces personnes exigeront de mettre un terme à cette querelle tribale inutile entre anglophones et francophones.» Comment? Richler ne le dit pas, mais il est permis de croire que, dans son esprit, si «traité de paix» il y a, il ne sera pas rédigé dans la langue de Gilles Vigneault.

Montréal deviendra-t-elle une mosaïque de ghettos?

«À quoi pourrait donc ressembler Montréal, dans une ou deux générations, lorsque les francophones de vieille souche ne constitueront plus qu'une minorité, lorsque, d'ici une ou deux générations[149], les francophones de vieille souche européenne constitueront une minorité à Montréal?», s'est demandé le maire Jean Doré, lors de son intervention devant une commission

---

148. *Oh Canada! Oh Québec!*, Mordecai Richler, Les Éditions Balzac.
149. *Mémoire de Montréal* présenté devant la Commission parlementaire sur l'immigration au cours de l'hiver 1991.

parlementaire sur l'immigration à l'Assemblée nationale en 1991. «Les gens de Montréal se serviront-ils encore du français pour communiquer entre eux et pour assurer le fonctionnement de leurs institutions démocratiques ? Reconnaîtront-ils dans le patrimoine de cette ville les symboles de leur appartenance ou les vestiges d'une culture surannée ? Et comment s'articuleront entre eux les quartiers de Montréal, dont une majorité seront alors devenus ou en voie de devenir des secteurs "à haute densité ethnique"? Montréal sera-t-elle une mosaïque de ghettos isolés les uns des autres ou formera-t-elle une véritable communauté, une cité au premier sens du mot ?»

Si le maire Doré s'est contenté de poser des questions sans y apporter des réponses, les enseignants montréalais, eux, ont évoqué, devant cette même commission parlementaire, les difficultés déjà quasiment insurmontables d'intégration des immigrants au fait français dans une quarantaine d'écoles qui comptent plus de 50 % d'allophones. Portrait de la population scolaire de Montréal à ce moment-là[150]: 16 % des élèves étaient nés hors Canada. Ils venaient, dans l'ordre, d'Haïti, du Liban, du Vietnam, du Salvador, du Portugal, du Kampuchea et des États-Unis.

Les représentants de la Commission des écoles catholiques de Montréal (CÉCM) ont souligné, pour leur part, devant la même commission parlementaire, que leurs écoles françaises ne comptaient que 2,6 % d'élèves d'origine non francophone en 1967, soit 4 280 élèves, tandis que le 20 novembre 1990 cette proportion atteignait 30,2 %, ou 24 000 élèves. La Commission des écoles protestantes du grand Montréal a prédit, de son côté, que «la population scolaire de l'avenir se composera d'une minorité d'enfants issus des cultures européennes.»

La Commission scolaire de Sainte-Croix dans le Nord-Ouest de Montréal avertit, quant à elle, que «la Métropole ne pourra continuer longtemps à augmenter sa population immigrée et à assumer seule le poids de l'intégration des nouveaux arrivants au Québec sans connaître une crise d'identité sérieuse.»

---

150. Source : Conseil scolaire de l'Île de Montréal.

L'immigration fait peur!

Dans une interview retentissante au journaliste Conrad Bernier[151], le démographe Jacques Henripin soulignait que le « vrai risque » du faible taux de fécondité ce n'est pas que la population du Québec tombe, un jour, à zéro mais que les Québécois d'aujourd'hui et leurs descendants soient remplacés progressivement par d'autres, c'est-à-dire des immigrants provenant d'Asie, d'Afrique, d'Amérique centrale et des autres provinces canadiennes. Le démographe prédisait même, alors, que l'arrivée massive d'immigrants, pour compenser la baisse du taux de natalité et maintenir la population du Québec à environ sept millions, pouvait à la limite constituer des dangers potentiels de guerre civile.

Le Québec ne pourra pas survivre sous une avalanche d'immigrants non francophones et de religions autres que judéo-chrétienne, affirmait, quelque temps après, le président de la Commission des écoles catholiques de Montréal, Michel Pallascio. Une remarque qui devait lui être politiquement fatale.

Les abonnés des tribunes téléphoniques expriment, eux aussi, des inquiétudes de ce genre. Et ils s'interrogent sur l'avenir du « pays » : ville aux cent clochers, Montréal deviendra-t-elle une cité de minarets ? Les immigrants arrivés de fraîche date vont-ils tenir à conserver à Montréal son vieux titre de gloire de deuxième plus grande ville française du monde, après Paris ? Seront-ils d'accord avec la liberté donnée à chacun de pratiquer la religion de son choix ? Voudront-ils maintenir un système démocratique semblable à celui de maintenant ? S'opposeront-ils à ce principe reconnaissant l'égalité entre les femmes et les hommes ? Se prononceront-ils en faveur d'un Québec souverain ou resteront-ils attachés au passeport canadien ? Québécois ou Canadien, oui ou non ?

Oui, l'immigration inspire bien des craintes, bien des peurs !

Une peur de disparaître comme peuple, de voir les Québécois de vieille souche devenir une minorité de 12 à 15 % de la population au siècle prochain[152].

---

151. *La Presse*, 20 juin 1987.
152. Article de Gilbert Gendron dans *l'Analyste*, automne 1987, citant des propos tenus par Jacques Henripin devant les participants d'un Conseil général du PLQ.

Peur, aussi, de ne pas pouvoir rallier, intégrer tous les nouveaux arrivants : pourquoi, demande le démographe Jacques Henripin, quatre Québécois sur dix, nés hors de la province, apprendraient la langue de quatre ou cinq millions de personnes d'expression française, qui perdent le quart de leurs troupes tous les 25 ans ?

Les Québécois de vieille souche ont peur, en somme, de perdre un pays qu'ils possèdent déjà si peu. Peur de perdre temps et énergies à bâtir un pays. «Au moment, écrit Sylvain Simard, président du Mouvement national des Québécois (MNQ), où un Québec fort et dynamique, de plus en plus français, à la veille d'acquérir tous les pouvoirs d'un peuple souverain, pourrait se laisser aller à une certaine euphorie satisfaite, il doit faire face à la dure réalité de son déclin démographique... Nous ne faisons plus d'enfants. Nous vieillissons. Nous sommes plus nombreux à quitter le Québec qu'à nous y établir. Des charges sociales plus lourdes s'abattront bientôt sur un plus petit nombre. Des municipalités, des régions déjà se dépeuplent. Si bien qu'apparaissent, ici et là, les premiers signes de la décroissance.

«Certes, poursuit Simard, les apparences peuvent encore tromper et les babyboomers nous cacher la réalité, mais celle-ci reste incontournable; avec l'un des taux de fécondité les plus faibles au monde, notre société distincte, originale, est tout bêtement menacée, sinon de disparition, du moins, si l'on veut éviter de faire des projections sur une trop longue période, de vieillir à un tel point qu'elle pourrait perdre son dynamisme économique, social et politique[153].»

Alors faudrait-il prendre des moyens plus énergiques, plus coercitifs pour forcer l'intégration des immigrants à la seule société distincte du Canada ?

Des ministères de l'Intégration et de l'Absorption (sic)

Alors que nous en sommes encore à jongler, comme le décrit Julien Harvey dans *Relations*, avec les concepts d'assimilation, de convergence culturelle (la culture du groupe d'accueil sert de point de convergence), de culture publique commune (noyau formant une société entouré de traits culturels d'appoint), d'intégra-

---

153. *L'Action nationale*, mars 1992.

tion pluraliste (le centre de gravité étant dans l'avenir, dans la société à bâtir ensemble), de transculturalisme (les traits dominants des divers groupes feront une nouvelle synthèse), de multiculturalisme (les cultures demeurent entières, mais forment une mosaïque structurée), de ghettos juxtaposés (les lois économiques forment le lien social suffisant)[154], ailleurs l'action a remplacé la discussion.

Premier exemple : Israël. Là-bas, l'immigration n'est pas un privilège mais un droit reconnu par l'État aux Juifs du monde entier. Cependant, l'immigrant doit impérativement s'imprégner de la culture juive. Un ministère de l'Absorption (sic) se charge de plonger le nouvel arrivant dans un bain d'immersion totale de la culture du pays.

La société d'accueil israélienne s'est, par exemple, montrée particulièrement vigilante quand des dizaines de milliers de citoyens de l'ex-URSS ont commencé à débarquer dans le pays : sont-ils d'authentiques Juifs ?, s'est-on demandé.

Le ministre de l'Immigration, le rabbin Yitzakh Péretz a répondu, pour sa part, que près du tiers n'étaient pas de « vrais » juifs. C'est-à-dire qu'il ne s'agissait pas de gens nés de mère juive, comme le prescrit la loi, ou qui n'avaient peut-être même pas de grands-parents juifs, comme le prévoit la Loi du retour. « Tout Juif a le droit de venir dans ce pays à titre de *oleh*, c'est-à-dire d'immigrant permanent en Israël[155] ».

C'est pourquoi, histoire de dissiper tout doute sur l'identité du nouvel arrivant, le ministère de l'Absorption prend immédiatement en charge ce demandeur d'asile, s'occupe de toutes les viles questions matérielles et le plonge dans un bain d'immersion totale de l'hébreu. Ce choc culturel semble avoir découragé un certain nombre de vocations, d'où le moins fort taux de rétention que prévu des immigrants en Israël au cours des dernières années.

Six cent soixante-huit réfugiés israéliens ont réclamé le statut de réfugié au Québec entre janvier et juillet 1992, la plupart d'entre eux soutenant être victimes de racisme[156]. Le porte-parole de certains d'entre eux, Me Jacques Beauchemin,

---

154. Article de Julien Harvey dans *Relations*, d'octobre 1991.
155. *Loi du retour*, 5710-1950.
156. *Le Journal de Montréal*, 11 novembre 1992.

affirme que ses clients ont été victimes de racisme en Israël du fait de leur nationalité russe et parce qu'ils sont mariés à des non-Juifs. «Les Juifs ultra-nationalistes ont une attitude très radicale envers ceux qui ne sont pas des Juifs purs et durs», explique-t-il, citant les exemples de réfugiés de l'ex-URSS qui sont victimes de discrimination raciale de la part des employeurs israéliens, qui se font lancer des pierres, qui se font harceler pour se faire circonscrire...

Deuxième exemple : la France. Ici, un ministère de l'Intégration voit à ce que les immigrés acceptent les règles de vie du pays et tracent «les bornes qui ne peuvent être franchies sans mettre en péril la cohésion de la société française», ainsi que le prescrit le Haut Conseil à l'intégration (HCI) dans son rapport remis à Mᵐᵉ Édith Cresson en janvier 1992.

Le HCI avertit, à propos de la polygamie par exemple, que «la France n'entend pas accepter sur son territoire des pratiques incompatibles avec ses principes fondamentaux, particulièrement à l'égard des femmes».

MELTING-POT À LA QUÉBÉCOISE ?

S'il est tout à fait hors de question de créer un ministère de l'Absorption au Québec, il pourrait néanmoins y avoir un certain consensus autour d'une volonté de mieux intégrer les immigrants.

Trois Québécois francophones sur quatre estiment que «le gouvernement et la société devraient inciter les immigrants à s'assimiler à la culture de la majorité», plutôt que de les «encourager à promouvoir et préserver leur culture», selon un sondage CROP, commandé par TVA et L'actualité, en 1991.

«Sur toutes les lèvres désormais, écrit l'éditorialiste Lise Bissonnette dans Le Devoir[157], on retrouve le mot "intégration". Il signifie, par la négative, quelque chose qui n'est ni l'assimilation, ni la protection entière des identités. Il suppose aussi cette chose, encore indicible, qu'est l'acceptation de la culture et des valeurs de la communauté d'accueil. Il reconnaît que l'exil suppose une part d'abandon de soi, de ses origines. Il propose, en

---

157. *Le Devoir*, 8 avril 1992.

somme, une sorte de creuset à basse température. Mais qu'on ose à peine évoquer, parce qu'il suscite encore des tollés chez les inconditionnels du multiculturalisme, et chez tant de groupes de pression qui confondent la nécessaire lutte contre le racisme avec le refus d'une forme de fusion, tout aussi nécessaire.»

Même le nouveau catéchisme de l'Église catholique, lorsqu'il traite des droits et des devoirs des migrants, prêche en faveur de l'intégration[158]: «Les nations mieux pourvues sont tenues d'accueillir autant que faire se peut l'étranger en quête de la sécurité et des ressources vitales qu'il ne peut trouver dans son pays d'origine. Les pouvoirs publics veilleront au respect du droit naturel qui place l'hôte sous la protection de ceux qui la reçoivent.

«Les autorités politiques peuvent, en vue du bien commun dont elles ont la charge, subordonner l'exercice du droit d'immigration à diverses conditions juridiques, notamment au respect des devoirs des migrants à l'égard du pays d'adoption. L'immigré est tenu de respecter avec reconnaissance le patrimoine matériel et spirituel de son pays d'accueil, d'obéir à ses lois et de contribuer à ses charges.»

Consensus fragile en faveur de l'intégration

Le consensus en faveur d'une politique plus ferme en matière d'intégration reste tout de même fragile. Deux écoles de pensée ne cessent de s'affronter : les «mondialistes» et les «nationalistes». Pour les premiers, il s'agit de laisser se faire le jeu des forces culturelles au nom de la tolérance et de la plus grande ouverture possible sur le monde. Pour les deuxièmes, on le sait, il existe un peuple réel au Québec et les immigrants doivent s'y intégrer.

Les partisans du laisser-porter penchent, en général, en faveur du développement d'une société multiculturelle. Ils n'hésitent pas à brandir le spectre du racisme dès que quelqu'un ose suggérer que les immigrés ont des devoirs, en plus de leurs droits, ou affirmer tout simplement que les immigrés doivent être intégrés à la culture québécoise.

«Mais pourquoi vouloir perpétuer la race?», demande le publiciste humoriste Jacques Bouchard dans un livre devenu

---

158. Extraits publiés dans *L'Express*, 20 novembre 1992.

célèbre à la fin des années 70, *Les Trente-six cordes sensibles des Québécois*[159]. «Les Québécois ne sont ni le peuple élu de Dieu ni la race aryenne de l'Amérique du Nord ? Avons-nous produit tellement de génies que les Sciences et les Arts ne peuvent se passer de nous ? Et Pompéi, l'Atlantide, les Aztèques ? Tout finit par finir... alors ?»

Une vingtaine d'années plus tard, le démographe Victor Piché de l'Université de Montréal répond à peu près la même chose aux «sauveurs» de la race, du haut de sa chaire universitaire, lors d'une commission parlementaire sur l'immigration[160]: dénonçant ce qu'il qualifie de «nationalisme étroit de ceux qui craignent le pire à cause du déclin démographique et qui ne veulent pas trop recourir à l'immigration de peur de la voir diminuer l'âme, l'arrière-fond québécois», Piché conclut que leur «discours d'exclusion est très près du racisme».

Et le professeur d'expliquer ensuite la «réticence quasiment congénitale (de certains de ses compatriotes) à une certaine démographie», soit «par la peur de la nouvelle immigration qui se démarque ethniquement, racialement et culturellement de l'immigration dite traditionnelle en provenance de l'Europe; soit, par la référence implicite et non avouée à un quelconque seuil de tolérance au-delà duquel l'immigration provoquerait des troubles raciaux et ethniques non gérables.»

Pourtant, les conclusions d'une étude de Ekos Research Associates et Anderson Strategic Research, basée notamment sur les résultats d'un sondage effectué en janvier 1992 auprès de 1 800 personnes et commandé par le ministère fédéral de l'Immigration, et obtenu par la loi d'accès à l'information[161], démontrent que les Québécois, et plus particulièrement les Montréalais, sont les Canadiens les plus tolérants à l'endroit des immigrés. «Les signes de xénophobie au Québec seraient négligeables», rapporte même le correspondant de l'agence de presse faisant état de cette étude.

Un autre sondage confirme la tolérance des Québécois. Commandé par le ministère des Communautés culturelles et de

---

159. *Les Trente-six cordes sensibles des Québécois*, par Jacques Bouchard, éditions Héritage, 1978, p. 270.
160. *La Presse*, 12 avril 1991.
161. Dépêche de la Presse canadienne émanant d'Ottawa publiée dans *La Presse* le 14 septembre 1992.

l'Immigration (MCCI) et rendu public à la fin de l'été 1993[162], il démontre que d'importantes majorités de citoyens ne s'opposent pas à la construction de synagogues ou de mosquées, qu'elles affirment ne pas se sentir mal à l'aise quand des étrangers portent le voile ou le turban... Il révèle aussi qu'une très forte majorité de Québécois pensent que les immigrants doivent apprendre et utiliser le français.

À l'instar de plusieurs nationalistes, le politicologue Daniel Latouche plaide en faveur d'«une version bien à nous du melting-pot américain... Pourquoi n'aurions-nous pas notre propre version du melting-pot? insiste-t-il. Assimiler d'autres cultures à la réalité nord-américaine, et le faire en français, voilà le défi qui conditionne tous les autres. Le métissage culturel dont on nous prédit qu'il constitue l'avenir de l'humanité et de la société québécoise ne pourra se réaliser que s'il s'appuie au départ sur cette volonté d'intégration[163].»

Le Québec doit s'affirmer comme société distincte et prendre les mesures qui s'imposent pour assurer la francisation des nouveaux venus, soutient Jocelyn Berthelot, auteur d'une longue réflexion sur le Québec de demain, commandée par la Centrale des enseignants du Québec. «Il faudra également savoir tirer profit de toute la richesse que recèle cette diversité ethnoculturelle, écrit-il. Il ne faut pas craindre d'affirmer les normes et les valeurs fondamentales qui régissent la vie de la collectivité québécoise, mais il faut aussi se rappeler que la tolérance et la démocratie en font partie[164].»

Des professeurs de l'école multiethnique Saint-Luc défendent, eux aussi, ce point de vue dans une lettre publiée dans *La Presse*[165]: «Il n'est pas vrai que la société d'accueil doive renoncer à ses valeurs fondamentales pour se faire accueillante, soutiennent-ils. Alors qu'en France, on décidait de créer un ministère de l'Intégration, ici on utilisait le ministère des Commu-

---

162. *Sondage sur l'opinion publique québécoise à l'égard des relations raciales et interculturelles* présenté au MCCI, mars 1993.

163. *Le Bazar. Des anciens Canadiens aux nouveaux Québécois*, Daniel Latouche, Les Éditions du Boréal, p. 102.

164. *Apprendre à vivre ensemble. Immigration, société, éducation*, Jocelyn Berthelot, janvier 1990, CEQ.

165. *La Presse*, 22 mai 1992.

nautés culturelles et de l'Immigration pour subventionner les organisations ethniques dans l'optique multiculturaliste. C'est ainsi que le gouvernement québécois finançait tantôt la construction ou la rénovation d'un temple religieux, tantôt la construction d'un centre culturel ethnique. On peut se demander sérieusement s'il appartient à l'État de jouer ce rôle. Ne devrait-il pas s'orienter de façon plus articulée, plus cohérente vers l'intégration de ses ethnies au lieu d'y faire obstacle lui-même ?... Le problème, c'est souvent l'État qui subventionne des obstacles à l'intégration. Examinons le cas des écoles séparées juives, arméniennes, grecques ou musulmanes... (qui) constituent autant de barrière autour de ces communautés, qui les tiennent à l'écart de la société québécoise.» En 1992, Québec a alloué 25,4 millions aux écoles privées ethniques.

Julien Harvey avait commencé à labourer cette opinion en 1987[166], alors qu'il écrivait que, pour apaiser «les vagues d'hostilité raciale», les groupes ethniques devraient faire preuve d'une certaine discrétion «lorsqu'ils réclament et obtiennent des avantages que la population d'accueil, elle aussi minoritaire à l'intérieur du Canada, n'a jamais pu obtenir pour elle-même de la majorité anglophone. Sans cette discrétion et cet art de se faire accepter, le spectre des seuils de tolérance, pourtant si peu démontrable, reparaîtra inévitablement. Les Québécois sont de braves gens, ajoute le prêtre-jésuite, mais il ne faut pas les placer dans des situations où ils devraient être des anges!»

Un immigré modèle made in Québec

Le recteur de l'Université du Québec à Montréal Claude Corbo représente une sorte de modèle d'intégration. Dans son livre *Mon appartenance*[167], Claude Corbo estime que «le Québec doit résolument intégrer les allophones qu'il accueille. Le respect dû aux cultures diverses justifie l'intégration. Il existe, ici même, une culture de plus en plus affirmée et différenciée, originale et distincte. Il existe une culture québécoise. Je ne vois pas comment les Québécois francophones devraient, au nom du

---

166. Édition de janvier-février 1987 de *Relations*.
167. *Mon appartenance. Essai sur la condition québécoise*, de Claude Corbo, publié chez VLB.

respect dû aux diverses cultures, s'interdire d'intégrer les allophones sans manquer au respect dû à leur propre culture. Celle-ci ne survivra pas sans assises démographiques minimales et, en Amérique du Nord, le poids du nombre est massivement défavorable à l'identité francophone. Le respect dû aux cultures commence par le respect dû à la culture québécoise. Elle est aussi capable d'une contribution originale et unique au patrimoine commun de l'humanité. »

« L'intégration, poursuit M. Corbo, est un mécanisme par lequel une société, tout en s'enrichissant d'apports nouveaux, conserve son identité en associant à ce qui la constitue spécifiquement de nouveaux participants... L'égalité croissante entre femmes et hommes, la séparation de l'Église et de l'État font maintenant partie du consensus majoritaire de la société québécoise et du noyau des valeurs communes qui ont un effet structurant sur l'organisation et le devenir de notre société. Or, depuis une génération, le Québec a aussi accueilli un nombre significatif d'immigrants provenant de pays où les rapports entre sexes sont profondément inégalitaires et où État et religion sont très imbriqués. Il y a là un haut potentiel de conflit des valeurs... Certaines valeurs transportées ici par les nouveaux venus sont radicalement inconciliables avec celles de la société québécoise. L'intégration est le processus qui seul permet à une société de continuer harmonieusement son évolution et de se mettre à l'abri de conflits insolubles. Or, la paix civile et un consensus minimal sur un ensemble de valeurs d'organisation sociale sont un préalable à tout développement. »

APRÈS LA POINTE DE 1991, UNE TENDANCE À LA BAISSE AU QUÉBEC

Même avec plus de 50 000 immigrants, comme ce fut le cas en 1991, et même sans programmes d'intégration vraiment efficaces, il est difficile de croire qu'un processus de remplacement de population vient de s'engager.

Sans compter que les prévisions du MCCI font état, pour les prochaines années, d'une baisse du nombre d'immigrants par rapport à la pointe de 1991. Déjà, récession obligeant sans doute, le nombre d'immigrants s'est mis à redescendre, en 1992, à 47 500. Plus exactement à 39 300 immigrants, donc en deçà de l'objectif de 45 000 personnes, auxquels il faut ajouter 8 200 demandeurs d'asile en attente depuis avant 1989 qui ont pu régulariser leur situation cette année-là. « Cela s'explique notamment par le resserrement du marché de l'emploi au Québec », a souligné la ministre Monique Gagnon-Tremblay[168].

La ministre prédisait du même souffle une baisse du nombre de gens d'affaires qui s'établiront au Québec en 1993 « particulièrement à cause de la chute du nombre de candidatures reçues de Hong Kong en 1992, ce qui apparaîtra dans les admissions de 1993. »

À propos de l'immigration familiale, Mme Gagnon-Tremblay annonçait « une hausse du volume dans cette catégorie, compte tenu que les cohortes d'immigrants admis depuis quelques années feront venir leurs familles. »

Enfin, au sujet des réfugiés, elle anticipait un « certain ralentissement ».

ON VIENT AU QUÉBEC SOUVENT PAR HASARD, NON PAR CHOIX

Les frontières canadiennes ne sont pas, et ne peuvent pas être totalement étanches.

Notre système d'immigration ressemble à un filet de pêcheur : l'immigration humanitaire et l'immigration familiale échappent aux contrôles des autorités provinciales, puisqu'elles sont du ressort des autorités fédérales... qui, elles-mêmes, en ont perdu le contrôle depuis que des dizaines de milliers de personnes débarquent directement dans le pays pour revendiquer le statut de réfugié et que certains flots d'immigrants de la catégorie de la famille ont appris à passer dans les mailles des filets des agents d'immigration.

Or, ces deux catégories représentent, au Québec seulement, 54 % de l'immigration totale en 1991. D'autre part, il ne faut pas déduire que 46 % de l'immigration québécoise est constituée

---

168. Commission parlementaire pour étudier les crédits du MCCI, 22 avril 1993.

d'immigrants économiques, de ceux que le système prétend totalement contrôler par le biais de sa grille de sélection à travers laquelle il faut faire la démonstration qu'on sera utile à l'économie du Québec. La machine n'a entièrement et totalement contrôlé qu'environ 7 000 des 51 420 immigrants accueillis par le Québec en 1991, les autres ont pu y échapper ou ont bénéficié de divers passe-droits.

Et encore, les autorités sont un peu, beaucoup dépassées en face des immigrants économiques triés sur le volet pour, prétendument, venir enrichir et dynamiser l'économie : les investisseurs vont là où se trouve déjà l'argent et les travailleurs viennent s'entasser dans les villes, au lieu d'aller sauver de la faillite les économies régionales.

Selon les données du MCCI pour 1991[169], les principaux pays sources d'immigration pour le Québec sont, toutes catégories confondues, le Liban (14 %), la Chine, Haïti, le Salvador et la France (5 %). Par ailleurs, l'Asie demeure le principal continent de provenance de l'immigration avec 50 % du total des immigrants ; suivent les Amériques et les Antilles (24 %), l'Europe (14 %) et l'Afrique (12 %). Dans la catégorie « indépendants », le Liban arrive en tête (17,1 %) ; pour la catégorie de la « famille », c'est Haïti (16 %) ; et pour la catégorie « réfugiés », c'est le Salvador (13,5 %). L'année suivante, la répartition était sensiblement la même, l'Europe enregistrant une légère hausse et les Amériques une toute aussi légère baisse.

La donne de l'immigration a également changé, non seulement parce qu'il arrive plus d'immigrants, ou parce qu'ils sont différents par leur race ou leur culture, mais aussi parce qu'ils sont de plus en plus nombreux à échouer au Québec un peu par hasard, un peu par accident, un peu par défaut.

Tel investisseur de Hongkong choisit le Québec parce que les conditions d'immigration sont plus alléchantes que dans les autres provinces canadiennes ; tel revendicateur de statut de réfugié se retrouve à la frontière canadienne parce qu'il vient de se buter le nez à une frontière hermétiquement fermée de tel pays occidental ; tels autres viennent tout simplement améliorer leur situation financière en rejoignant un membre de la famille ; tel réfugié se découvre un intérêt pour le Québec parce que les

---

169. Source : direction des études et de la recherche, MCCI.

Américains et les Français viennent de plier bagages dans un camp de réfugiés en Thaïlande; tel autre immigrant français s'amène au Québec pour se rapprocher de New York; tel autre citoyen du monde débarque à Mirabel parce qu'il fuit la guerre, la famine ou une catastrophe naturelle.

On vient de moins en moins au Québec pour refaire l'Europe, et de plus en plus parce qu'on a un impérieux besoin d'aller quelque part. N'importe où. Parce que n'importe où, ce sera mieux que chez soi pour les immigrants.

Qui sont ces nouveaux immigrants? Comment les accueille-t-on? Pourquoi? Selon quels critères?

CHAPITRE 5

Immigration humanitaire

> « *Pendant les premières années, fin 70 et début 80, les pays occidentaux acceptaient presque tout le monde. Aujourd'hui, on choisit les plus riches et les mieux éduqués. C'est inéquitable. On devrait ou bien en prendre plus en s'inspirant de critères souples et généreux, ou bien ne pas en prendre du tout.* » (Mgr Pierre Bach[170])

Jan Samolczyk, un revendicateur débouté

« Jan Samolczyk, vous êtes par la présente requis de vous présenter en personne à l'aéroport de Mirabel avec vos bagages afin d'effectuer votre départ du Canada, stipule laconiquement l'ordonnance de renvoi.

« Si vous ne vous conformez pas aux directives mentionnées ci-haut, un mandat d'arrestation pourra être émis contre vous. »

Jan songe, un moment, à entrer dans la clandestinité en apprenant la décision d'Immigration Canada de lui refuser le statut de réfugié politique. Puis, il se ravise et décide de se soumettre à l'ordonnance de renvoi. « Parce que c'est le seul moyen pour régulariser ma situation ! »

« Mais, oui, c'est vrai que j'ai pensé à tout foutre en l'air. À partir avec ma moto, passer en douce la frontière américaine pour me rendre au Mexique », raconte-t-il.

Il aurait ainsi continué son odyssée comme il l'a commencée en 1969. Quand il avait 16 ans. Quand il vivait dans son petit village dans le centre-ouest de la Pologne, dans une région de

---

170. Expulsé du Laos en 1975, Mgr Pierre Bach était en poste pour les Missions étrangères de Paris à Bangkok lorsqu'il m'a accordé un entretien sur la situation des réfugiés en Indochine.

culture de betteraves et de céréales située entre deux lacs et à proximité d'un château fréquenté par quelques touristes.

Une vie qui aurait pu se dérouler dans le calme et l'ordre comme ce fut le cas pour ses quatre frères et sa sœur. Après tout, la famille entière mangeait à sa faim chez les Samolczyk. «Ma mère avait des poules, mon grand-père élevait des animaux à la campagne, mon père était militaire, en somme, nous n'étions pas dans la misère.»

Son père aurait bien aimé voir son fils suivre ses traces, aussi l'inscrivit-il très jeune à l'école militaire.

Photo : *La Presse*

L'histoire de Jan Samolczyk illustre bien la détermination de milliers d'étrangers cherchant à refaire leur vie chez nous.

«À l'école militaire, je faisais régulièrement le mur. J'étais très mal noté pour la discipline et le russe (langue seconde obligatoire, dans le temps), tellement qu'on m'a mis à la porte. Je me suis alors inscrit, sans le dire à mon père, à une école de formation où l'on nous apprenait un métier qui devait éventuellement me permettre de travailler sur les bateaux.»

Mais la vie d'aventure sur les mers paraissait bien loin. Trop.

Avec un copain, en moins de quinze jours, ils montent un plan de voyage. Cap sur l'Espagne. «Dans le temps, je ne savais pas que ce pays était dirigé par un fasciste». Un coup de tête. «Faut toujours en porter la responsabilité, je le sais et je l'accepte.»

Saouler un soldat russe et lui voler sa mitraillette

Un soir en 1969, ils saoulent un soldat russe. Lui volent sa mitraillette. Dérobent des armes supplémentaires dans la caserne, ainsi qu'une vareuse d'officier garnie de quelques étoiles.

Direction : la Tchécoslovaquie. Jusque-là, ça ne se passe pas trop mal. Les trains de marchandise sont à l'heure. Là où ça commence à ressembler aux vieux films du temps de la guerre froide, c'est à l'approche de la frontière autrichienne. Les contrôles sont nombreux ; les policiers, les soldats russes et les chiens, aussi. Les barbelés, solides. Et la surveillance par radar, sophistiquée. Ce qui devait arriver arriva : une fusillade. Les deux jeunes fugitifs réussiront à passer. Et les soldats russes ? « Ben, écoute, on était des gamins. On ne savait pas viser. On tirait n'importe comment. J'pense pas que nous en ayons blessé un seul... »

Arrivés en Autriche, ils se sont débarrassés de leur arsenal. Et se sont retrouvés comme deux vagabonds à la recherche d'un gîte, d'un peu de nourriture. « Nous avons échoué dans une ferme. Nous essayions de faire comprendre que nous avions faim. Mais nos connaissances rudimentaires du russe et de l'allemand ne pouvaient guère nous aider, alors les policiers sont venus nous chercher. Pour nous conduire dans un camp de demandeurs d'asile, d'où nous pouvions sortir à notre guise pour aller travailler. »

C'est ici que les routes des deux gamins en cavale se séparent.

Au bout de huit, neuf mois, Jan repart. « Il arrivait tout le temps de nouveaux réfugiés, je ne voyais pas le jour où on s'occuperait de mon cas, alors je suis parti en Italie. »

Pour aboutir peu de temps après son arrivée dans un autre camp. Pire que celui d'Autriche, mais avec toutefois la possibilité d'aller et venir aisément. Un jour, il prendra donc un « aller simple » pour déserter le camp.

En route pour la France, cette fois. Par les moyens de transport qu'il connaît le mieux : les trains de marchandises et l'auto-stop. À Évreux, il se fait interpeller par la police. Constatant qu'il s'agit d'un mineur, les autorités françaises le confieront à une famille d'accueil. C'est la famille d'accueil qui fera la meilleure affaire, ayant droit à l'essentiel des revenus qu'il touchera en travaillant dans un « Routiers ».

Une nouvelle fois, il s'enfuit. Voyage en France, en Belgique, aux Pays-Bas, en Suisse... toujours muni de faux passeports. Gagne sa vie en rendant des petits services du genre transport de choses « utiles » pour les militants du Pays Basque ou pour ceux de Solidarnosc, ou encore collecte d'argent pour le compte de compagnies prêteuses « œuvrant » auprès de simples particuliers.

«J'avais un assez gros train de vie, je conduisais de belles voitures. Je ne faisais jamais laver mes chemises, je les jetais au bout de deux jours.» À cette époque, il dort généralement avec un revolver sous l'oreiller. Bref, il vit dans la marginalité, dans l'univers des magouilleurs, dans un monde sous haute surveillance policière. Ce qui le conduira dans les prisons de France pour une affaire de port d'arme illégal et d'attaque à main armée. «Je suis resté neuf mois en prison pour, en fin de compte, apprendre qu'il y avait eu erreur sur la personne.»

À un autre moment, quelques mois plus tard, à l'occasion d'un contrôle de routine, un policier belge découvrira qu'il est frappé d'une demande d'extradition de l'Italie pour transport d'armes et d'explosifs pour le compte de terroristes. Cette fois, il sera condamné à sept ans et neuf mois de prison. Au bout de quatre ans, il obtiendra cependant, comme par enchantement, un pardon présidentiel.

Encore aujourd'hui, Jan jure n'avoir rien à voir dans toute cette histoire.

À sa sortie de prison, il n'a qu'une seule envie : partir le plus loin possible, refaire sa vie. «En Pologne, j'avais de la haine contre le communisme. Mais, là, c'était devenu de la haine contre toute la société européenne.»

Cinq ans au Québec

Pourquoi le Canada? «Parce que j'ai un oncle à New Market dans le nord de l'Ontario!» Il ne le trouvera jamais. Et parce qu'il cherchait un pays où l'on parle français.

«En débarquant à Toronto, je suis tombé sur une agente d'immigration unilingue anglaise. Ç'a compliqué mes affaires. Je ne parlais pas anglais. J'ai demandé un interprète français. C'est en fin de compte en italien que s'est déroulé l'interrogatoire.»

Perdu en Ontario, à la recherche de son oncle, il fait, un jour, la connaissance d'un routier gaspésien... marié à une Polonaise. En moins de deux, il sera à Montréal. À la Maison du père, plus exactement, où il trouvera, en plus d'un gîte, de bons conseils pour apprivoiser son nouveau pays d'adoption. À peine quelques semaines après son arrivée à Montréal, il travaillera pour la maison de photographie Allard (travaux d'entretien). Il passera ensuite chez Denpha, une entreprise qui fait dans l'import-export, où il travaillera comme messager et comme commis. À 225 $, après impôt, par semaine. « Je sais que c'est peu par rapport à ce que j'ai déjà gagné. Mais je préfère ça, j'ai l'âme en paix. J'ai de vrais amis. »

De l'automne 1986 à l'automne 1991, il est somme toute devenu un Québécois bien intégré à la vie montréalaise. Tout en demeurant, aux yeux des autorités canadiennes, un revendicateur de statut de réfugié politique, dont le dossier s'épaississait à mesure qu'il circulait dans le dédale administratif d'Immigration Canada. Les choses perdurèrent pendant si longtemps que le monde eut le temps de changer en Europe. Le Rideau de fer tomba. La politique étrangère canadienne mit un terme (septembre 1990) à son programme humanitaire des « exilés volontaires » pour les ressortissants des pays d'Europe de l'Est, la situation politique n'y constituant plus un danger pour la vie des citoyens.

Et ce qui devait se produire se produisit : un arbitre de la Commission du statut de réfugié jugea que Jan pouvait et devait s'en retourner chez lui. En Pologne.

« Jan Samolczyk revendiquait le statut de réfugié politique par crainte de persécution dans son pays d'origine, la Pologne, du fait de sa religion et de ses opinions politiques, écrit l'arbitre Vonnie Gilmore dans son jugement rendu le 30 mai 1991. Il a fait valoir qu'il avait quitté son pays parce que le gouvernement communiste de l'époque persécutait les catholiques dans les écoles, et que les déclarations anti-gouvernementales formulées dans ses lettres adressées à son père avaient conduit ce dernier en prison.

« Nous ne croyons pas qu'il est un réfugié au sens de la Convention (de Genève), tranchent l'arbitre Vonnie Gilmore et Egan Chambers de la section du statut de réfugié de la Commission de l'immigration et du statut de réfugié (CISR). Les documents reçus indiquent clairement que l'Église catholique jouit aujourd'hui d'un grand pouvoir en Pologne. Ses fidèles ne sont certes pas persécutés. »

Le texte de la décision souligne plus loin que le nouveau régime de Varsovie n'exerce aucune répression contre ceux qui ont quitté illégalement le pays autrefois et qu'il ne les oblige pas à faire leur service militaire, s'ils sont âgés de plus de 28 ans au moment de leur retour. «Le requérant n'est pas un réfugié au sens de la Convention», concluent les autorités canadiennes

Alors, s'il n'est pas réfugié, Jan Samolczyk se trouve donc à contrevenir à la loi sur l'immigration puisqu'il est venu au Canada sans être muni d'un visa d'immigrant, un document qu'on ne peut demander et obtenir qu'à l'extérieur du pays.

Les procédures de déportation furent donc, dès lors, enclenchées : ordonnance d'exclusion le 11 juillet de la même année ; saisie des documents d'identité et des titres de transport le 28 novembre ; et ordre de se présenter à Mirabel avec ses bagages le 12 décembre, faute de quoi un mandat d'arrestation pourra être lancé contre lui.

Il sera déporté en dépit de la trentaine de beaux témoignages d'appui d'amis et de camarades de travail qu'il produira *in extremis* devant les autorités du ministère de l'Immigration. Dans toutes les lettres, rédigées en français ou en anglais, une même observation revient : pourquoi refuser un immigrant qui a très bien su s'intégrer au Québec, qui parle français et qui se débrouille pas mal en anglais, et qui a toujours su gagner sa vie sans demander l'aide de personne ?

— «Consciencieux, ponctuel, apprécié et respecté de tous à son travail. Je crois sincèrement que Jan Samolczyk ferait un bon citoyen canadien. Le déporter en Pologne (son pays d'origine) n'a pas de sens. Ce sont des gens comme lui qui peuvent contribuer à faire du Canada un grand pays», écrit Lorne Sheridan à propos de Jan Samolczyk qu'il côtoie depuis plus de deux ans.

— «... il s'est implanté chez nous en se trouvant du travail, en faisant du bénévolat, en rendant service, écrivent pour leur part les responsables de la Maison du père, une œuvre pour laquelle Jan a consacré un an de sa vie. Il a donc pris racine en notre pays, c'est pourquoi nous l'appuyons et lui faisons confiance en pensant que si depuis cinq ans il ne s'est pas laissé vivre au crochet de notre société, il continuera à être un "plus" pour notre société. »

— «... Jan agit à titre de concierge et homme de confiance dans l'immeuble que je possède, écrit Michel Bienvenue. Il a ainsi à collecter mensuellement les loyers en argent et en chèques et à effectuer les dépôts bancaires. Il a aussi à effectuer maintes réparations dans l'immeuble et je dois dire que Jan en fait toujours un peu plus que nécessaire, un peu plus et un peu mieux. Il a su rapidement gagner la confiance du propriétaire et de tous les locataires sans exception...»

Qu'une envie : revenir à Montréal

« C'est à Montréal que j'ai envie de vivre, confie-t-il la veille de son départ. Je crois que je peux vivre en paix avec la société ici. Alors, la première chose que je vais faire en arrivant en Pologne après-demain, c'est de poster ma demande pour un visa d'immigration pour le Canada.» Un visa qu'il avait de bonnes chances d'obtenir, compte tenu qu'il s'est conformé aux règles d'immigration dans les délais requis. Quant au certificat de sélection du Québec (CSQ), il devait l'avoir aussi sans problème puisqu'il répondait aux critères d'adaptabilité (son séjour à Montréal en fait foi) et d'employabilité (son employeur, Courtiers en douanes Denpha inc., lui avait fourni une lettre dans laquelle il lui garantissait que son emploi actuel de commis-messager resterait le sien jusqu'au 31 mars 1992; et, au-delà de cette date, il s'engageait à lui trouver autre chose dans la même entreprise ou ailleurs).

Là-bas, en Pologne, il lui reste bien sa mère, ses frères, sa sœur, mais ils ont vécu plus longtemps séparés qu'ensemble. « C'est sûr que ça me fait plaisir de revoir ma mère. J'ai toujours gardé le contact avec elle, je lui écris régulièrement, je conserve des souvenirs très précis de sa cuisine, mais je n'ai rien à faire dans ce pays.»

Il estimait, à son départ de Montréal, demeurer tout au plus trois mois en Pologne. Et retrouver aussi vite ses meubles entreposés à Montréal (à la Maison du père) et sa motocyclette gardée par une amie à Laval...

Son dossier a suivi le parcours bureaucratique normal : sa demande écrite d'immigration était entrée au bureau du Québec à Vienne à la fin de janvier, son nom figurait sur la liste des candidats que le conseiller en immigration allait rencontrer à Varsovie dans les premiers jours d'avril. Aux yeux du Québec, tout fut jugé assez conforme pour en référer aux autorités fédérales afin qu'elles fassent procéder à l'examen médical et à l'enquête sur la sécurité.

Jan Samolczyk a, en fin de compte, obtenu son visa, sa «fiche relative au droit d'établissement» plus exactement, le 1er avril 1993. «À l'ambassade du Canada à Varsovie, raconte-t-il, on m'a fait comprendre qu'un délai de dix-huit mois pour le traitement d'une demande d'immigration, c'est normal, c'est dans les normes. Avec le Québec, ce fut plus rapide : deux semaines après mon entrevue avec le représentant de la Délégation du Québec à Vienne, je recevais mon certificat de sélection du Québec (CSQ).»

Jan est rentré à Montréal le 5 octobre 1993, presque deux ans après son expulsion. Immigration-Canada n'a pas de données sur le nombre de revendicateurs déboutés et expulsés qui reviennent, un jour, par la voie normale, mais ils ne sont certainement pas légion.

Jan aura été dans les statistiques de 1991 l'un des quelque 4 408 revendicateurs de statut de réfugié refusés ; 970 auront effectivement été déportés pendant cette année. La plupart d'entre eux étant des citoyens des pays d'Europe de l'Est, qui, pour leur malheur personnel, ont cessé d'être des «dangereux» pays communistes. Il aura eu moins de chance que cet homme de 56 ans, originaire d'Allemagne de l'Est, dont la presse montréalaise rapportait l'histoire en septembre 1992[171], qui a obtenu le statut de réfugié politique, même si l'Allemagne unifiée est aujourd'hui un pays aussi démocratique que le Canada.

Les commissaires de la Commission de l'immigration et du statut de réfugié (CISR) ont reconnu qu'en dépit du fait que les raisons de craindre d'être persécuté avaient disparu dans son pays, le demandeur d'asile en question risquait de se trouver dans un état psychotique s'il était déporté. Parce que les vieilles persécutions, dont il fut victime, l'empêchent encore aujourd'hui de pouvoir retourner vivre dans son pays. Son avocat a lui-même admis sa surprise de gagner cette cause et les autorités de la CISR ont déclaré qu'il s'agit d'un cas rare mais pas unique.

Mais qu'est-ce qu'un réfugié ?

---

171. Dépêches d'agences de presse reprises par *The Gazette* et *La Presse*.

VRAI OU FAUX RÉFUGIÉ ?

La définition de réfugié, c'est, selon la Convention de Genève, une personne qui «craignant avec raison d'être persécutée du fait de sa race, de sa religion, de sa nationalité, de son appartenance à un certain groupe social ou de ses opinions politiques, se trouve hors du pays dont il a la nationalité et qui ne peut ou, du fait de cette crainte, ne veut se réclamer de la protection de ce pays. »

Imaginée, au lendemain de la Deuxième Guerre mondiale, comme un moyen pour éviter que ne se reproduisent des horreurs comme celles infligées aux Juifs par les nazis, élaborée plus précisément le 28 juillet 1951 et complétée par le protocole de New York du 31 janvier 1967, cette convention avait été ratifiée par 107 États en mai 1991. Le Canada y a adhéré en 1969.

Jusqu'à récemment, notamment pendant les années de la guerre froide, les pays occidentaux, et au premier chef les États-Unis, ont maintes fois utilisé la reconnaissance du droit d'asile politique pour démontrer les failles du système communiste et la suprématie du système capitaliste. Il suffit de se souvenir de tout le battage publicitaire entourant les défections de vedettes du spectacle et du sport pour comprendre que les intentions des gouvernements occidentaux ne furent pas toujours dénuées d'intérêts politiques.

La guerre froide Est-Ouest étant devenue un lointain souvenir, le monde ayant beaucoup changé au cours des quarante dernières années et des dizaines de nations ayant accédé à l'indépendance, la définition de réfugié de la Convention de Genève est aujourd'hui remise en question. Les revendicateurs du statut de réfugié d'aujourd'hui ne fuient plus le communisme, mais la pauvreté. Et la discrimination, discrimination non seulement en raison de leurs opinions politiques mais également à cause de leurs orientations sexuelles, de leurs convictions religieuses, féministes ou syndicales.

Alors faut-il réécrire le texte de 1951 ?

Certains pays, notamment en Afrique, donnent déjà un sens plus large à la définition de réfugié, suivant en cela l'interprétation souple du HCR et de l'Organisation de l'unité africaine : pour eux, est réfugiée «toute personne qui, du fait d'une agression, d'une occupation extérieure, d'une domination étrangère ou d'événement troublant gravement l'ordre public (...) est obligée de quitter sa résidence habituelle. »

Ailleurs, en Europe plus particulièrement, d'autres estiment aussi qu'il faudrait réviser la Convention de Genève, non pas pour l'adoucir ou l'humaniser, mais pour durcir la réglementation. Afin d'empêcher ceux qu'ils considèrent comme des immigrés déguisés en réfugiés d'entrer par la fenêtre parce que la porte est fermée.

Lors d'une rencontre au HCR à Genève, à l'automne 1991, la position canadienne défendue par le représentant du ministre à l'immigration Bernard Valcourt, M. Gérald Shannon, allait aussi dans le sens d'un durcissement.

Chaque pays interprète donc assez librement la définition de la Convention de Genève et organise à sa manière la procédure de reconnaissance du réfugié.

Si le Canada n'a pas l'interprétation la plus large, la plus généreuse du mot « réfugié », il est néanmoins certainement, avec l'Allemagne, l'un des pays les plus ouverts, les plus attentifs aux prétentions des demandeurs d'asile.

L'Allemagne n'accepte que 7 % de ceux qui demandent le statut de réfugié. La France, 20 %. Les États-Unis, 14 %. L'Australie, 7 %. La Grande-Bretagne, 21 %. La Suède, 5 %[172]. Même en se montrant plus sévère, depuis quelques années, à l'égard des demandeurs d'asile, le Canada finit tout de même par ouvrir ses portes à la majorité d'entre eux. Environ 55 %, selon les dernières compilations.

À peu près n'importe qui peut encore, n'importe quand et à n'importe quel poste frontière, forcer les portes canadiennes sans s'exposer à trop de représailles. À court terme, du moins. Aussitôt qu'on a mis les pieds en sol canadien, on a les mêmes droits que tous les citoyens canadiens. Y compris le droit d'avoir un procès juste et équitable pour se faire reconnaître comme réfugié.

---

172. *La Presse*, 2 mars 1992.

Le cheminement classique des demandeurs d'asile

Les revendicateurs de statut de réfugié utilisent habituellement l'une des quatre filières suivantes :

1) soit ils débarquent ici avec un visa de visiteur (la règle stipule que le visa est obligatoire pour tous les ressortissants étrangers entrant au Canada, sauf pour ceux d'une soixantaine de pays – 63 plus exactement en avril 1991) et décident une fois qu'ils sont arrivés de transformer leur séjour temporaire en séjour permanent ;

2) soit ils arrivent à l'aéroport et demandent carrément l'asile politique au premier agent d'immigration venu. L'immense majorité de ceux-ci échouent aux aéroports de Toronto et de Montréal. Les aéroports de Vancouver et de Gander constituent aussi, dans une moindre mesure, des plaques tournantes de cette immigration irrégulière. Au point qu'à Gander à Terre-Neuve, par exemple, le maire Douglas Sheppard parle d'une industrie des réfugiés qui génère deux millions de dollars par année dans sa ville[173].

Le ministère terre-neuvien de l'aide sociale parle plutôt, lui, d'une facture de 4,3 millions pour la seule année 1992. Cette année-là, avant que le ministre fédéral de l'immigration n'impose un visa de transit pour les voyageurs originaires des pays d'Europe de l'Est, Gander avait accueilli environ 2 500 demandeurs d'asile. Des Moldaves, des Bulgares, des Cubains, des Somaliens, des Sri Lankais, des Péruviens et des Kurdes de Turquie. Ils furent six fois plus nombreux en 1992 qu'en 1987. Chacun d'eux a suivi le même chemin : aussitôt leur demande d'asile enregistrée auprès d'un agent d'immigration à l'aéroport, des taxis les conduisent en ville, à l'hôtel ou dans un centre d'hébergement. Ils reçoivent automatiquement, à partir de ce moment, 18,75 $ par jour. On leur fournira des vêtements chauds, au besoin, et on leur donnera des cours d'anglais. La plupart ne resteront que quelques semaines à Gander et partiront vers les grandes villes canadiennes, où ils auront plus de chances de trouver des parents ou des amis que dans la ville aéroport terre-neuvienne de 11 000 habitants ;

3) soit ils se présentent aux frontières terrestres et entreprennent les mêmes démarches que ceux de l'aéroport ;

---

173. *The Globe and Mail*, 12 décembre 1992.

4) soit ils empruntent des moyens de transport inusités, tels ces quelques centaines de Roumains arrivés l'an dernier dans le port de Montréal après avoir fait la traversée de l'Atlantique, depuis des ports de France ou de Belgique, dans des conteneurs. Les autorités fédérales en ont découvert quelques centaines en 1992, mais il y a fort à parier qu'ils sont bien plus nombreux à avoir utilisé cette filière, ce mode de transport. Risqué, mais tellement simple. Le passeur de réfugiés demande à une compagnie maritime de faire déposer un conteneur à un endroit donné. Il explique qu'il veut le remplir lui-même soigneusement parce qu'il s'agit, disons, de meubles anciens et délicats. Il a alors tout le temps d'y installer ses clients avec l'équipement minimal pour la traversée. Il fait ensuite transporter le conteneur « chargé » vers un port et là, si notre passeur n'est pas trop « dégueulasse », il s'assurera que sa « livraison » puisse se trouver en bonne place dans le bateau afin d'éviter que ses clients ne crèvent de chaleur ou de froid pendant le voyage. Arrivés à bon port, les voyageurs clandestins n'ont plus qu'à s'esquiver en douce et aller revendiquer le statut de réfugié politique.

Si le demandeur d'asile est démuni financièrement, il sera logé et nourri aux frais du gouvernement, il aura droit à un avocat de l'aide juridique et, éventuellement, il pourra toucher des chèques d'aide sociale tout le temps que durera l'enquête au sujet de sa demande de statut de réfugié politique. Après que les fonctionnaires auront reconnu, des semaines ou des mois plus tard, que son histoire se tient et que l'affaire est fondée, le revendicateur pourra obtenir un permis de travail temporaire.

Processus de reconnaissance

« Depuis l'adoption de la Charte canadienne des droits et libertés en 1982, écrit le Vérificateur général dans son rapport publié en 1991, la sélection des immigrants repose davantage sur l'application juridique des critères exposés dans la Loi sur l'immigration et son Règlement que sur l'évaluation que fait l'agent des visas de la capacité de l'immigrant à s'adapter à la société canadienne[174]. »

---

174. *Rapport du Vérificateur général du Canada à la Chambre des communes. Exercice financier clos le 31 mars 1990.*

Autrement dit, l'agent des visas peut être persuadé à 99,9 % d'avoir affaire à un fraudeur, d'avoir devant lui une personne qui ment effrontément en expliquant ses raisons d'immigrer au Canada, mais il doit présumer de sa bonne foi et enclencher le mécanisme de vérification du bien-fondé de la demande. La présomption d'innocence s'applique tout autant aux citoyens canadiens qu'à toutes les personnes se trouvant en sol canadien. La Charte garantit «à toute personne au Canada» le droit à la vie, à la liberté et à la sécurité, le droit de ne pas être arrêtée ni détenue sans motif valable, le droit d'être informée dans les plus brefs délais des motifs de son arrestation ou de sa détention, le droit d'avoir recours sans délai à l'assistance d'un avocat et le droit de contester, par *habeas corpus*, la légalité de sa détention. «Le processus de reconnaissance du statut de réfugié doit garantir aux demandeurs du statut de réfugié tous les droits que garantit la Charte», ajoute le Vérificateur.

La nouvelle loi fédérale sur l'immigration, la loi C-86, précise la portée et les limites de ce fameux jugement de la Cour suprême, rendu en 1985 dans l'affaire Singh, qui reconnaît, soulignons-le, à toute personne mettant les pieds en territoire canadien le plein droit et l'entière protection de la Charte canadienne des droits et libertés de la personne. Cette nouvelle loi s'inspire, explique l'avocat Martin Leblanc dans un article du Journal du Barreau[175], de récentes décisions de la Cour fédérale qui décrètent, *grosso modo*, que le Parlement a toute liberté de refuser à un étranger le droit de revendiquer le statut de réfugié et que la Charte canadienne «n'impose pas à l'État d'assurer une protection à tous ceux dont la vie ou la liberté seraient en danger, encore moins de fournir un refuge à tous les habitants du globe qui auraient peur pour leur vie ou leur sécurité et ce, au reste, quelle que soit la cause du danger appréhendé.»

Entrée en vigueur le 1er février 1993, la loi C-86 accorde, en outre, plus de pouvoirs aux agents d'immigration aux différents postes de contrôle : ils ont désormais des pouvoirs de fouille et de saisie semblables à ceux des agents de douanes, lorsqu'ils soupçonnent qu'une personne tente d'entrer au Canada avec des faux documents. Ils peuvent, en plus, photographier et prendre les empreintes digitales des demandeurs d'asile politique «pour

---

175. *Le Journal du Barreau*, 1er mai 1993.

empêcher les gens d'abuser des programmes provinciaux d'aide sociale. »

Une autre clause de la loi C-86 prévoit que toute personne associée à une organisation dite « criminelle », violente ou terroriste est automatiquement refoulée, même si la personne elle-même n'a jamais été reconnue coupable d'acte criminel. Avec cette clause, tous les membres du Congrès national africain de Nelson Mandela auraient été refusés à la frontière canadienne. L'Afrique du Sud n'est, du reste, pas le seul pays, ni le dernier, à avoir utilisé le système pénal pour persécuter les dissidents[176].

Cette nouvelle loi fédérale vise à réduire de 40 % les entrées en territoire canadien des demandeurs du statut de réfugié. « Fini le magasinage d'asile, a dit le ministre de l'Immigration Bernard Valcourt. Le Canada reste une terre d'accueil pour ceux qui en ont vraiment besoin... Soleil ! quand quelqu'un frappe à ta porte, tu veux bien savoir qui veut entrer[177]. »

À noter que, quelques mois après la mise en application de la loi C-86, une toute petite poignée de demandeurs d'asile avaient été refoulés par les agents d'immigration aux frontières.

Canada, « poubelle » des États-Unis

La nouvelle loi permet également de refouler à l'entrée tous ceux qui viennent d'un pays jugé « sûr » par les autorités canadiennes. Ainsi, un demandeur d'asile sud-américain ou africain, transitant par les États-Unis, pourrait être bloqué à la frontière et prié d'attendre aux États-Unis pendant qu'on dispose de sa demande. Cette disposition ne s'appliquera toutefois pas tant qu'Ottawa n'aura pas signé d'accords avec les pays réputés « sûrs ».

Le Canada espère, en fait, conclure prochainement des ententes avec les États-Unis et les pays de la Communauté économique européenne pour que le premier pays d'accueil du demandeur se charge de l'examen de sa revendication. Ce faisant, le Canada, qui se trouve géographiquement hors de portée de la majorité des citoyens du monde, verrait le nombre de ses revendicateurs chuter de façon spectaculaire.

---

176. Dépêche de la Presse canadienne, 30 juillet 1992.
177. Entrevue du ministre Bernard Valcourt à la Presse canadienne publiée dans *La Presse*, le 14 janvier 1993.

Le Canada souhaite s'entendre avec les États-Unis le plus rapidement possible, mais il n'est pas certain que les Américains soient aussi pressés qu'Ottawa de voir la situation changer : pas moins du tiers des demandeurs d'asile du Canada transitent par les États-Unis, c'est donc dire que les États-Unis devraient garder chez eux une dizaine de milliers de demandeurs de plus par année. Il ne serait pas étonnant que les Américains prennent tout leur temps pour bien analyser les doléances des organisations canadiennes de réfugiés qui, elles, pressent Washington de ne pas signer d'entente à ce sujet avec Ottawa.

« Nous sommes la poubelle des États-Unis, s'indigne une arbitre de la Subdivision de l'arriéré (SAR)[178]. Les Américains nous expédient littéralement leurs réfugiés. De tous les pays accueillant des demandeurs d'asile, le Canada est le plus généreux. Le mot "réfugié" est magique chez-nous, alors que chez les Américains c'est exactement le contraire. » Un tiers des demandeurs d'asile transitent par les États-Unis.

Procédures longues et coûteuses

L'étape de l'audience préliminaire a été supprimée dans la nouvelle loi, sauf que son esprit demeure dans une certaine mesure puisque la décision sur le champ du fonctionnaire en première ligne demeure contestable dans un délai de sept jours. Les fonctionnaires devraient néanmoins pouvoir éliminer plus rapidement qu'avant les demandes manifestement non fondées, soit parce que la demande n'est pas recevable (candidats qui ont obtenu le statut de réfugié dans un autre pays, candidats à qui on a déjà refusé le statut auparavant, criminels...), soit qu'ils viennent de pays où n'existent ni troubles civils graves ni violation importante et systématique des droits de la personne (en 1991, entraient dans cette liste les États-Unis, la Jamaïque, le Portugal, Trinité et Tobago, etc.)

Lors de l'étude du minimum de fondement d'une revendication, explique l'arbitre Pierre Turmel dans un jugement concernant une prédicatrice zaïroise, le plus important est d'évaluer les déclarations de l'intéressée et non pas de porter un jugement sur

---

178. Entrevue avec une arbitre de la SAR ayant requis l'anonymat.

la situation existant dans le pays du revendicateur. Les mots clés sont : « craignant avec raison d'être persécuté »[179].

Tout demandeur d'asile a droit à un avocat, qui, la plupart du temps, se fera payer par les services d'aide juridique.

En 1993, l'aide juridique a coupé quasiment de moitié les sommes consenties aux avocats pour la préparation et la défense d'un dossier de revendication du statut de réfugié : 260 $ pour la préparation de l'audition et 136,50 $ pour l'audition. Il est parfois nécessaire, pour les besoins de la cause, de recourir aux services d'un psychiatre ou d'un psychologue (l'aide juridique lui accorde au maximum 400 $) ; d'un interprète (200 $) ; ou d'un politicologue (les honoraires pour son témoignage sont de 150 $). Les procédures devant la Commission de l'immigration et du statut de réfugié (CISR) s'étalent en général sur de longues périodes, des mois, voire des années. En cas de décision négative, le revendicateur peut demander l'autorisation d'interjeter appel, sur des questions de droit, devant la Cour d'appel fédérale. Il peut également en appeler par la suite au ministre pour des motifs humanitaires.

Pendant tout ce temps, le revendicateur aura droit à tous les services sociaux dont bénéficient les citoyens canadiens.

Le taux d'acceptation des revendicateurs était de 75,7 % en 1989, de 70,4 % en 1990, de 65 % en 1991 et de moins de 60 % en 1992. Cette baisse s'explique notamment du fait qu'il est maintenant pratiquement impossible de démontrer qu'on est menacé ou persécuté dans les pays européens de l'ancien bloc communiste.

Peu de renvois effectifs

Et parce que plusieurs des revendicateurs refusés se trouvent toujours, plusieurs mois après l'annonce de leur renvoi, dans le dédale administratif des procédures d'appel, le taux de renvoi effectif est très faible. Du moins en novembre 1990 : des 1 300 cas refusés par le CISR, 35 % ont effectivement été renvoyés,

---

179. Décision de l'arbitre Pierre Turmel et du commissaire du SSR Bambote Makombo dans la cause entre Goyi Kabuya et le ministre de l'Emploi et de l'Immigration du Canada, décision rendue le 13 février 1992 à Montréal.

21 % avaient demandé à la Cour fédérale l'autorisation d'en appeler de la décision, 16 % en étaient à l'examen de pré-envoi, 6 % étaient encore au Canada en raison d'un moratoire sur les renvois dans le pays d'origine ou d'un sursis aux ordres de déportation (ce fut par exemple le cas au cours de 1991 pour Haïti, le Liban, la République populaire de Chine, l'ex-Yougoslavie et le Zaïre)[180].

Huit pour cent avaient obtenu un sursis en raison de la décision de la Cour fédérale d'entendre leur appel, 4 % avaient disparu et 10 % avaient été acceptés pour motifs humanitaires.

Immigration Canada a toutefois resserré ses contrôles, ces derniers temps, pour faire exécuter les ordres d'expulsion : plus de 5 000 demandeurs d'asile déboutés sont repartis volontairement en 1992[181], tandis que d'autres étaient reconduits menottes aux poings et sous escorte jusque dans leur pays d'origine. Le cas le plus célèbre, parce que le plus loufoque, de la détermination d'Immigration Canada est celui d'Olad Mohamed : arrivé au Canada en 1989, il réclame aussitôt le statut de réfugié prétendant que sa vie est en danger dans son pays, la Somalie. Immigration Canada en vient à la conclusion qu'Olad Mohamed ment lorsqu'il affirme être Somalien et qu'il est plutôt Djiboutien, et que, par conséquent, sa vie n'est pas en danger, et qu'il peut retourner à Djibouti en toute sécurité. L'ordre d'expulsion est donc prononcé. Étant donné que le demandeur laisse croire qu'il ne s'y soumettra pas de bon gré, il sera détenu dans un «centre de prévention» jusqu'au jour de son départ et escorté par deux fonctionnaires jusqu'à Djibouti. Une opération qui aura coûté jusque-là, au bas mot, plus de 20 000 $.

Le hic, c'est qu'en arrivant à Djibouti, les autorités locales n'ont pas voulu d'Olad Mohamed, le considérant prétendument Somalien. Il a donc été remis dans le premier avion en direction de Mirabel. Et, aussitôt arrivé à Montréal, il est retourné dans son «centre de prévention», le temps que l'on trouve une solution. De longues tractations avec l'ambassade de Djibouti à Washington ayant échoué, il fut donc décidé d'expédier Olad Mohamed... en Somalie. Encore une fois, sous escorte : deux

---

180. Entrevue téléphonique avec Richard Saint-Louis d'Immigration Canada, le 10 janvier 1992.
181. *La Presse*, 28 novembre 1992.

agents fédéraux l'ont accompagné jusqu'à Nairobi au Kenya, d'où ils ont nolisé un petit avion pour le conduire ensuite à Mogadiscio en Somalie. Cette deuxième opération aura vraisemblablement coûté autour de 20 000 $, montant qui inclut les quelques jours de repos dans une capitale européenne auxquels ont droit les fonctionnaires sur le chemin de retour.

Diverses nuances de l'ordonnance de déportation

Les ordres de déportation sont formulés de différentes façons, si bien que l'on peut être mis à la porte du Canada sans espoir de retour ou avec option de retour :

a) L'exclusion : généralement aux points de frontières. Pour des gens sans passeport, sans visa, sans titre de voyage. Ils sont retournés sur le champ dans leur pays d'origine. Aux frais du Canada. Ils seront exclus du Canada pendant un an.

b) L'expulsion : pas le droit de revenir à moins d'une permission spéciale écrite du ministre de l'Immigration. Ce sont généralement des gens reconnus coupables d'actes criminels.

c) L'avis d'interdiction de séjour : on trouve dans cette catégorie surtout des revendicateurs du *backlog*. Des gens capables de quitter le Canada par leurs propres moyens parce qu'ils ont un passeport et de l'argent. Un avis de deux à trois semaines leur est remis d'habitude.

Il se peut par ailleurs qu'un avis d'expulsion soit suspendu en raison d'un moratoire décrété pour le pays d'origine du revendicateur, soit parce que le gouvernement en place est menaçant pour le demandeur d'asile, soit parce qu'il est incapable de le protéger. Par exemple, le gouvernement péruvien semble impuissant devant les terroristes du Sentier lumineux au Pérou. Tout comme celui de Colombie face à ses barons de la drogue, alors cela pourrait justifier une révision d'une décision de renvoi. «On se fie plus aux rapports du gouvernement qu'à ceux d'Amnistie», dira un arbitre.

Et, enfin, il est possible qu'on annule l'ordre de déportation pour des motifs humanitaires. Il s'agit généralement de cas de réunification familiale.

Large place à l'arbitraire

Notre système permet toute une gamme d'interprétations des critères de reconnaissance du statut de réfugié et laisse une large place aux décisions arbitraires. Il n'est pas nécessaire de fouiller longtemps dans la jurisprudence pour se rendre compte que les commissaires et les arbitres d'Immigration Canada ne se laissent pas étouffer par des règles de cohérence.

• Ainsi, par exemple, deux frères originaires du Pakistan revendiquent le statut de réfugié religieux devant les autorités fédérales de l'immigration. Ils font valoir que leur vie est en danger à cause de leurs convictions religieuses dans leur pays. Chacun raconte séparément son histoire. La même histoire, en somme : depuis leur enfance, soutiennent Arif, 22 ans, et Ahmad, 23 ans, nous sommes victimes de harcèlement à cause de notre religion, de notre appartenance aux ahmadis (une secte évangélique islamique), nous sommes victimes aussi de discrimination sur le marché du travail, etc.

Un tribunal reconnaîtra le bien fondé de la demande d'Arif, tandis que l'autre le refusera à Ahmad. « Sur 30 000 décisions, il y a des possibilités d'erreurs », reconnaît-on à la Commission de l'immigration et du statut de réfugié (CISR).

• Parfois, ce sera le « bras politique » du système qui passera par-dessus la tête des fonctionnaires. Relevons ces deux cas qui ont défrayé la manchette à des époques différentes :

— Celui du tristement célèbre général Dang Van Quang. Ex-chef de la police secrète sud-vietnamienne, Quang était dans le temps qualifié de « symbole vivant de la corruption », reconnu comme « le plus gros pusher d'héroïne du pays » et accusé d'être à l'origine de l'opération Phoenix, qui a fait 20 000 morts chez les Sud-Vietnamiens soupçonnés de sympathie pour les communistes. « Après avoir établi qu'il avait exercé au Sud-Vietnam, du temps du régime Thieu, des activités infâmes comprenant, entre autres, le trafic de stupéfiants… », les autorités fédérales de l'immigration lancent un ordre de déportation contre Quang : il doit quitter le pays le 5 août 1975.

Mais un visa ministériel spécial approuvé par le ministre Andras, au printemps 1975, lui permettra alors de passer un an au

Canada avant de devoir se soumettre à de nouvelles procédures d'immigration.

Le 25 mai 1978, *La Presse* nous apprend que Quang est toujours parmi nous, qu'il est devenu laveur de vaisselle au salaire minimum (3,27 $ l'heure, 45 heures par semaine), qu'il vit à Snowdon avec sa femme et deux de ses six enfants et que, «malgré la possibilité qu'il soit déporté par le Canada, Quang a tout de même reçu un permis de travail constamment renouvelé du ministère canadien du Travail et de l'Immigration.»

Pour les autorités de l'immigration, Quang était toujours, 17 ans plus tard, techniquement frappé d'une ordonnance de déportation, de renvoi[182]. Il n'a aucun statut légal, il n'est pas considéré comme un revendicateur. Il peut toutefois demeurer sur le territoire grâce à une permission spéciale du ministre de l'Immigration. Une permission renouvelée chaque année par les successeurs du ministre Andras. Seule restriction à la permission ministérielle : il doit s'activer à trouver un pays d'accueil... l'ex-général doit se dire qu'il l'a trouvé depuis longtemps.

— L'histoire de l'ancien ambassadeur de l'Irak à Washington ne manque pas d'étonner, elle aussi. Il arrive au Canada, un peu comme une fleur, peu après la fin de la guerre du Golfe.

Mohammad al-Mashat, 60 ans, ami et proche collaborateur de Saddam Hussein, obtient en moins d'un mois un statut d'immigrant dans le cadre du programme des retraités... pourtant sur le point d'être aboli. Il a tout simplement présenté, à l'ambassade du Canada à Vienne, une demande d'immigration pour lui-même, sa femme et leur fils de 16 ans. Et il a tout bonnement obtenu les visas en l'espace de quelques jours, alors que, pour le commun des mortels, il faut compter au moins un an, parfois deux, avant d'arriver au bout des procédures...

Le président de la Fédération canadienne des Arabes, James Kafieh, a expliqué qu'al-Mashat voulait tout simplement profiter des dernières belles années de sa vie au Canada parce que l'anglais est sa deuxième langue et que le Canada est une bonne destination pour les ressortissants arabes.

L'ancien ambassadeur s'est installé en Colombie-Britannique. «Je veux commencer une nouvelle vie, a-t-il dit. Je suis arrivé

---

182. Entrevue avec Richard Saint-Louis d'Immigration Canada, le 10 janvier 1992.

comme un homme ordinaire, comme tout citoyen à la retraite s'installant ici dans le but de vivre tranquillement sa vie.»

L'arrivée de Mohammad al-Mashat a déclenché toute une controverse qui va de la colère des réfugiés irakiens contre ce «complice de Saddam Hussein» aux hypothèses d'un parrainage des services d'espionnage canadiens et américains en échange de services rendus ou futurs.

L'écrivain Ibrahim al-Hariri, qui fit à Toronto la grève de la faim durant un mois pour protester contre la guerre et pour réclamer la démocratie en Irak, déclarait à cette époque : «J'ai beaucoup écrit contre le régime et j'ai dû attendre 18 mois avant d'être admis au Canada. Alors que lui, un mois seulement...»

• La politique a de ces secrets que l'opinion publique a parfois du mal à saisir : un ancien colonel de l'Organisation de libération de la Palestine et proche collaborateur de Yasser Arafat, considéré comme terroriste et trafiquant de drogues, Mahmoud Abo Shandi, 37 ans, a pour sa part eu moins de chance que le général Quang et qu'al-Mashat[183]. Il s'est vu refuser le statut de réfugié parce qu'il pourrait représenter, a estimé la Cour fédérale, une menace pour la sécurité nationale. Mahmoud Abo Shandi était arrivé à Mirabel avec sa femme Dalilah Abo Shandi, 28 ans, le 18 octobre 1991, en provenance de la Norvège, avec de faux passeports italiens (après avoir remis ses documents algériens aux autorités norvégiennes), et réclamé le statut de réfugié alléguant que son désaccord avec la position de l'OLP durant la guerre du Golfe le plaçait dans une situation délicate et menaçante pour sa vie et celle des siens.

Shandi a passé le plus clair de son temps au centre de détention Parthenais. Il sera déporté dans le plus grand secret le 25 février 1992. «Il représente un risque pour la sécurité du Canada», déclarera le ministre Valcourt. Mme Shandi et leur enfant le rejoindront peu de temps après.

• Les affaires marchèrent plus rondement pour cet homosexuel argentin qui réclama et obtint le statut de réfugié politique au Canada.

Jorge Alberto Inaudi, 28 ans, est arrivé au Canada en mars 1990 à l'aéroport international Pearson de Toronto muni d'un

---

183. *The Globe and Mail* du 10 janvier 1992 et *The Gazette* du 11 janvier 1992.

visa de touriste. Deux mois plus tard, il a réclamé le statut de réfugié et il a déclaré aux fonctionnaires de l'Immigration qu'il avait été emprisonné huit jours au début des années 80 pour activités homosexuelles, alors qu'il était conscrit par les militaires, et qu'il avait été violé et torturé par la police fédérale argentine en 1990.

La Commission de l'immigration et du statut de réfugié (CISR) a jugé que, si Jorge Alberto Inaudi ne pouvait invoquer des craintes de persécution en raison de sa race, de sa religion ou de sa nationalité, il était en droit de faire valoir que son appartenance à un groupe particulier constituait une menace pour lui en Argentine. Et il a obtenu le statut de réfugié le 6 janvier 1992.

Le Canada s'est basé sur des précédents en Allemagne et aux Pays-Bas pour établir ce jugement, et il est à prévoir que cette affaire va maintenant faire jurisprudence ailleurs dans le monde. Un juge de San Francisco accordait, du reste, en juillet 1993, l'asile à un homosexuel brésilien après que celui-ci eut fait la preuve que sa vie est menacée dans son pays par des escadrons de la mort anti-gays.

Les observateurs estiment que la décision fédérale à l'endroit du revendicateur argentin ouvrira la porte à des parrainages de gays et de lesbiennes de l'étranger par différents organismes privés canadiens.

• Au même moment, la Commission d'immigration refusait l'asile à une Iranienne, qui s'était enfuie de son pays où elle avait été fouettée par les autorités locales pour avoir refusé de porter le voile et qui affirmait qu'elle serait fouettée de nouveau si elle devait retourner en Iran.

• Quelques mois plus tard, la Cour fédérale d'appel donnait gain de cause à une femme de 43 ans originaire de Trinité, mère de cinq enfants et installée à Toronto depuis 1986, demandant l'asile au Canada parce qu'elle serait maltraitée par son mari dans son pays. La Cour reconnaissait ainsi que la crainte de violence conjugale dans un pays où l'on ne peut espérer la protection ou l'aide des autorités constitue un motif de plus pour réclamer l'asile politique au Canada[184].

---

184. *La Presse*, 11 novembre 1992.

• Une autre femme, originaire d'Arabie saoudite et âgée d'une vingtaine d'années celle-là, a eu, dans un premier temps, moins de chance. En dépit de l'appui qu'elle avait reçu du groupe de défense des droits de la personne Middle East Watch, qui avait fait valoir que la loi et la tradition en Arabie saoudite encouragent la discrimination à l'endroit des femmes et reconnaissent le bien-fondé de «battre de façon raisonnable une épouse désobéissante». L'organisme avait également soutenu que la Saoudienne risquait à coup sûr d'être battue ou emprisonnée si elle retournait dans son pays et continuait d'y faire valoir ses opinions féministes, ne serait-ce qu'en refusant de se soumettre au code qui régit le comportement des femmes : les Saoudiennes ne sont pas autorisées à voyager seules ; dans les transports publics, elles doivent prendre place à l'écart des hommes et s'asseoir à l'arrière ; elles n'ont pas le droit de conduire, ni de posséder de voiture ; elles n'ont pas accès aux mêmes conditions d'éducation et d'emploi ; elles doivent constamment porter un voile pour cacher leur visage, etc.

Invité à expliquer le refus du statut de réfugié à une Saoudienne fuyant la discrimination dont sont victimes les femmes dans les pays de loi coranique, l'ancien président de la Commission du statut de réfugié, Gordon Fairweather, affirme dans une entrevue à L'actualité[185] que «la Convention ne prévoit pas la discrimination sexuelle comme motif suffisant pour obtenir le statut de réfugié». Autrement dit, précise Fairweather, s'opposer au port obligatoire du voile, à l'interdiction de circuler sans permission du mari et aux droits inégaux devant les tribunaux ne suffit pas pour obtenir le statut de réfugié : il faut d'abord et avant tout démontrer qu'on est persécuté à cause de son opposition.

La Commission de l'immigration et du statut de réfugié a tranché, le 24 septembre 1991 : la jeune Saoudienne «serait mieux de se soumettre aux lois qu'elle critique» et de faire preuve de respect pour son père[186].

«Ceux qui enfreignent une loi dans leur pays ne peuvent pas s'attendre à obtenir l'asile au Canada, explique le ministre Bernard Valcourt. Ce serait de l'impérialisme de la part du Canada

185. *L'actualité*, 15 novembre 1992.
186. *La Presse*, 25 janvier 1993.

de s'attendre à ce que les lois des autres pays soient conformes à ses valeurs.»

Puis, à peine quelques mois après avoir défendu son principe de non-ingérence dans les affaires internes des pays étrangers, le ministre Valcourt fait une volte-face, intervient directement pour permettre à la jeune Saoudienne de demeurer au pays afin de défendre le bien-fondé de sa requête d'asile et annonce de nouvelles directives concernant les femmes qui craignent la persécution en raison de leur sexe. Plus exactement, il invite les agents d'immigration à interpréter plus généreusement la définition de réfugié de manière à mieux tenir compte de la situation des femmes victimes de violences. Par exemple, est désormais admissible au statut de réfugiée une femme victime de violence conjugale dans un pays où les lois ne lui permettent pas de bénéficier d'une protection en pareilles circonstances ; ou une femme qui refuse de se soumettre aux règles de la condition féminine dans les pays islamiques[187].

Le Barreau du Québec propose[188] à Ottawa de modifier sa loi sur l'immigration pour que soit ajoutée la persécution fondée sur le sexe dans la définition canadienne de réfugié, qui tient déjà compte de la race, de la religion, de la nationalité, des opinions politiques et de l'appartenance à un groupe social.

En somme, le nombre global de réfugiés admis au Canada est à la baisse dans les statistiques, mais la liste des critères d'admissibilité ne cesse de s'étirer. Résultat : les prix grimpent.

LE SYSTÈME LE PLUS COÛTEUX AU MONDE

Le système canadien pour statuer sur une demande de statut de réfugié est le plus coûteux au monde, selon Howard Adelman, directeur du centre d'études sur les réfugiés de l'Université York[189]. Au moins 200 millions de dollars par année (90 millions pour le budget d'opérations de l'Immigration and Refugee Board

---

187. Dépêches de PC et de CP publiées dans *Le Journal de Montréal* et *The Gazette*.

188. *La Presse*, 12 août 1993.

189. Article du directeur du Centre d'études sur les réfugiés de l'Université York, Howard Adelman, publié dans *Refuge* et cité par le chroniqueur à l'immigration du *Globe and Mail* Estanislao Oziewicz, le 20 mars 1992

[IRB], 30 millions en aide juridique, 60 millions en assistance sociale, ainsi qu'en frais de cour, de jugement et de déportation). Cela n'inclut pas les coûts des gouvernements provinciaux et municipaux.

Dans un récent document, le ministère fédéral de l'Immigration évalue de 30 000 $ à 50 000 $ le coût que représente pour les contribuables le traitement d'un seul dossier de demandeur du statut de réfugié débouté[190].

Gordon Cheeseman, chef d'un mystérieux service nommé "Immigration of intelligence and interdiction"[191], estime, lui, que le traitement d'un dossier de revendicateur du statut de réfugié dans les pays dits développés coûte en moyenne 50 000 $.

Cheeseman calculait ainsi que l'opération de 250 000 $ avait permis de faire réaliser aux contribuables canadiens une économie de 45 millions de dollars. Baptisée Project Shortstop ou November Interdiction Exercise, cette opération avait permis à 23 agents d'immigration postés dans 11 aéroports étrangers, notamment à ceux d'Amsterdam, de Bangkok et de Port-of-Spain, d'intercepter, au cours du seul mois de novembre, 900 faux réfugiés se dirigeant vers le Canada avec des documents falsifiés.

Des frais inattendus pour les provinces

Si le gouvernement fédéral a été pris de court par le nombre de revendicateurs du statut de réfugié et déplore les coûts astronomiques engagés, les gouvernements provinciaux, quant à eux, ont eu la fâcheuse surprise de découvrir qu'Ottawa leur refile de plus en plus de factures à payer pour les demandeurs d'asile en attente de statut.

La détermination du statut de réfugié est une prérogative exclusive du gouvernement fédéral. Les provinces n'ont strictement rien à dire au sujet de la reconnaissance du statut de réfugié aux ressortissants étrangers. Et pourtant Ottawa décidait, en 1982, de ne plus prendre en charge les revendicateurs qui se présentent sur le territoire canadien.

---

190. *Pour une politique d'immigration adaptée aux années 90* du ministère fédéral de l'Immigration.
191. *Globe and Mail*, 31 décembre 1991.

Afin, expliquait-on à Ottawa, de décourager les réfugiés éventuels d'entrer au Canada pour y revendiquer sur place le statut de réfugié au lieu de suivre la procédure normale, qui prévoit, rappelons-le, que toute demande de statut de réfugié doit être faite à l'extérieur du pays.

« Ce retrait du gouvernement fédéral, peut-on lire dans un document d'avril 1991 du Conseil québécois des communautés culturelles[192], a créé de graves problèmes matériels pour les revendicateurs, qui n'avaient pas droit aux diverses mesures sociales et qui étaient, pour la plupart, démunis et sans travail. Le Québec et les autres provinces ont dû, bon gré mal gré, combler cette lacune, bien qu'ils n'aient pas voix au chapitre en matière de reconnaissance du statut de réfugié. Il est tout de même inacceptable au Québec de laisser des gens dans la rue ou de les laisser souffrir de malnutrition grave.

« Bien que les modalités diffèrent d'une province à l'autre, poursuit l'auteur de cette étude, les mesures sociales accessibles aux revendicateurs sont les mesures de base assurant la survie et un minimum de vie sociale normale : aide sociale, assurance-maladie et assurance-hospitalisation, scolarisation des enfants et cours de français pour les adultes. Les organismes non-gouvernementaux se sont vu confier le soin de guider les revendicateurs dans leur vie quotidienne : aide pour trouver un logement et pour effectuer diverses démarches, initiation au mode de vie du pays, etc. »

C'est le Centre de services sociaux du Montréal métropolitain (CSSMM), par l'entremise de son Service Migrants Immigrants, qui est responsable de l'hébergement temporaire. Les revendicateurs sans argent qui n'ont ni parents ni amis capables de les héberger sont dirigés vers le YMCA, où ils demeureront de 10 à 15 jours environ, jusqu'à ce qu'ils reçoivent leur premier chèque d'aide sociale. Ils auront alors 48 heures pour partir. Les frais d'hébergement au YMCA sont pris en charge par le CSSMM, qui remettra également aux revendicateurs une petite somme pour les aider à se meubler.

---

192. *Les Revendicateurs du statut de réfugié au Québec* du Conseil des communautés culturelles et de l'immigration, préparé par Yolande Frenette et publié en avril 1991.

Cela dit, contrairement à un préjugé largement répandu, les revendicateurs coûtent néanmoins relativement peu aux contribuables au chapitre de l'aide sociale. «Par rapport à l'ensemble de la clientèle des programmes de sécurité du revenu, les revendicateurs représentaient au mois de juin 1990, 2,79 % des ménages et 2,98 % de l'ensemble des personnes recevant de l'aide sociale», note Mme Frenette. En 1990, ces dépenses s'élevaient à une cinquantaine de millions.

Les documents publics du MCCI ne sont pas très clairs sur les frais d'éducation et d'aide juridique, mais ils seraient d'environ 20 millions pour les services de santé au cours des quatre dernières années de la décennie 80, toujours selon Mme Frenette. Il est permis de croire que la note est substantiellement plus élevée de nos jours. Les frais de santé incombent à Ottawa au début du séjour du demandeur d'asile, mais la Régie d'assurance-maladie du Québec prend en charge les revendicateurs après leurs trois premiers mois de résidence au pays.

L'histoire de Mohammad Reza Taharinia : un exemple de la générosité du système

L'histoire de Mohammad Reza Taharinia n'est sans doute pas représentative, mais elle illustre éloquemment la générosité de notre système : à peine quinze jours après son arrivée, ce ressortissant iranien, détenteur d'un simple visa de visiteur, commence à souffrir de troubles cardiaques graves qui le conduisent aux soins intensifs de l'hôpital de Verdun. Où il tombera dans un coma profond. Son cas inquiète au plus haut point tant la direction de l'hôpital que sa famille : les frais d'hospitalisation atteignent, en quelques semaines, 35 000 $. Personne ne veut payer la facture. Alors que l'hôpital menace de le faire déporter en louant à grands frais un avion privé, ce qui, soi dit en passant, est un bluff puisque la direction n'est absolument pas habilitée à procéder à l'expulsion hors du pays de qui que ce soit, la sœur de Taharinia, elle, entreprend des démarches pour revendiquer le statut de réfugié au nom de son frère. Ce faisant, Taharinia serait automatiquement couvert par le régime d'assurance-maladie. L'avocat de Taharinia fait valoir que «tout humain présent sur le territoire canadien a droit à des soins médicaux», en vertu de la

Charte canadienne. La Charte québécoise des droits et libertés de la personne va même jusqu'à imposer l'obligation de venir en aide au malade[193].

Mohammad Reza Taharinia est arrivé à Montréal le 31 mai 1992. Il entre à l'hôpital à la mi-juin, et il y restera plusieurs mois. Tout indique que l'hôpital devra assumer tous les frais au bout du compte, puisque la Régie refuse de payer la note et qu'Immigration Canada refuse même d'entendre la requête d'asile tant que le requérant ne sera pas présent en personne à l'audition, ce qui lui est virtuellement impossible à cause de son état de santé. La loi stipule en effet que le demandeur d'asile doit lui-même défendre sa cause. «Le gouvernement a peur du précédent, explique l'avocate de la famille Taharinia, Gisèle St-Pierre. Si mon client peut se faire représenter par un tuteur, en l'occurrence sa sœur, cela pourrait signifier que des ressortissants étrangers occupant une ambassade pourraient, eux aussi, faire défendre leurs causes par quelqu'un d'autre.»

Phénomène des revendicateurs : pas prévu

Ce n'est pas d'hier que les autorités gouvernementales sont dépassées par les événements en matière d'immigration humanitaire !

Dans la foulée de la libéralisation des règles d'immigration des années 60, à partir de 1966 plus exactement, le gouvernement fédéral décide, histoire de soulager les bureaux d'immigration à l'étranger, de permettre à n'importe quel visiteur séjournant au pays de faire une demande d'immigration sur place. Il n'est même pas question à cette époque de revendication du statut de réfugié.

Mais ce qui devait être une soupape est vite devenu la voie centrale de l'immigration. Au point que les agents d'immigration à l'étranger se cherchaient de l'ouvrage pour s'occuper, alors que ceux d'ici étaient complètement débordés.

La situation était devenue ingérable[194].

Une étude du gouvernement fédéral établissait alors, en 1972, à 80 millions le nombre de personnes qui franchissaient

---

193. *La Presse*, 29 juillet 1992 ; *Journal de Montréal*, 29 juillet 1992 ; *The Gazette*, 22 et 29 juillet 1992.

194. Entrevue avec un haut fonctionnaire ayant requis l'anonymat.

les frontières canadiennes : 70 millions de Canadiens, 6 millions d'Américains et 4 millions d'autres étrangers en séjour temporaire.

Les délais pour traiter les demandes d'immigrants sur place, c'est-à-dire en territoire canadien, s'allongeaient. Jusqu'à sept ans. Si ça se terminait par une ordonnance d'expulsion, le demandeur avait droit d'appel. Alors c'était reparti pour deux ou trois ans. Au bout du compte, on se trouvait devant la situation aberrante de dire à une personne vivant au Canada depuis 10 ans, ayant famille, maison et emploi, de partir. Une conclusion pour le moins inhumaine, qu'on finissait par rejeter.

Sept ans plus tard, en 1973, on revient donc à la case départ : les demandes d'immigration au Canada doivent être faites dans les ambassades ou les consulats canadiens à l'étranger, la délivrance de visas au Canada même devant être réservée à des cas très particuliers. Comme, justement, ceux des demandeurs d'asile politique.

Politiciens et fonctionnaires n'avaient pas prévu que ce nouveau système amènerait des dizaines et des dizaines de milliers de personnes directement au Canada pour réclamer un statut de réfugié politique. Ils n'arrivent pas encore à s'ajuster à la situation.

Pendant que des dizaines de milliers de demandeurs attendent qu'on statue sur leur sort, des centaines d'autres continuent d'entrer chaque mois en territoire québécois.

S'ils venaient pour la plupart, en 1990, du Liban, de Bulgarie, de Chine, du Salvador, de Somalie, d'Iran, d'Argentine, de Pologne et de Roumanie, on prévoyait qu'en 1991 ils viendraient encore beaucoup du Liban mais aussi, de plus en plus, des pays d'Europe de l'Est. En 1991, au Québec, les revendicateurs du statut de réfugié originaires des pays de l'ancien bloc communiste venaient, par ordre numérique d'importance, selon Immigration Canada, de l'ex-URSS (624) ; de Roumanie (495) ; de l'ex-Yougoslavie (138), de Bulgarie (116), de Pologne (91) ; de Tchécoslovaquie (37), de Hongrie (18) ; d'Albanie (4) ; et d'Allemagne de l'Est (3). Total : 1 526.

Les trois quarts des revendicateurs de statut de réfugié sont des hommes âgés de 20 à 50 ans.

Le nombre de revendicateurs ne cesse de s'accroître en dépit du fait que le gouvernement resserre régulièrement sa loi, prévoyant notamment l'imposition d'amendes pouvant s'élever jusqu'à 500 000 $ et des peines d'emprisonnement allant jusqu'à 10 ans à toute personne qui transporte illégalement au Canada des revendicateurs dépourvus de papiers en règle. En vertu de l'ancienne loi, il incombait au gouvernement d'intenter des poursuites judiciaires contre les compagnies aériennes, terrestres ou maritimes qui ont amené des « faux » réfugiés et qui refusent, le cas échéant, de payer la pénalité prévue par la loi. La nouvelle loi permet d'imposer sur le champ des frais administratifs. Et c'est la compagnie de transport qui doit prendre l'initiative des poursuites.

LES RÉFUGIÉS PAYENT POUR LES REVENDICATEURS

Le contrecoup de cet afflux de demandeurs d'asile ici même au pays, ce sont les réfugiés qui croupissent dans les camps à l'étranger qui le subissent.

Les politiques d'immigration humanitaire coûtent relativement cher aux contribuables, mais elles ne répondent pas vraiment aux besoins des plus démunis de la terre.

Le régime canadien n'est pas généreux à l'égard des réfugiés en attente dans des camps à l'étranger, mais plutôt trop tolérant à l'endroit des demandeurs d'asile qui ont les moyens financiers de venir faire leurs représentations ici même : alors que l'immense majorité des réfugiés dans les camps de l'ONU sont des femmes et des enfants, la plupart des personnes que le Canada finit par accueillir à titre de réfugiées sont des hommes. Des hommes bien en santé, règle générale, qui ont les ressources physiques, psychologiques et financières pour fuir la pauvreté dans leur pays. Et qui sont assez futés pour savoir comment contourner les règles d'immigration canadiennes, afin d'attendre ici même, en douce et bien au chaud, qu'on statue sur leur sort.

La sociologue Monica Boyd de l'Université de l'État de Floride, qui a analysé les statistiques d'Immigration Canada de 1981 à 1991, a découvert que seulement 27 % des réfugiés acceptés par le Canada étaient des femmes[195]. « Ce sont surtout des hommes qui viennent revendiquer le statut de réfugié dans

195. *The Gazette*, 10 mai 1993.

des pays sûrs comme le Canada, constate-t-elle, parce que les hommes disposent de plus de ressources (argent, contacts...) que les femmes.» Et ces revendicateurs ne font certainement pas partie de la classe des plus démunis dans leur pays.

Les déshérités de la terre, qu'ils soient affublés de l'étiquette de réfugiés dans des camps de l'ONU ou pas, payent en effet chaque jour pour les faiblesses de notre système de traitement des demandes d'asile en sol canadien. Il s'agit ici de millions d'êtres humains.

Les travaux de l'organisme international Population Crisis Committee, menés sur une période de cinq ans entre 1987 et 1992, démontrent que «les trois quarts des habitants de la planète vivent dans des pays où la souffrance est une règle[196].» L'indice de la souffrance est établi à partir d'une dizaine de critères : espérance de vie, ration calorifique quotidienne, pourcentage de la population ayant accès à l'eau potable, proportion d'enfants immunisés contre les maladies les plus invalidantes et les plus meurtrières, taux de scolarisation, produit national brut, inflation et nombre de téléphones, ainsi que les libertés politiques et le respect des droits de l'homme.

À une extrémité de l'échelle de la souffrance des 141 pays étudiés : le Mozambique, la Somalie, l'Afghanistan, Haïti et le Soudan. Et, à l'autre extrémité : le Danemark, les Pays-Bas, la Belgique, la Suisse et le Canada.

On sélectionne donc de moins en moins de réfugiés dans le tiers-monde parce qu'on accepte des dizaines de milliers de revendicateurs du statut de réfugié qui, eux, ont les capacités physiques et financières de franchir les frontières canadiennes.

L'ex-premier ministre Brian Mulroney a eu beau vanter la générosité du Canada à l'endroit des pauvres de la terre, comme il l'a fait lors de sa visite à Hongkong au printemps 1991, et répéter que nous avons une «obligation morale» d'accueillir un plus grand nombre de réfugiés vietnamiens, il n'en demeurait pas moins que, pendant qu'il prononçait ses beaux discours, les fonctionnaires fédéraux et provinciaux en poste dans la colonie britannique suivaient déjà depuis belle lurette des instructions visant à réduire les quotas de réfugiés : le Canada accueillait cinq fois moins de réfugiés des camps de Hongkong en 1990 qu'en 1980.

196. Dépêche de l'Associated Press publiée dans *La Presse*, le 19 mai 1992.

À l'échelle du Québec, on ne prévoyait sélectionner, en 1991, que 150 réfugiés parmi la soixantaine de milliers qui se trouvaient alors dans les camps de Hongkong.

Et quand les autorités de Hongkong, de concert avec celles du Vietnam, ont donné le feu vert à l'application du plan de rapatriement forcé de la plupart des quelque 65 000 réfugiés, M. Mulroney n'a rien trouvé à redire. Le gouvernement canadien ne trouve rien à dire non plus sur les espoirs sans cesse déçus des centaines de milliers de personnes qui attendent, parfois depuis plusieurs années, dans des camps de l'ONU qu'un pays d'accueil leur tende la main. Pourtant, ils sont encore bien nombreux, partout dans le monde, à souhaiter ce geste.

Les programmes d'immigration humanitaire des pays riches ne rejoignent qu'une infime partie des millions de déshérités du monde. Des milliers, des millions d'entre eux n'auront jamais le temps d'apprendre, avant de mourir de faim, de soif ou de maladies, que quelqu'un, quelque part, au Canada par exemple, leur tend la main. D'autres, moins démunis, trouveront les moyens de se rendre jusqu'à nos frontières pour y revendiquer le statut de réfugié politique ou parviendront jusqu'à un camp de réfugiés placé sous les auspices des Nations unies, d'où ils pourront peut-être, un jour, émigrer vers un Eldorado.

Les effets de la récession et l'arrivée sans cesse croissante de demandeurs d'asile dans les pays riches ont eu pour conséquence de laisser en plan des centaines de milliers de réfugiés dans les camps placés sous la responsabilité du Haut Commissariat aux réfugiés (HCR), organisme des Nations unies financé par les pays riches.

S'ils ont été relativement nombreux dans les années 70 et 80 à pouvoir partir vers l'Europe, l'Australie et l'Amérique du Nord, ils le sont de moins en moins dans les années 90 à connaître cette chance.

Le Canada admettait, en 1991[197], 17 012 réfugiés au sens de la Convention de Genève et 34 194 réfugiés de la classe des pays désignés. L'immense majorité d'entre eux n'étaient pas des réfugiés venus des camps d'Asie, d'Afrique, d'Amérique latine ou du Moyen-Orient, mais des demandeurs d'asile qui

---

197. *Données préliminaires* du 7 février 1992 des services de la statistique d'Immigration Canada.

avaient réussi à atteindre le territoire canadien et à faire reconnaître leur statut de réfugié par les autorités fédérales.

Ainsi, le Québec a-t-il accueilli, en 1991, 15 501 réfugiés (30,1 % du total de l'immigration en 1991) dont 13 500 étaient des revendicateurs du statut de réfugié ayant pu faire régulariser leur situation en attendant bien au chaud aux frais des contribuables[198].

Sommes-nous un pays accueillant pour les démunis du monde ?

Immigrer au Canada n'est pas un droit mais un privilège

Au plus fort de la vague des *boat people* indochinois dans les années 70, le Canada a eu droit à une médaille du Haut Commissariat aux réfugiés (HCR) pour sa politique généreuse en matière d'immigration humanitaire. Le HCR voulait ainsi souligner que, toutes proportions gardées, le Canada avait alors fait mieux que la plupart des autres pays d'accueil du monde.

Selon des données du *World Refugee Survey (1992)*, citées dans les documents de mise à jour du plan d'immigration du gouvernement fédéral, le Canada arriverait au deuxième rang des pays d'accueil de réfugiés : entre 1975 et 1990, le Canada a accueilli 325 045 réfugiés sélectionnés à l'étranger et demandeurs d'asile acceptés au pays. Pendant la même période, les États-Unis en recevaient 1 478 184 ; l'Allemagne, 311 478, ce qui inclut les 220 000 personnes d'origine allemande provenant de l'ex-URSS, de Pologne et de Roumanie ; la France, 200 030 ; l'Australie, 183 104 ; la Suède, 121 154 ; l'Espagne, 38 713 ; le Danemark, 29 480 ; l'Autriche, 24 249 ; la Suisse, 22 295 ; et les Pays-Bas, 21 880.

Si les politiques actuelles restent fort critiquables, notamment parce qu'elles ne sont, à toutes fins utiles, accessibles qu'aux plus riches des pays pauvres, il faut reconnaître qu'elles furent jadis bien pires.

À partir du moment où Ottawa se met en frais d'exercer des contrôles serrés sur l'immigration, soit vers la fin du siècle dernier, et jusqu'au milieu des années 60, la politique canadienne en matière d'immigration se situait quelque part entre la White

---

198. Source : MCCI.

Australia Policy, qui, de 1901 à 1972, ne prévoyait, elle, que la sélection stricte d'immigrants de race blanche et de préférence citoyens britanniques, et l'Immigration Act américaine pro-Blancs, pro-Nord-Européens et pro-Anglo-Saxons. Pas question, alors, d'être humain, place aux intérêts du moment. Place aux affaires. Place à l'arbitraire, place à la discrimination.

Le régime de sir Wilfrid Laurier dressa même une liste d'immigrants prioritaires : Britanniques, Américains, Français, Belges, Hollandais, Scandinaves, Suisses, Finlandais, Russes, Austro-Hongrois, Allemands, Ukrainiens et Polonais. Étaient moins assimilables et plus indésirables : Italiens, Slaves du Sud, Grecs, Syriens... Juifs, Asiatiques, Gitans et Noirs. «Il est irréaliste de croire que des gens ayant vécu dans des pays tropicaux pourraient s'adapter à notre mode de vie tellement déterminée par nos conditions climatiques», faisait valoir le ministre de l'immigration du temps, un certain Sifton.

À cette époque, on refusa des immigrantes asiatiques de peur que les hommes asiatiques venus occuper des emplois temporaires au chemin de fer ne soient tentés de rester en permanence. Quatre cents immigrants des Indes orientales (de religion sikh) furent refoulés sous les applaudissements en 1914 à Vancouver. On refusa l'entrée à des Noirs en Alberta pour raisons médicales en 1910 : l'opération fut à ce point réussie que, l'année suivante, ces descendants d'esclaves affranchis comprirent que ce n'était tout simplement pas la peine de dépenser temps et argent pour venir au Canada.

Tous les immigrants chinois arrivés entre 1885 et 1923 devaient payer une taxe individuelle de 50 $ à 500 $.

«Depuis 1901 et surtout 1904, écrit l'anthropologue Denise Helly dans son livre sur les Chinois de Montréal[199], certains immigrés connaissent un nouvel obstacle à la réalisation de leur projet. La taxe d'entrée a été haussée à 100 $, puis à 500 $. Les hommes venant directement de Chine, au nombre de 720 entre 1901 et 1911, sont assujettis au paiement de la taxe fédérale et, en janvier 1904, Lee Chu, interprète officiel auprès des tribunaux de la ville, explique à un journaliste de *La Presse* qu'il en coûte désormais 1 000 $ à un homme pour émigrer au Canada.»

---

199. *Les Chinois à Montréal, 1877-1951*, publié par l'Institut québécois de recherche sur la culture.

Après, de 1923 à 1947, le gouvernement canadien a tout simplement interdit l'immigration chinoise. Les Canadiens d'origine chinoise ont réclamé et obtenu une quarantaine d'années plus tard des excuses du gouvernement canadien pour ces politiques discriminatoires.

En mai 1947, King, affirmant que le Canada devait accroître sa population mais selon ses règles propres, aborda la question de la discrimination ainsi : « Le Canada est parfaitement en droit de choisir les personnes qu'il estime pouvoir devenir de bons citoyens. Immigrer au Canada n'est pas un droit fondamental, mais un privilège... Il existe un large consensus contre l'immigration massive, qui pourrait modifier le caractère propre de notre population. Une immigration massive d'Orient changerait la composition de la population canadienne, du pays[200]...»

Liste d'immigrants « indésirables »

À partir de la Première Guerre mondiale jusqu'au milieu des années 60, le service d'immigration, avec la bienveillante complicité de la Gendarmerie royale du Canada (GRC), était un véritable outil pour bloquer ceux que l'opinion publique canadienne considérait comme des « indésirables ».

Étaient « indésirables » et suspects, les immigrants venant de Finlande, de Russie, d'Ukraine et autres pays de révolutionnaires, d'anarchistes, de radicaux, d'agitateurs. Plus tard s'ajouteront les Allemands, les Italiens et les Japonais.

Il y aura même à une certaine époque, dans les postes d'immigration à l'étranger, une véritable liste d'« indésirables » : communistes, nazis, joueurs, prostitués, esclavagistes, mafieux ou membres du Parti fasciste italien, trotskistes, ceux ayant un air évasif ou donnant l'impression de mentir lors de l'entrevue, les collabos en territoire occupé...

Et ceux qui auront réussi à franchir la frontière seront illico déportés sans autre forme de procès. Vingt-six mille personnes seront expulsées du Canada entre 1930 et 1935, les années de la Dépression.

---

200. *Haven's Gate. Canada's Immigration Fiasco*, de Victor Malarek, MacMillan of Canada, A Division of Canada Publishing Corporation, p. 15.

La suspicion à l'endroit des communistes était telle dans les années 30 qu'on interdisait l'entrée au Canada à toute personne que l'on pouvait «raisonnablement» soupçonner d'avoir été associée un jour ou l'autre à un groupe défendant ou faisant de la propagande d'idées subversives ou antidémocratiques, dans le sens qu'on l'entendait généralement au Canada.

Le vice-consul du Canada à Shanghaï qualifiait de «criminels» ou d'«agitateurs communistes très actifs» la plupart des 22 000 réfugiés d'URSS entassés dans la ville chinoise. Il refusa d'étudier leur demande d'immigration.

Les communistes, de même que les Juifs, étaient alors marqués au fer rouge. Le journaliste Victor Malarek rappelle[201] qu'en 1939, le premier ministre Mackenzie King refusa l'entrée au pays, dans le port d'Halifax plus précisément, à 900 Européens juifs fuyant l'Europe nazie et voyageant à bord du Saint-Louis. Ils repartirent en Europe où, croit-on, ils furent conduits dans des camps nazis.

Citant les historiens Irving Abella et Harold Troper, auteurs du livre *None Is Too Many*, Malarek ajoute que, durant les 12 années du régime nazi, le Canada n'a trouvé le moyen d'accueillir que 5 000 réfugiés juifs. Contre 200 000 aux États-Unis; 70 000 dans la Grande-Bretagne en guerre; 50 000 en Argentine; 27 000 dans le pauvre Brésil; 25 000 dans la lointaine Chine; 14 000 en Bolivie et autant au Chili. Le Canada emportait la palme du pays le moins hospitalier envers les Juifs.

Pierre Anctil soutient pour sa part qu'«à partir de 1933 (le Canada imposa) un boycott complet de l'immigration juive au Canada, à ce moment de l'histoire où les Juifs ont le plus besoin d'entrer au pays.»

Dans un recueil d'essais sur les Juifs du Québec[202], Gary Caldwell rappelle «la performance non seulement lamentable mais honteuse (du Canada) en ce qui a trait à l'aide apportée aux réfugiés juifs d'Allemagne.

«De fait, écrit-il, le gouvernement fédéral, sous les pressions politiques du Québec et avec la complicité morale du Canada anglais, sans parler du zèle déplacé de certains fonctionnaires,

---

201. *Haven's Gate, Canada's Immigration Fiasco*, p. 14.
202. *Juifs et réalités juives au Québec* de Pierre Anctil et Gary Caldwell, publié par l'Institut québécois de recherche sur la culture en 1984.

suivit une politique d'exclusion qui connut un tel succès que 4 000 réfugiés juifs seulement pénétrèrent au Canada de 1933 à 1939.»

En 1952, une nouvelle loi renforce l'ancienne, met au goût du jour la liste des proscrits, y ajoutant les malades mentaux, les épileptiques, les tuberculeux, les sourds, les aveugles... à moins que ceux-ci puissent démontrer qu'ils ne seront pas une charge pour l'État. Étaient également proscrits à cette époque : les prostitués, les proxénètes, les homosexuels, les mendiants et les toxicomanes.

Stop à la discrimination

Puis, tout doucement, un vent de non-discrimination raciale commence à souffler sur le monde occidental dans les années 50, 60.

À partir de ce moment, on commence à accepter des réfugiés en difficulté fuyant la Hongrie, la Tchécoslovaquie, l'Ouganda, le Chili, le Sud-Est asiatique...

En 1962, étaient abolis les obstacles à l'immigration pour des raisons raciales. On supprimait ce fameux texte de loi de 1952 qui interdisait ou limitait l'admission au Canada de personnes à cause de leur nationalité, de leur citoyenneté, de leur appartenance à un groupe ethnique, de leur emploi, de leur rang social, de leur région géographique d'origine, de leur mode de vie, de leurs coutumes, de leur incapacité présumée à pouvoir s'adapter au Canada en un laps de temps raisonnable...

Aujourd'hui, le Canada pratique le principe de l'universalité : tous les citoyens du monde peuvent sans discrimination et sans restrictions postuler une place sous le soleil canadien. Sauf que les services d'immigration ne sont pas également accessibles à tous.

Visa le noir, tua le blanc : des réfugiés upper middle class

Le témoignage de Jacqueline Hekpazo de la Maison africaine devant la Commission parlementaire sur l'immigration à Québec démontre deux choses : nos politiques d'immigration humanitaire drainent les cerveaux du tiers-monde et flouent, dans une certaine mesure, les « bénéficiaires ».

À propos du fameux « contrat moral entre la société d'accueil et les immigrants », dont s'enorgueillit la ministre libérale Monique Gagnon-Tremblay, Mme Hekpazo déclare devant les parlementaires qu'« il n'y a pas de moralité là-dedans. Il s'agit d'un échange de services. Je réponds à tel et tel besoin du Québec. En échange de quoi, je m'estime en droit de pouvoir trouver un emploi et un logement au même titre que les Québécois de vieille souche... Ce n'est, hélas !, pas le cas parce que je suis étrangère et parce que je suis Noire. »

Française par sa mère et Africaine par son père, originaire du Bénin, mariée à un Sénégalais d'origine, deux enfants, arrivée au Québec en 1975, premier job comme domestique, en rédaction de thèse de maîtrise sur l'Afrique du Sud en sciences politiques à l'Université du Québec à Montréal (UQAM) au moment de notre rencontre, un petit job dans une garderie et d'importantes responsabilités à la Maison d'Afrique, Mme Hekpazo précisera plus tard, au cours d'une entrevue, son point de vue.

« Le Québec a des besoins démographiques et économiques, c'est-à-dire d'une main-d'œuvre pas trop râleuse. Quand je suis arrivée ici comme immigrante, j'avais une scolarité qui n'a rien coûté au Québec, donc je pouvais être utile à bon compte pour le Québec sur le marché du travail. J'étais également en âge de procréer, donc je répondais aux besoins démographiques du Québec. »

Non seulement il faut être relativement instruit pour atteindre les services d'immigration du Canada à l'étranger, mais il faut en outre disposer de certains moyens financiers pour se rendre jusqu'au bureau d'un agent d'immigration canadien : Immigration-Canada est absent, inexistant dans la plupart des pays du tiers-monde. Par conséquent, les ressortissants de ces pays sont à toutes fins utiles exclus du Canada, même s'ils font partie des catégories admissibles. En effet, à moins qu'ils ne soient en mesure d'effectuer un voyage (coûteux) vers le pays où le Canada est présent, ils ne pourront jamais plaider leur cause. C'est notamment le cas de quelque 45 000 Somaliens, en proie à la sécheresse, à la famine et à la guerre civile, qui ont manifesté leur désir d'émigrer au Canada, mais qui ne peuvent compter, pour traiter toutes ces requêtes, que sur deux fonctionnaires fédéraux en poste... à Nairobi au Kenya.

L'attitude du gouvernement canadien à l'égard des réfugiés somaliens, dont pourtant les médias ne cessaient d'arracher des larmes à leurs lecteurs ou téléspectateurs depuis des mois, illustre avec éloquence notre désabusement : « Seulement treize réfugiés somaliens ont été acceptés par le gouvernement canadien depuis le début de l'année, selon les données du HCR à Nairobi... Le Canada ne veut rien savoir des réfugiés somaliens, confie Natan Rabe, agent régional de relocalisation des réfugiés pour le HCR à Nairobi, à la journaliste Suzanne Colpron dépêchée par *La Presse* en Somalie[203].

« Seuls ceux dont les proches parents sont au Canada peuvent espérer obtenir le statut de réfugié », nous apprend la journaliste, qui ajoute qu'au même moment les États-Unis et les Australiens accueilleront quelques dizaines de milliers de Somaliens.

Il est intéressant de noter que le Canada a une douzaine de bureaux aux États-Unis, où l'immigration ne compte que pour 8,3 %, et un seul bureau en Inde, où l'immigration compte pour 7,9 %.

Mme Jacqueline Hekpazo de la Maison d'Afrique dénonce cette situation[204]: « L'immigration suit l'économie. Un seul agent canadien à Rabbat pour couvrir tous les pays d'Afrique du Nord, et trois agents pour les 21 pays francophones d'Afrique. L'immigration se fait toujours en fonction des besoins du pays d'accueil, que ce soit pour son image de marque humanitaire, pour ses besoins de main-d'œuvre à bon marché et de professionnels déjà formés, pour ses besoins en capitaux avec les immigrants investisseurs, pour ses besoins démographiques grâce aux familles et aux femmes parrainées qui ne coûtent rien au pays d'accueil.

« Pourtant il existe un véritable besoin d'émigrer chez les Africains. Où peuvent-ils aller ? Depuis 1974, les barrières sont fermées en Europe. Au Canada ? C'est devenu plus difficile depuis 81, 84. Non, vraiment, ne me parlez pas de contrat moral. »

---

203. *La Presse*, 29 août 1992.
204. Témoignage devant la Commission parlementaire sur l'immigration à Québec au cours de l'hiver 1991.

Une étude de Statistique Canada vient en quelque sorte corroborer les allégations de Mme Hekpazo. « Dans les pays sous-développés, écrivent les auteurs de ce rapport[205], ce sont les classes moyennes qui sont candidates à l'émigration. La fraction supérieure de la société jouit d'un confort et dispose de suffisamment d'avantages pour éclipser ceux qui, dans un autre ordre, pourraient résulter de leur migration. Quant aux classes inférieures, elles ne disposent pas soit de l'information, soit des moyens financiers, et surtout leur manque de développement et de connaissances les empêcherait de tirer avantage d'une telle migration. Comme les Albanais réintégrant spontanément leur pays, manifestement dans l'impossibilité de tirer partie de la situation que leur offrait l'exode. »

Nombre de réfugiés à la baisse : « Ça va mieux dans le monde » (sic)

Le Plan d'immigration 1991-1995 du gouvernement fédéral stipule qu'Ottawa maintiendra ses engagements internationaux en matière d'immigration humanitaire, ce à quoi souscrit le HCR[206]. Pourtant, depuis 1991, le nombre des réfugiés sélectionnés à l'étranger et pris en charge par le gouvernement est en deçà des prévisions : 7 678 au lieu de 13 000. Les rajustements au Plan d'immigration déposés au Parlement en décembre 1992[207] prévoient que les « réfugiés et membres des catégories désignées sélectionnés à l'étranger et pris en charge par le gouvernement » passeront de 7 678 qu'ils étaient en 1991 à 5 000 en 1992.

Explications ministérielles : « Les conditions de vie sont meilleures dans les pays de l'Est ; les pays de premier asile dans le Sud-Est asiatique sont plus lents à sélectionner des réfugiés ; le HCR a retenu moins de cas que prévu en Afrique ; le nombre de réfugiés parrainés par des organismes privés a été plus faible qu'annoncé ; le HCR concentre désormais ses efforts sur le rapatriement volontaire des réfugiés si bien que leur rétablissement

---

205. *Rapport sur l'état de la population du Canada 1991, la conjoncture démographique*, catalogue 91-209F de Statistique Canada.
206. Dépêche de la Presse canadienne dans *Le Soleil*, 12 août 1992.
207. *Rapport annuel du Plan d'immigration pour 1991-1995 déposé au Parlement*.

dans un pays tiers n'est envisagé que dans des cas exceptionnels. L'objectif de 13 000 réfugiés pris en charge par le gouvernement, précise le ministre Valcourt, devrait être atteint uniquement s'il faut, par suite d'une situation particulière, rétablir un nombre considérable de personnes dans un tiers pays. »

Les réfugiés sélectionnés à l'étranger et parrainés par le secteur privé étaient aussi en dessous des objectifs à la fin de l'année 1991 : 17 368 au lieu des 23 500. Le gouvernement estime que ce nombre baissera à 11 000 en 1992, notamment parce que la situation économique au Canada rend plus difficiles les parrainages de réfugiés.

Pourtant, la vie n'est pas plus facile dans l'ex-URSS...

Contrairement à ce que prétendent les fonctionnaires fédéraux en général, les conditions de vie ne sont pas meilleures dans l'ex-URSS. Au contraire. Mais, les pays d'accueil occidentaux sont, de nos jours, moins bien servis au plan politique en acceptant des demandeurs d'asile politique provenant des pays de derrière l'ancien Rideau de fer.

Au temps de la guerre froide, les ressortissants des pays d'Europe de l'Est ne pouvaient pas émigrer normalement. Ils devaient se rendre clandestinement dans l'une des ambassades du « monde libre » et s'y faire admettre comme « exilés volontaires ».

Instituée en 1979, sous l'empire de la loi canadienne sur l'immigration pour venir en aide aux ressortissants de l'ex-URSS et des pays d'Europe de l'Est qui étaient incapables ou ne voulaient pas retourner dans leur pays d'origine, la catégorie des exilés volontaires a été abolie le 31 août 1990. À la suite de l'ouverture des pays de l'Est sur le monde, de leur libéralisation, de leur démocratisation, les ressortissants de l'ex-URSS peuvent maintenant demander et obtenir un visa d'immigrant dans les capitales d'Europe de l'Est.

Le plan quinquennal d'immigration du gouvernement fédéral prévoit plus que doubler le nombre d'immigrants en provenance des pays d'Europe de l'Est : environ 25 000 par année, contre moins de 11 000 par année au cours de la dernière décennie. Mais le Canada a clairement indiqué son intention de contrôler de façon serrée ce mouvement migratoire.

Le nombre d'immigrants en provenance des pays d'Europe de l'Est restera limité si l'on en juge par les propos du porte-parole canadien à la Conférence ministérielle sur les mouvements de la personne en provenance des pays d'Europe centrale et orientale, tenue à Vienne les 24 et 25 janvier 1991. Après avoir rappelé que le Canada a partagé le fardeau de l'Europe en acceptant des milliers de « personnes déplacées » pendant les années d'après-guerre : 37 000 Hongrois en 1956-1957 ; 12 000 Tchécoslovaques en 1968-1969..., il a expliqué que la capacité canadienne de recevoir des Européens se trouvait aujourd'hui limitée par le fait que le Canada accueille aujourd'hui des étrangers de toutes les régions du monde et non plus seulement d'Europe. Du quart de million d'immigrants entrant chaque année au Canada, pas plus de 25 000 viendront d'Europe de l'Est. Et les trois quarts d'entre eux appartiendront à la catégorie de la famille et seront Polonais.

« La plupart des Européens de l'Est ne peuvent pas répondre aux critères de sélection du Canada », estime Ernest H.A. Berghush, du service de l'immigration de l'ambassade du Canada à Vienne. Notamment, explique par ailleurs la ministre provinciale de l'immigration Monique Gagnon-Tremblay, parce que bon nombre des candidats à l'immigration des pays d'Europe de l'Est ne disposent même pas des quelques centaines de dollars nécessaires pour effectuer la traversée de l'Atlantique.

La Délégation canadienne à la Conférence de Vienne de janvier 1991 a par ailleurs soumis à ses partenaires européens un certain nombre de propositions visant à freiner « tout mouvement de migration irrégulier d'envergure » en provenance des pays d'Europe de l'Est : 1) Injecter de l'argent dans des projets de développement dans les pays de l'Est. « Le Canada a déjà prévu près de 140 millions de dollars pour une aide économique et technique à l'Europe centrale et l'Europe de l'Est, y compris le financement de 76 projets bilatéraux d'assistance technique présentement en cours de réalisation ou déjà complétés » ; 2) « Traiter tout exode massif comme un mouvement d'immigration plutôt que comme un mouvement de réfugiés, compte tenu du processus de démocratisation dans les pays sources » ; 3) Déterminer le statut de réfugié à partir des critères de la Convention de 1951 et du Protocole de 1967 quand on a affaire à des demandeurs d'asile politique affirmant quitter leur pays par peur d'y être persécutés. «Ceux qui ne sont pas des réfugiés et qui ne répondent pas aux critères d'admissibilité du pays dans lequel ils se trouvent ou d'un autre pays, devraient être rapatriés. Le rétablissement dans un pays tiers ne devrait être envisagé qu'exceptionnellement.»

En dépit des généreuses déclarations de la ministre Monique Gagnon-Tremblay, le Québec n'augmente pas, lui non plus, de manière substantielle ses «objectifs» d'immigration pour les pays de l'Europe de l'Est. Entre 1979 et 1989, le Québec a accueilli 9 000 exilés volontaires, venant principalement de Pologne et de Roumanie, donc un peu moins de 1 000 par année, auxquels il faut ajouter quelques centaines d'immigrants entrant dans d'autres catégories.

Les quotas 1991 du service d'immigration du Québec à Vienne, qui est responsable de toute l'immigration en provenance des pays d'Europe de l'Est, étaient de 1 100 personnes. Ils sont demeurés sensiblement les mêmes depuis ce temps. Les démarches des candidats à l'immigration des ressortissants des anciens pays communistes sont, aujourd'hui, pareilles à celles de n'importe quelle autre personne dans le monde. Quelle différence avec le cheminement à suivre au temps du Rideau de fer!

LES CARAUSU, PARMI LES DERNIERS « EXILÉS VOLONTAIRES »

Les réfugiés des anciens pays communistes européens n'ont probablement jamais connu les atrocités des camps de réfugiés aménagés dans des pays du tiers-monde. Les subtilités politiques et diplomatiques de la guerre froide ont, du reste, fait en sorte qu'ils n'étaient pas considérés comme des réfugiés, mais comme des exilés... volontaires.

Les Carausu comptaient, à l'hiver 1991, parmi les derniers exilés volontaires installés en Autriche. Vienne achevait alors de se «débarrasser» de ses derniers vestiges de la guerre froide. Dumitri Carausu, psychiatre de formation, sa femme Lucia et leurs deux enfants, Valentin et Adrian, attendaient depuis un peu plus d'un an de pouvoir partir pour Montréal. J'ai découvert cette famille roumaine à Mödling en Autriche, parmi quelques dizaines d'autres demandeurs d'asile venus, eux, de pays du tiers-monde.

Mödling, une tranquille petite ville à une quinzaine de kilomètres de Vienne, ne paye pas de mine : rien ne laisse paraître qu'elle puisse abriter des réfugiés. Comme n'importe quelle ville, elle a ses beaux quartiers, ses maisons somptueuses et ses immeubles qui vieillissent mal, qui sont moins bien entretenus que d'autres.

C'est justement dans un de ces immeubles vétustes que les Carausu habitaient, en compagnie d'autres réfugiés venus de Russie, d'Iran et d'ailleurs. Tous à la remorque des autorités autrichiennes, et vraisemblablement un peu aussi au crochet des autorités onusiennes. Ils occupaient deux petites pièces séparées par un corridor commun à tous les résidants de l'immeuble : les enfants avaient une chambre étroite, comprenant un lit et un canapé, et les parents, eux, vivaient dans une chambre à peine plus grande, où il n'y avait toutefois pas vraiment assez de place pour le lit, le canapé, la table et le mini-frigo.

Les Carausu comptaient, à l'hiver 1991, parmi les derniers «exilés volontaires» installés en Autriche. Dans l'ordre habituel : Lucia, Dumitri, Adrian et Valentin.

Pas question de se faire à manger ici. La salle à manger, c'est comme pour les toilettes et la douche, on la partage avec les autres familles de réfugiés. Petit-déjeuner à 9 heures, déjeuner à midi, dîner à 18 heures. Au menu : beaucoup de pâtes, peu de viande.

Les soirées sont aussi longues que les journées. À part jouer aux cartes, rien à faire. Valentin fait du vélo. Adrian dessine, s'inspire dans des catalogues. Les enfants ne se sont pas fait d'amis. Valentin a fréquenté l'école pendant trois, quatre mois, mais il éprouvait trop de difficultés avec l'allemand autrichien, alors les parents l'ont retiré de l'école.

Bref, les Carausu trouvent la vie plutôt triste dans cette maison de pension de Mödling. C'est même pire, disent-ils, qu'en Roumanie où ils avaient un quatre-pièces, une voiture, les moyens de se rendre à la mer l'été... «La profession de psychiatre n'avait pas une très bonne cote en Roumanie, explique Dumitri, mais elle me permettait de gagner un peu plus d'argent que la majorité de mes compatriotes, ce qui explique que nous nous tirions pas trop mal d'affaires. Et comme nous n'étions pas dérangeants, nous n'étions pas incommodés par le régime. N'empêche que nous souhaitions partir depuis longtemps. Nous nous sommes toujours méfiés de la propagande affirmant que les Roumains étaient les citoyens les mieux traités de la planète et que le communisme était la perfection sur terre.

«Quand nous avions 20 ans, ç'aurait probablement été le bon temps de partir. Mais les contrôles étaient alors tellement stricts que ça rendait notre projet impossible. Pour sortir du pays, il fallait, dans ce temps-là, avoir un compte de banque. Or, il était interdit de ramasser de l'argent. Pas facile dans ces conditions de quitter le pays par la grande porte. Il fallait donc trouver un moyen clandestin, mais les risques étaient grands.

«Une première fois, se souvient Dumitri, quand Adrian était bébé, nous avons essayé de passer en Turquie lors de nos vacances à la mer. En peu de temps, nous sommes tombés sur des chars d'assaut. Les soldats nous ont interrogés. Nous avons feint d'être égarés et nous nous sommes confondus en excuses. Nous l'avons échappé belle.»

Bucarest-Vienne, via Tripoli

Ce n'est qu'en 1988 qu'il trouvera le truc, la faille dans le système. «On m'avait demandé de diriger une mission médicale en Libye, une des façons pour le gouvernement de faire entrer des devises étrangères en Roumanie. Ma femme viendra me rejoindre au bout de six mois. Les affaires se passent plutôt bien au plan professionnel. J'ai la confiance des autorités, qui me confient la responsabilité de tous les membres de la mission. C'est donc moi qui ai la garde des passeports et des titres de transport, ce qui m'aidera, vous l'aurez deviné, à faire changer le billet de retour Tripoli-Bucarest en un Tripoli-Vienne pour moi et ma femme.»

À Vienne, ils demandent aussitôt l'asile politique. Ils sont d'abord conduits dans un camp, où ils resteront quelques jours, pour ensuite être transférés dans une «pension». Nous sommes en décembre 1989. Dès lors, ils entreprennent des démarches avec les parents demeurés en Roumanie pour faire venir les enfants gardés par leur grand-mère depuis plusieurs mois. Ils retrouveront les enfants en juin 1990.

«Ma sœur nous les a emmenés en voiture, en passant par la Hongrie. À l'époque c'était relativement facile. Et puis la confusion qui régna au lendemain du limogeage de Ceaucescu ne nous a certainement pas nui. Cela explique aussi pourquoi la police secrète, dont la moitié de la population faisait partie à l'époque, n'a pas usé de représailles contre les membres de la famille qui sont restés au pays.»

Dans le jargon administratif, les Carausu sont des réfugiés de la classe désignée CD-3. C'est-à-dire qu'ils sont des réfugiés parrainés par un groupe. Un groupe mis sur pied par une cousine de Lucia, professeure de musique, qui a mis à contribution des amis fonctionnaires et professionnels de la santé.

Le règlement sur la sélection des ressortissants stipule que le groupe doit être formé de cinq personnes et que chacune d'elles s'engage personnellement à assumer «toutes les obligations de l'engagement à l'égard du réfugié et de sa famille». L'engagement consiste essentiellement à initier les parrainés à la société québécoise et à subvenir à leurs besoins essentiels. Les parrains peuvent être tenus, le cas échéant, de rembourser des prestations d'aide sociale. La durée de l'engagement varie d'un à dix ans.

Le Québec, c'est pas le Pérou pour les Carausu

Neuf mois après leur arrivée, le Québec n'était toujours pas le paradis sur terre pour les Carausu !

Le parrainage a plus ou moins réussi, les rapports avec la cousine ayant tourné au vinaigre, et les difficultés pour exercer la médecine semblent insurmontables.

Sans emploi, Lucia et Dumitri ont commencé par gagner du temps et un peu d'argent en suivant les cours de COFI. Vingt-cinq heures par semaine, 1 200 $ par mois.

« Ça permet de payer le loyer (430 $ par mois, pour un quatre et demie sur Plamondon dans Côte-des-Neiges), l'électricité et le gaz. Pour manger nous nous débrouillons avec un budget de 500 $ par mois. En fait, nous sommes mieux qu'à Vienne. La grande différence entre les deux systèmes, c'est que là-bas on nous logeait, on nous nourrissait et on nous transportait aux frais de l'État, alors qu'ici le gouvernement nous donne de l'argent pour que nous administrions nous-mêmes notre budget. »

Mais le plus dur pour Dumitri, c'est de voir s'éloigner l'espoir de reprendre sa profession de médecin. C'est de se voir contraint, dans la cinquantaine et après avoir exercé sa profession de psychiatre pendant seize ans, de recommencer ses cours de médecine. Il a dû patienter un an et demi avant de pouvoir se présenter à l'examen du Collège médical du Canada, qui détermine s'il est admissible aux examens de la Corporation professionnelle des médecins du Québec. Qui, théoriquement, le conduiront à franchir les premiers barreaux de l'échelle de la profession médicale. Tout ça prend des mois. Et les résultats sont souvent négatifs.

Le président de la Corporation professionnelle des médecins du Québec, Augustin Roy, affirme au cours d'une entrevue[208], que « plusieurs des candidats venus d'ailleurs ne constituent pas de très bonnes recrues pour la médecine telle que pratiquée au Québec. De toute façon, pour une soixantaine de candidats,

---

208. Entrevue téléphonique du 6 janvier 1992.

nous n'avons qu'une dizaine de postes par année, et ce pour les quatre prochaines années.»

Dumitri Carausu n'est du reste pas le seul médecin étranger à se buter le nez à la porte de la plus coriace des corporations professionnelles du Québec. Des médecins étrangers ont même fait une grève de la faim pour alerter l'opinion publique sur ce qu'ils considèrent une incongruité du système québécois de santé qui laisse des régions éloignées sans médecins, alors qu'il suffirait de leur permettre d'aller y exercer leur profession. Leur opération de relations publiques n'a pas connu un bien grand succès : ils attendent toujours les autorisations pour reprendre leur stéthoscope, et les régions attendent encore leurs «médecins de brousse».

La plupart des médecins étrangers finissent, en fait, par connaître le sort d'Avédis Palhounian. Arménien d'origine, il a fait sa médecine en Arménie et exercé sa profession pendant treize ans au Liban, pour, en fin de compte, fuir la guerre et venir demander l'asile politique au Canada. Lui, sa femme et leurs cinq enfants. Tous mineurs, tous des garçons. C'était en juin 1986. Ils ont fini par tous faire régulariser leur statut. Les enfants vont à l'école. Mme Palhounian parvient tant bien que mal à décrocher des petits contrats de ménage à l'occasion. M. Palhounian planche dans ses livres de médecine. «Je suis médecin. Je pourrais être utile dans les régions», fait-il valoir au cours d'un entretien. Six fois, il a passé l'examen du Conseil médical canadien à Ottawa. Six fois, il a échoué. Six fois, le Bien-être social a payé 500 $ pour l'admission à l'examen. «Je subis aujourd'hui des pressions du BS pour me réorienter vers autre chose, raconte-t-il. On me parle de mécanique-auto. Mais, enfin, je suis médecin.»

La procédure à suivre pour les médecins étrangers est pareille pour tout le monde :

a) Examen, en anglais ou en français, du Collège des médecins, un organisme pancanadien (pour s'assurer que la personne a bel et bien fait des études en médecine).

b) Environ un an plus tard, examen-concours pour les médecins étrangers préparé par la Corporation des médecins du Québec : première étape, habituellement vers mars, examen de français. Éliminatoire. Deuxième étape : vers avril-mai, examen écrit en anglais ou en français, suivi, vers juin, d'un examen clinique.

c) Si le candidat s'est «qualifié», il est alors admissible au programme d'accueil dans les hôpitaux. Il s'agit en fait d'un stage d'une période pouvant varier de six mois à deux ans.

d) Après quoi il faut consacrer deux années de sa vie à la médecine familiale, ou à des études dans une spécialité.

e) Puis, il faut ensuite passer quatre ans d'internat en région éloignée.

«En dépit de nos déceptions, comme notre parrainage par la cousine de ma femme qui a mal tourné et le fait que je ne trouve pas encore d'emploi, je ne regrette ni la Roumanie ni l'Autriche», conclut néanmoins Dumitri, qui estime que tous ces sacrifices valent toujours la peine pour l'avenir de ses enfants.

Alors, les exilés volontaires étant devenus une espèce disparue, où se trouvent aujourd'hui les réfugiés?

DES RÉFUGIÉS MADE IN ASIA

Même si la tendance actuelle dans la région consiste à rapatrier, de gré ou de force, le plus de réfugiés, il y a toujours des dizaines de camps en Asie du Sud-Est. En Malaisie, en Indonésie, à Hongkong et en Thaïlande. Des camps qui ne se ressemblent pas tous d'un pays à l'autre, ni même à l'intérieur de chacun des pays.

Par exemple, celui de Phanat Nikhom situé à une centaine de kilomètres de Bangkok en Thaïlande a des allures de camp de concentration : fils barbelés tout autour, miradors avec gardiens armés et contrôles serrés à l'entrée. Une vingtaine de milliers de personnes y vivent, des Vietnamiens surtout, mais aussi des Hmongs, des Cambodgiens et des Laotiens. Parmi eux : 1 000 enfants mineurs chassés de leur maison au Vietnam par leurs propres parents. Qui espèrent que leur enfant aboutira dans un camp de réfugiés, où il pourra être choisi par un pays riche et adopté éventuellement par une famille occidentale. Comme une petite graine semée en terre fertile, qui, une fois sortie de terre, une fois devenue adulte, sera assez forte pour régénérer la famille. Bref, permettre à la famille de rejoindre l'enfant prodigue. Mais, les enfants mineurs non accompagnés sont tout de même relativement peu nombreux dans les camps, l'immense majorité des résidants étant des adultes ayant fui la guerre.

Bâti en 1980, Phanat Nikhom a vu passer la plupart des 400 000 réfugiés de Thaïlande sélectionnés par des tiers-pays entre 1980 et 1987. Cet immense camp de 126 acres, traversé en plein milieu par une route nationale, offre des conditions de vie substantiellement variables, selon que l'on se trouve d'un côté ou de l'autre de la route : à gauche, les *screening out*, ceux qui ne pourront pas être sélectionnés comme réfugiés et qui devront finir par se résoudre à rentrer chez eux, et, à droite, ceux qui attendent, depuis parfois plus de sept ans, d'être choisis par un pays comme les États-Unis, le Canada, l'Australie, la Nouvelle-Zélande, le Japon ou la France.

Bâti en 1980, Phanat Nikhon a vu passer la plupart des 400 000 réfugiés de Thaïlande sélectionnés par des tiers-pays entre 1980 et 1987.

C'est ici que le Québec a eu une école au plus fort des vagues de *boat people* indochinois. En février 1991, le fleurdelisé flottait encore au-dessus, mais il devait être retiré quelques mois plus tard. Marie Huguet-Latour, Michèle Mourreau et Yolande Lauzon, trois enseignantes québécoises en année sabbatique ou en pré-retraite y préparaient à la vie du Québec quelques dizaines de réfugiés, surtout des Laotiens, retenus par les agents d'immigration canadiens.

«Nous leur faisons entendre du Vigneault, nous leur apprenons à chanter "la Colombe", nous leur faisons visionner "la Guerre des tuques", nous leur montrons des photos du Québec, nous leur enseignons un peu de français, bref, nous les initions à la vie de tous les jours au Québec. Ces cours font partie de la vie quotidienne. Ici, racontent-elles, chaque personne a ses travaux de corvée, l'eau à transporter, le charbon à aller chercher, les toilettes à nettoyer, des travaux de menuiserie à faire, les repas à préparer... Ce sont les femmes qui cuisinent. Les hommes jouent aux cartes, regardent des films sur vidéo-cassette, sirotent un café. On a l'impression qu'ils mangent tout le temps.»

La vie y est organisée comme dans une grande colonie de vacances. Deux mille vingt bâtiments de 40 mètres chacun, avec une capacité d'accueil de deux familles ou douze personnes, sont disposés en forme de carré laissant des espaces pour la cuisine en commun, pour le soccer... pour rien. Et apparaissent çà et là des écoles, des manières de bistrots, un bureau de poste, un bâtiment pour les offices religieux.

Tout est mis en œuvre pour que la vie y ait des apparences de normalité. D'une normalité conçue par de grands bureaucrates internationaux. Qui ont calculé, par exemple, que la ration hebdomadaire d'un réfugié à Phanat Nikhom doit être composée de 3,5 kg de riz; de 70 g de poisson; de 70 g de poulet; de 70 g de porc; 100 g de légumes; de 5 g de sel; d'une tasse d'huile; d'une demi-tasse de sauce-poisson; d'un kilogramme de combustible solide; et de 20 litres d'eau par jour devant servir à boire, à cuisiner, à se laver et à faire la lessive.

Selon un relevé du Haut Commissariat aux réfugiés de l'ONU, la Thaïlande comptait, au début de 1991, 78 977 réfugiés répartis dans sept camps, ainsi qu'une vingtaine de milliers de revendicateurs du statut de réfugié en attente et 320 000 personnes techniquement «déplacées» le long de la frontière entre la Thaïlande et le Cambodge.

Hongkong : vider la place

À Hongkong, la volonté politique est claire et irrévocable : vider les camps de réfugiés avant que la colonie britannique ne revienne sous le joug des autorités chinoises. Les conditions de vie dans les camps clôturés et gardés à la pointe du fusil, où l'on vit entassés comme prisonniers de la liberté, sont telles qu'on finit quasiment par souhaiter être rapatriés au Vietnam. «La vie dans les camps, selon l'organisation Asiawatch[209], est caractérisée par une délinquance et une violence endémiques. Viol et prostitution y constituent de sérieux problèmes.»

L'objectif, c'est de rapatrier, avant 1995 si possible, une cinquantaine de milliers de *boat people* vietnamiens, tous considérés comme des réfugiés économiques. Les autres, les réfugiés politiques, pourront attendre encore un peu dans des camps, comme ceux de Tuen Mun ou Pilar Point, qu'un pays tiers les sélectionne.

Tuen Mun avait encore, à l'hiver 1991, toutes les apparences d'un camp de détention avec ses immenses rouleaux de barbelés.

Ici, on vit dans des réduits de deux mètres carrés. Plus ou moins l'équivalent de la grandeur de la boîte de carton servant à l'emballage d'un lave-linge chez nous.

Ils sont deux, trois et même parfois quatre à partager cet espace de vie. Une petite famille y dort, y cuisine, y mange, y lit, y coud, y prie... y écoute la radio et, dans certains cas, y regarde la télé.

À droite et à gauche, au-dessus et en dessous, d'autres familles occupent des cages semblables, toutes superposées dans d'immenses baraques.

Pourtant, en dépit des apparences, la vie à Tuen Mun passe pour être meilleure que dans la plupart des autres camps de la colonie britannique. Ses résidents pouvaient à l'époque entrer et sortir librement du camp pour aller travailler à l'extérieur. Il y avait une cafétéria, des services médicaux, des toilettes communes, une salle de douches, une salle de lavage, des aires de jeux et des classes où l'on enseigne les rudiments de l'anglais ou du français. Au choix.

Le camp de Pilar Point, lui, est constitué de compartiments de six, sept mètres sur quatre, cinq mètres dans lesquels vivent quatre, cinq ou six personnes. Ces compartiments sont disposés au milieu d'espaces relativement grands pour Hongkong. Les

---

209. *Libération*, 5 février 1992.

conditions de vie pour les réfugiés de Pilar Point sont en quelque sorte meilleures que celles de millions de Chinois empilés dans les grands immeubles de Kowloon. Il y a l'eau, l'électricité, des toilettes communes, des salles de douche, des salles de lavage, des espaces de jeux, des salles de cours pour apprendre les langues étrangères ou un métier, des soins médicaux.

Les habitants de Pilar Point travaillent pour la plupart à l'extérieur, dans les manufactures ou sur les chantiers de construction, ils payent leur loyer au Hongkong Housing Services for Refugees (un organisme accrédité par le Haut Commissariat aux réfugiés des Nations unies), ils ont même les moyens de s'offrir la télé.

LES LY À HONGKONG...

C'est à Pilar Point que j'ai déniché les Ly. M. Van Niem Ly, 77 ans, sa femme, Mme Thi Diem Vuong, 75 ans, leur fils, M. Hong Tu Ly, 41 ans, sa femme, Mme Thi Hien Hoang, 38 ans, et leurs trois enfants, Xuan Thu, Hai Long et Thanh Trong, âgés de 8 à 12 ans.

Arrivés à Hongkong trois ans plus tôt, en 1988, les Ly ont d'abord été conduits dans un camp de détention où ils séjourneront six mois. Ils sont ensuite transférés dans un camp « ouvert ».

Comme la très grande majorité des réfugiés de Pilar Point, les Ly avaient un permis de travail les autorisant à occuper un emploi à l'extérieur du camp : lui, comme soudeur, à 9 000 $HK par mois, et, elle, à faire un travail d'assemblage dans une usine d'appareils électroniques à 2 000 $HK par mois. Ils parvenaient donc à joindre les deux bouts sans trop de difficultés, à payer leur loyer, leur nourriture, les comptes d'eau et d'électricité... et même à se mettre un peu d'argent de côté. C'était moins bien que la vie à laquelle ils rêvaient dans un de ces pays du bout du monde, mais c'était déjà mieux que ce qu'ils devaient vivre au Vietnam. Encore qu'ils n'étaient pas parmi les plus malchanceux du pays. Le père vivait bien comme herboriste, le fils faisait marin ou soudeur selon les mois de l'année.

Les Ly ont survécu à deux guerres parce que, expliquent-ils, ils habitaient une région non stratégique et sans intérêt pour les

Les Ly dans leur habitat au camp Pilar Point de Hongkong. À chaque extrémité : Van Niem Ly (77 ans, à l'époque) et sa femme Thi Hien Hoang (75 ans), entourant Hong Tu Ly et sa femme Thi Hien Hoang et leurs trois enfants Xuan Thu, Hai Long et Thanh Trong.

belligérants. Suspects aux yeux de leurs compatriotes vietnamiens pendant la guerre sino-vietnamienne, à cause de leurs longues années de fréquentation de leurs voisins chinois d'outre-frontières, personne ne leur demanda de prendre les armes et personne n'eut l'idée de leur tirer dessus. Pendant la guerre contre leurs frères du Sud-Vietnam et contre les Américains, ils auraient normalement dû combattre aux côtés des forces du Nord-Vietnam. Mais, croient-ils, les communistes n'avaient aucune confiance en eux parce qu'ils sont catholiques pratiquants. Bref, les Ly sont sortis indemnes de ces deux conflits.

C'est après le départ des Américains, quand les communistes deviennent maîtres absolus du pays que les affaires commencent à se gâter pour eux. Les communistes leur annoncent d'abord qu'ils vont raser leur maison pour élargir une zone militaire et ensuite que tout le monde devra aller dans une zone de développement économique. En forêt. Travail obligatoire. Salaire : huit kilos de riz par mois – il en faut une vingtaine pour vivre durant un mois. Une vie sans issue. Le jeune couple y aura néanmoins trois enfants.

« Tout le temps, se souvient Hong Tu, nous pensions à nous enfuir. Mais ce n'était pas facile, les contrôles étaient serrés, les zones portuaires surveillées. »

Un jour, la fuite a fini par être possible. Direction : la Chine, où, croyait-il, il serait relativement facile de trouver du travail.

Grâce à quelques vieilles économies de famille converties en or, ils ont fini par trouver un bateau. Officiellement, le bateau aura été volé à un lointain parent ; dans les faits, ils l'auront payé environ 500 $.

Un bateau de sept mètres sur deux, jaugeant une tonne, muni d'une voile, sans moteur. Ils se sont mis sept là-dessus : Hong Tu, sa femme, leurs trois enfants, sa mère (le père partira une semaine plus tard avec un autre de ses fils, sur un autre bateau) et un cousin (qui vit en France aujourd'hui).

Au bout de deux jours et deux nuits en mer de Chine, ils rencontrent un couple de compatriotes avec un enfant dans une petite embarcation de fortune, construite avec des bambous. Ils les rescapent d'un naufrage quasi assuré. (Ces derniers vivent aujourd'hui à Toronto). Et l'équipée, de 10 personnes maintenant, arrive en Chine. Où les Ly retrouvent des amis chinois chassés du Vietnam à l'époque de la guerre sino-vietnamienne.

On leur conseille de poursuivre leur route jusqu'à Hongkong, ce qu'ils feront après s'être procurés, pour environ 300 $, un petit moteur de six chevaux-vapeur.

Ils passeront 12 jours et 12 nuits en mer avant d'être arrêtés par la police de Hongkong. Un souvenir impérissable de cette odyssée : une courte, mais très violente tempête en haute mer. Une heure à s'agripper au bateau pour ne pas tomber à l'eau.

Ils sont arrivés à Hongkong en mai 1988. Cette année-là, selon les statistiques officielles, plus de 18 000 autres Vietnamiens montés dans 590 petites embarcations débarquaient dans la colonie britannique – l'année suivante, ils étaient presque deux fois plus nombreux.

Ils auront tôt fait d'apprendre que Hongkong ne peut être le point de chute, et qu'ils doivent poursuivre leur route. Vers où ? Ça, ils s'en fichent, pourvu que ce soit le plus loin possible du Vietnam. C'est le Haut Commissariat aux réfugiés qui choisira pour eux : ils iront au Canada. Et s'ils échouent au Québec, c'est parce que la communauté catholique vietnamienne de Montréal a accepté, un peu en choisissant au hasard somme toute, de les parrainer : 180 $ par mois par adulte, 50 $ par enfant pour les besoins de subsistance, donc 870 $ pour la famille Ly au complet, montant auquel il faut ajouter le prix du loyer de 300 $. Ce parrainage durera tant qu'ils ne pourront commencer leurs cours rémunérés dans un Centre d'orientation et de formation des immigrants (Cofi), ce qui prend habituellement quelques mois.

Les frais de transport de Hongkong à Mirabel (31 600 $HK pour les sept) sont aux frais des réfugiés, qui, s'ils n'ont pas les ressources nécessaires, peuvent l'emprunter à l'Organisation internationale pour les migrations (OIM) – ou aux frais des parrains, qui doivent payer à l'avance l'OIM.

Les Ly, un mois après leur arrivée au Québec

Un mois après leur arrivée au Québec, quand je les ai revus, les Ly vivaient dans un grand cinq-pièces de Notre-Dame-de-Grâce dans un immeuble entièrement occupé par d'autres familles de réfugiés vietnamiens. Comme ghetto, on ne fait pas mieux !

Par interprète interposé, ils racontent leur découverte de Montréal. Premières impressions, en cascade : la neige et le froid, c'est supportable pourvu qu'on s'habille ; l'apparition des feuilles dans les arbres au printemps, un phénomène naturel inconnu au Vietnam ; l'immensité des appartements, une affaire inimaginable à Hongkong ; et toutes ces circulaires distribuées gratuitement. Et ils parlent de leurs difficultés d'adaptation : impossible, disent-ils, de s'y retrouver dans les indications de rues, impossible de déchiffrer les messages sur les affiches, impossible de décoder le sens des chiffres sur les articles de consommation. Difficile, il va sans dire, sinon carrément impossible de trouver un vrai emploi, ce qui cantonne dans les ghettos d'emploi comme, par exemple, les récoltes dans les fermes maraîchères et les usines de textile.

Une bonne âme leur a installé un téléviseur : ils passent des heures à regarder les images et à inventer les histoires qu'elles racontent.

« Si nous sommes arrivés à apprendre le chinois à Hong Kong au simple contact des gens que nous avons cotoyés au travail et dans la rue, nous pourrons certainement apprendre le français », affirme tout de même Hong Tu Ly.

Mais, aberration de notre système d'immigration, personne ne leur enseignera le français et ne les initiera à la vie québécoise avant au moins sept à huit mois.

En attendant de pouvoir commencer leurs cours dans un Cofi, ils vivent entre eux, sortent très peu, sauf pour faire le tour du carré de maisons et pour aller à la messe et au marché d'alimentation en compagnie d'un ami-guide. Ils boivent du thé, fument cigarette après cigarette, observent les mouvements des dessins de nuages et de soleils dans les images de la météo télévisée et discutent entre eux... du bon temps qu'ils avaient à Hongkong.

Les enfants, eux, sont entrés en classe d'accueil une semaine après leur arrivée. Ils savent déjà dire bonjour en français.

Les Ly, neuf mois après leur arrivée

L'hiver s'installe tranquillement à la veille de ce Noël 1991 dans le quartier des Ly. Ce midi-là, toute la famille, et même les voisins de palier, regardent à la télé des films chinois loués dans un club vidéo. Il y a du nouveau depuis leur arrivée : un bébé de six mois. Les trois enfants vont toujours à l'école, mais, de toute évidence, ils n'ont pas encore appris à maîtriser la langue du pays. Le jeune couple a commencé à suivre ses cours dans un Cofi, mais la barrière linguistique entre eux et le reste du Québec demeure toujours bien étanche. À ce point que Hong Tu ne sait même pas tenir sa facture d'Urgences-Santé dans le bon sens pour lire ce qu'il doit payer pour le transport de sa femme enceinte à l'hôpital.

Si le contact en personne est plus possible qu'au téléphone, c'est bien parce que le mime permet certaines contorsions conviviales. Assez, par exemple, pour découvrir que Hong Tu commence à s'ennuyer pas mal de Hongkong, où, fait-il comprendre, «j'avais un emploi, de l'argent et des amis...»

Le diagnostic du Dr Phung

Le Dr Phung, lui-même ancien *boat people*, ex-médecin de Saïgon et aujourd'hui recyclé en acupuncteur à Montréal, s'occupe, au sein de l'Association catholique vietnamienne, de parrainage de réfugiés vietnamiens, dont celui des Ly. Il estime que plus ses compatriotes sont âgés et plus ils sont originaires des foyers du communisme vietnamien, moins ils sont doués pour apprendre les langues étrangères. « S'ils ont si vite appris le mandarin à Hongkong c'est qu'ils vivaient près de la Chine lorsqu'ils étaient au Vietnam... À part ça, les gens des zones communistes ont une curieuse mentalité, ils sont moins portés à l'effort. »

Au lendemain de l'échec des Américains dans cette guerre, les communistes ont fait faire cinq ans de prison et de travaux forcés en forêt au Dr Phung. Ils lui interdirent d'exercer la médecine, le forcèrent à se recycler dans des travaux manuels. Il ne fut libéré que lorsqu'ils estimèrent qu'il était vraiment rééduqué.

Faut croire qu'il ne l'était pas dans le sens souhaité par le nouveau régime puisque le premier projet auquel il s'est consacré, ce fut l'organisation de sa fuite. Il s'est construit son propre bateau. Et, avec ses deux fils, alors âgés de 20 et 16 ans, il s'est enfui, abandonnant l'idée d'amener sa femme et sa fille « par peur des pirates », et avec trois enfants de son frère chirurgien – emprisonné 13 ans. Ils sont arrivés en Malaisie au bout de cinq jours et cinq nuits.

Puis, en fin de compte, il s'est retrouvé à Montréal avec ses deux fils. Sa femme et sa fille sont venues plus tard. Comme lui, sa femme, pharmacienne de formation, s'est butée à un mur corporatiste, et elle a dû accepter de gagner sa vie comme couturière. Lui, avant d'ouvrir son bureau d'acupuncteur, a travaillé en électronique.

UNE CERTAINE DOAN

L'histoire de Doan donne raison au Dr Phung : plus on est jeune et moins on a vécu sous un régime communiste, mieux on peut s'intégrer à une société nouvelle.

Plus intégrée que Doan Phan, pour tout dire, tu portes une chemise à carreaux et tu joues de la cuillère dans les soirées du bon vieux temps !

À 27 ans, elle vient de décrocher un gros job comme actuaire-conseil à la Tower Perrin à Paris. Bonnes conditions de travail, bon salaire, contrat ouvert.

Boat people *arrivée à l'âge de 15 ans, Doan Phan est rapidement devenue un modèle d'intégration au Québec.*

Voilà où est rendue cette petite Vietnamienne de quinze ans échouée, un jour, en même temps que son frère Tanh, dans un camp de réfugiés en Indonésie et que les services d'immigration du Canada amenèrent plus tard dans une famille québécoise. Un couple de professeurs, Thérèse et Normand Longchamps. C'était le 27 avril 1980. « Ce que je vais chercher de l'autre côté de la Terre vaut-il la peine que je quitte tout ? », se demande-t-elle à cette époque.

Elle y répond dans un livre[210] qu'elle écrira deux ans après son arrivée au Québec. *L'eau de la liberté*, un récit de 150 pages qu'elle arrive à rédiger dans une langue alors étrangère pour elle, le français, avec, bien sûr, un peu d'aide de ses parents adoptifs, mais tout de même il fallait le souffle pour le faire.

Il fallait aussi un sacré sens de l'observation, une grande sensibilité et une solide mémoire pour se souvenir dans les moindres détails de la quotidienneté à Saïgon, au lendemain de la victoire des communistes et du départ des Américains. « Maman est fatiguée de nourrir sept enfants et un mari malade. Parfois elle ne peut qu'acheter du manioc qu'elle fait bouillir avec du sel pour le repas...

---

210. *L'eau de la liberté*, Éditions Paulines & Médiaspaul.

«... Où nous mènent-ils les socialistes et les communistes avec leur thèse extraordinaire de la vie communautaire?... Jamais on a connu autant de méfiance entre voisins, entre parents et enfants, entre frères et sœurs. Dans cette société, il n'y a plus de charité ni d'humanité. Je porte dans mon cœur des expériences bien douloureuses. Un jour, mon père qui se jugeait inutile dans cette société, s'organise pour se pendre avec une corde devant la porte, en avant de la maison, pendant que ma mère faisait la cuisine à l'autre bout. Stupéfaits, les enfants criaient "maman" en pleurant... et les voisins nous regardaient comme si nous étions les pantins d'un cirque, les petits singes sauvages et bruyants autour d'un clown malheureux. Ma mère arrive en vitesse et demande de l'aide; ils s'approchent mais uniquement pour mieux nous narguer. Nous avons été les seuls à aider ma mère. Heureusement, papa est sauvé mais j'apprends une fois de plus qu'on est toujours seul à lutter contre ses misères. Quand les plus proches sont prêts à nous voir crever de faim, c'est difficile de leur emprunter une poignée de riz!»

Il fallait également une certaine dose de courage pour évoquer le souvenir des conditions de vie à bord de ce bateau de fortune bondé d'hommes, de femmes et d'enfants (qui ont payé une ou deux, et même une dizaine d'onces d'or le passage), ballotté sur une mer hostile et attaqué par les pirates et les policiers (du pareil au même). Des longs jours sans nourriture et sans médicaments pour lutter contre une fièvre typhoïde. «... Il y a au moins quinze centimètres d'eau dans le fond du bateau. Je reconnais le liquide gluant dans le trou du moteur. Et pourtant les gens sont assis ou couchés dans ce liquide. Devant leur insensibilité, je me sens bien obligée de faire la même chose et de m'asseoir dans cette mare. Je tressaille au contact de mes fesses avec cette eau. Pour me tremper dans ce liquide, je dois bien m'avouer ce qu'il y a: l'eau, l'urine, la vomissure... Ce liquide imite les vagues selon les mouvements du bateau; il descend et monte parfois jusqu'à ma taille.»

Mais, surtout, il fallait de la détermination pour aller au bout de cette fuite en avant. «J'arriverai bientôt et je travaillerai jour et nuit. Je gagnerai beaucoup d'argent. Et je reviendrai essuyer la sueur et les larmes de ma mère pour toujours; semer le sourire et le soleil dans chaque fibre de la maison; recommencer dix fois et vingt fois la merveilleuse enfance que nous avons eue.»

Pendant neuf ans elle sera séparée de sa famille vietnamienne, à qui elle écrira néanmoins avec une belle régularité. «Au début, confie-t-elle au cours d'un entretien peu avant son départ pour Paris, j'écrivais presque tous les jours. Ça s'est ensuite espacé, mais j'ai toujours gardé un contact très étroit avec eux. Quand j'en ai eu les moyens, j'ai envoyé de l'argent. Jusqu'à 300 $ à 400 $ par année, une somme énorme avec laquelle ma mère pouvait nourrir toute la famille pendant quasiment un an.»

En même temps qu'elle gagnait un peu d'argent ça et là en s'appliquant à toutes sortes de petits emplois, Doan poursuivait des études qui devaient la conduire à un bac en mathématiques à l'Université de Montréal et à l'actuariat. Avant son départ pour Paris, elle avait réussi 7 des 10 examens pour devenir actuaire. La vie de cette femme de 27 ans était alors partagée entre sa semaine de travail de quarante heures chez Canadien Pacifique, sa vingtaine d'heures par semaine à préparer son prochain examen en actuariat, sa famille vietnamienne, sa famille québécoise, et son ami.

Doan n'est jamais retournée à Saïgon. C'est toute sa famille qui viendra la rejoindre au Québec, en vertu d'un programme de parrainage. Qui la rend responsable pendant une dizaine d'années, elle et les autres parrains, de sa mère, de son père, de ses quatre sœurs et de son jeune frère, tous adolescents ou jeunes adultes. Tout le monde vit dans une maison qu'elle a achetée à Montréal-Nord.

Tous, et c'est sans doute le plus important, parlent français et sont capables de se débrouiller pour faire ce qu'il y a à faire pour survivre dans une grande ville. «Pendant deux ans, je les ai forcés à parler français, je leur ai interdit les films chinois ou vietnamiens, je les ai obligés à un bain de culture québécoise.

«J'estime avoir réussi : trois de mes sœurs sont au cégep, une autre, peu scolarisée au Vietnam, fait un pré-secondaire et travaille dans une cuisine de restaurant, mon jeune frère étudie en secondaire V, ma mère se débrouille pas trop mal et mon père, bien, lui, il était professeur de français au Vietnam, alors pour lui, pas de problème.»

« Je crois que je me suis acquittée de mon mandat et que j'ai maintenant le droit de penser à moi. Il y a tout plein de Québécois qui partent à l'étranger afin d'y acquérir des expériences enrichissantes. Pourquoi pas moi ? J'ai besoin de tester mes capacités d'intégration à une autre société, d'acquérir de l'expérience et de me faire une sorte de carapace pour pouvoir faire de la politique un de ces jours. »

Est-ce un éclair qui lui est venu lorsqu'elle a été présentée à René Lévesque au moment de la parution de son livre ? Qui sait, en tout cas, elle se souvient de ce moment comme si elle venait de le vivre.

« Quand je suis entrée dans son bureau, il a dit "Ah ! c'est ça, Doan !" Et c'est drôle parce que, dans ma tête, en le voyant pour la première fois en personne, je m'étais passé la même réflexion : "Ah ! c'est ça le premier ministre du Québec, un homme petit, et qui n'a sûrement pas fait sa renommée avec sa beauté."…»

CHAPITRE 6

Immigration familiale

> « *Le rassemblement familial correspond à une valeur de la société québécoise et contribue à la rétention des immigrants permanents.* »
> (Monique Gagnon-Tremblay[211])

Un immigrant sur deux appartient, d'une manière ou d'une autre, au bloc de l'immigration familiale. Ces immigrants viennent d'abord et avant tout du Liban et d'Haïti. Je suis allé rencontrer quelques candidats à l'immigration familiale en Haïti. J'ai retenu l'histoire des Paul, qui m'ont reçu chez eux en mars 1991.

Nous étions là, confortablement installés sur leur terrasse ouverte sur les cyprès, cocotiers, citronniers, amandiers, bananiers, avocatiers, orangers et caféiers. Nous causions à bâtons rompus d'Haïti et du Québec depuis une heure ou deux dans ce décor quasiment paradisiaque pour un Nord-Américain venant à peine de s'échapper du froid et de la neige de mars.

Ce coin de pays haïtien contraste avec les habituelles images d'horreur du pays : situé à environ 300 mètres au-dessus du niveau de la mer et à une douzaine de kilomètres des limites de Port-au-Prince, ce bourg appelé Du Plan nous fait passer de l'insupportable au vivable. Il y a même ici une source qui coule de la montagne en tout temps, où les femmes attendent à l'ombre de grands arbres pour remplir leurs cruches ou pour y donner le bain aux enfants.

En ce samedi après-midi ordinaire, nous parlions de tout et de rien. De l'électricité arrivée il y a 40 ans et coupée 14 heures par jour aujourd'hui, du cabri qu'on mange avec du riz à midi,

---

211. Livre blanc sur l'immigration publié sous le régime de la ministre provinciale libérale Monique Gagnon-Tremblay.

des emplois bien cotés et payés presque 100 dollars pour la semaine de six jours et du gallon d'essence à 14 gourdes.

La conversation roulait à six, du français au créole, du créole au français. De M. Gatien Noë Paul , 66 ans, sa femme, Christiane Baptiste, 68 ans, trois de leurs six enfants, Jocelyn, 32 ans, Ginette, 29 ans, et Edzaire, 26 ans à moi, le journaliste, qui essayait de comprendre pourquoi, eux, qui se tiraient plutôt bien d'affaires dans ce pays de misère, avaient fait tant d'efforts pour émigrer au Québec.

Les Paul sur leur terrasse à Du Plan en Haïti. Dans l'ordre habituel : la mère Christiane Baptiste, Edzaire, Ginette, Jocelyn et le père Gatien Noë Paul.

Pour renoncer à ce coin de pays où le beau temps ne se remarque même plus et, surtout, où ils étaient pourvus du plus-que-nécessaire, et pour venir s'installer dans un pays où les pauvres gèlent en hiver. Même au printemps et même en automne.

Ce mot, « automne », les a intrigués. Ils se sont regardés discrètement et ont fait mine de rien. Mon hôte m'a présenté le plateau de boissons, coca-cola ou vin blanc italien semi-doux. « C'est quoi, l'automne ? », a fini par me demander Edzaire, en me soulignant qu'ici on est assez mal placé pour observer des changements de saisons. L'hiver, il fait 30 degrés. L'été, il fait plus chaud. Entre les deux, il pleut. Quinze, vingt minutes de temps en temps, mais du sérieux, un vrai déluge, des torrents qui emportent de grosses pierres et même des maisons.

Mais, ici, à Du Plan, un hameau perché dans la montagne, dans une des rares régions boisées du pays, loin des quartiers populaires de Port-au-Prince, au-dessus de l'humidité compacte et oppressante des bidonvilles, les Paul ont toujours été à l'abri de ces catastrophes naturelles.

Ce lopin de terre, hérité de l'arrière-grand-père colonel dans l'armée, qui lui-même l'avait reçu gratuitement au moment de la réforme agraire d'Alexandre Pétion en 1816, a presque des allures de paradis terrestre. Pourquoi abandonner tout ça? Sans doute parce que, d'instinct, ils sentent depuis toujours que leur pays n'aura jamais d'avenir, et que le présent restera toujours hautement incertain.

Vingt ans d'efforts avant d'obtenir les visas

Les Paul déploient beaucoup d'efforts depuis 10 ans pour venir vivre au Québec. Ils maintiennent depuis 20 ans des rapports serrés avec leurs deux filles établies dans la région de Montréal et ils viennent, il y a à peine quelques heures, d'avoir une confirmation de l'ambassade que leurs visas pour émigrer au Canada sont prêts. Ils partiront dans quelques semaines pour le Québec. Tous les cinq. Il ne restera plus en Haïti que l'aîné, qui est pasteur dans l'arrière-pays et qui, de toute façon, n'était pas admissible au programme de réunification familiale parce qu'adulte et marié.

Les Paul s'en viennent donc à Montréal. Directement d'Haïti au Québec, de 30 degrés à l'ombre et 20 degrés au-dessous de zéro au soleil. Directement du pays au niveau de vie le plus bas de l'hémisphère occidental, d'un pays à 85 % de chômage et au salaire minimum de 3 $ par jour à l'un des pays les plus riches du monde, où le taux de chômage oscille entre 9 et 11 % et où le salaire minimum se situe quelque part entre 5 $ et 6 $ l'heure.

Directement d'un pays où 95 % de la population ne parle que le créole à un pays qui se bat pour que le français soit la langue de communication de tous ses citoyens, d'un pays où l'enfant constitue une richesse à un pays où l'enfant apparaît souvent comme un handicap à une carrière. Directement d'une société où le mari est habitué à une totale soumission de sa femme à une société où l'égalité des sexes est plus qu'un slogan creux. Directement d'un pays où l'on s'entasse sans maugréer à 20 ou à 30 dans un tap-tap à un pays où l'on a bien du mal à se mettre au covoiturage, d'un pays où l'on faisait partie d'une majorité noire à un pays où l'on deviendra membre d'une minorité visible.

Ce matin-là, quand ils se dirigeront vers l'aéroport de Port-au-Prince, les Paul auront refermé derrière eux la porte de leur coquette maison de Du Plan pour se retrouver, le soir, dans un bungalow de la lointaine et anonyme banlieue de Pierrefonds, où l'on tourne en rond dans la maison en regardant la télévision pendant que la neige fond.

Personne dans les services d'immigration canadien et québécois ne leur aura vraiment expliqué dans quoi ils s'embarquaient, tout le monde se disant que la famille à l'autre bout saurait bien les affranchir assez tôt.

Pourquoi avoir choisi le Québec ? Pour venir participer au dénouement de la crise constitutionnelle ? Certainement pas : les Paul ne s'intéressaient même pas à l'arrivée au pouvoir du père Aristide, qui pourtant possède un ascendant certain sur l'immense majorité de la population haïtienne. Non, la politique ne les passionnera nulle part. Ils ne vont même pas au carnaval, les Paul. Ils sont méthodistes pratiquants, et ça leur suffit.

L'histoire des Paul n'est peut-être pas typique, mais elle ressemble à celle de plusieurs autres familles haïtiennes qui, chaque année, viennent gonfler les rangs de la diaspora.

Un processus d'immigration commencé en 1972

En 1972, Gladys, l'aînée, débarque au Québec comme touriste. «L'immigration était alors plus flexible, se souvient-elle, au cours d'une entrevue chez elle à Pierrefonds, peu avant l'arrivée de sa famille, il n'était pas nécessaire de faire une demande de visa dans une ambassade canadienne à l'étranger à cette époque. Nous pouvions faire une démarche ici, sur place. »

Son mari, Rodrigue Lormestoire, ajoute ses souvenirs personnels : «Dans ce temps-là je gagnais 70 $ par mois comme directeur d'école en Haïti. Nous étions donc à la recherche de

quelque chose de meilleur. Nous n'avons pas fui le régime
Duvalier puisque, comme nous faisions semblant de ne rien
voir, on ne nous persécutait pas. Nous avons émigré non pas
pour des raisons politiques, mais économiques. »

Gladys Paul et son mari Rodrigue Lormestoire dans leur maison de Pierrefonds.

En arrivant au Québec, le couple s'installe chez la sœur de
Rodrigue. Un petit appartement de Cartierville. Un premier enfant y naîtra en 1973. Ils auront déménagé dans Ahuntsic au
moment de l'arrivée de leur deuxième enfant, en 1977.

Pendant tout ce temps ils se tireront d'affaires tant bien que
mal : petits emplois, petites misères. Usines de textile rue Cha-
banel, tout juste le salaire minimum, longues heures de travail.
Malgré tout, Gladys trouve le moyen de s'inscrire à un cours de
techniques infirmières au cégep du Vieux-Montréal, un cours
qu'elle complétera en trois ans, le soir, après le boulot. Aujour-
d'hui, elle a un emploi stable comme infirmière à l'Hôpital juif
de Montréal.

Lui, après divers emplois, il aboutira, comme plusieurs de
ses compatriotes, au volant d'une voiture-taxi.

Bref, ils se débrouillent pas trop mal au plan financier. Assez
pour envoyer régulièrement de l'argent « au pays », histoire de
permettre à la famille de manger un peu mieux et de payer des

cours aux enfants. Leurs revenus, si maigres soient-ils, permettent de faire venir la mère de Gladys au Québec pour s'occuper, pendant trois ou quatre ans, des enfants alors que le couple est au travail.

Ils trouvent même les moyens financiers pour s'offrir quelques allers-retours Montréal-Port-au-Prince, tantôt pour un mariage, tantôt pour des funérailles ou encore pour visiter un frère malade. Mais, surtout, ils parviennent à amasser assez d'argent pour acheter un bungalow à Pierrefonds et démontrer qu'ils sont assez solvables pour parrainer, pendant dix ans, les cinq membres de la famille qui veulent venir au Québec.

S'il a fallu plus de 10 ans avant que ce projet ne se concrétise, ce n'est d'ailleurs pas une question financière qui est à l'origine du blocage : le dossier de toute la famille est resté en plan pendant toutes ces années parce que le rapport médical de l'un des parrainés faisait problème.

Tout a néanmoins fini par s'arranger et, le 5 février 1991, Gatien Noë, Christiane, Jocelyn, Ginette et Edzaire apprenaient qu'ils pourraient bientôt passer prendre leur visa à l'ambassade. Au terme, il faut le dire, de longues, laborieuses et coûteuses démarches : collecte des documents d'identité pour établir les liens de parenté exacts entre chacun des parrainés, ce qui n'est pas simple en Haïti puisque les actes de naissance et de mariage ne sont pas faciles à trouver – faute d'avoir ces documents, il faut obtenir un jugement de déclaration tardive faite par deux témoins devant un juge de paix attestant de l'identité de la personne. Cette étape peut coûter entre 100 $ et 200 $.

Après quoi, il faut se procurer un passeport haïtien auprès du ministère de l'Intérieur. Environ 70 $. Plus : 15 $ pour une carte de citoyenneté haïtienne.

Puis, il y a l'examen médical ainsi que la batterie de tests de laboratoire (en gros, les mêmes que nous passons au Québec lorsque nous achetons une police d'assurances sur la vie). Une affaire d'une soixantaine de dollars. L'examen sera fait par un médecin local accrédité par l'ambassade, celui-ci enverra son rapport au service médical des Affaires extérieures à Kingston en Ontario. À cette étape-ci, le candidat pourra être refusé s'il souffre d'une maladie sérieuse (tuberculose, MTS active...) ou s'il est atteint d'une maladie chronique susceptible de constituer une charge pour les services de santé canadiens (cancer, maladie cardiovasculaire, diabète sévère, maladie mentale…)

Enfin, ce sera l'entrevue avec un conseiller à l'ambassade. Et l'achat du billet d'avion : au moins 500 $, auxquels il faut ajouter 31 $ de taxes d'aéroport et de sécurité.

Reste maintenant à s'intégrer au Québec

Neuf mois après l'arrivée des Paul, la situation de cette famille réunifiée n'avait guère évolué et ne s'était guère améliorée : le père passe le plus clair de son temps devant la télévision ; la mère s'occupe aux travaux domestiques de la maison. Ni l'un ni l'autre ne sont en mesure de tenir une conversation en français. Jocelyn a décroché un petit emploi précaire comme vendeur de chaussures ; Ginette est partie vivre chez son autre sœur ; Edzaire suit quelques heures de cours par semaine et touche une petite poignée de dollars pour du travail auprès d'analphabètes.

Quant à Gladys, l'instigatrice de ce projet de réunification familiale, elle paraît un peu désenchantée par l'aventure. Surtout pour des raisons budgétaires, la situation économique québécoise n'épargnant personne.

« Si c'était à refaire, confie-t-elle, j'attendrais probablement que la crise (économique, au Québec) passe pour qu'il y ait de vraies chances de trouver de l'emploi pour mes frères et ma sœur. D'un autre côté, nuance-t-elle, avec tout ce qui se passe en Haïti, je suis bien contente de les avoir avec moi. Je n'ai pas à m'inquiéter. »

L'IMMIGRATION FAMILIALE : LA MOITIÉ DE TOUTE L'IMMIGRATION

Haïti et le Liban se disputaient toujours au tournant des années 80-90 la première place des 10 principaux pays fournisseurs d'immigrants admis au Québec dans la catégorie « famille ». Suivaient : le Vietnam, le Maroc, la République populaire de Chine, l'Inde, la Pologne, les Philippines, les États-Unis, et la Roumanie.

L'immigration familiale représente plus de la moitié de l'immigration totale au Québec en 1991 : sur 51 420 admissions,

28 359 sont des immigrants familiaux. Plus exactement, 12 751 personnes appartiennent à la catégorie «famille» proprement dite (24, 8 % du total); 3 032 à celle des «parents aidés» (5,9 %); 3 806 sont des parents accompagnant des immigrants de la catégorie «affaires» (on calcule que chaque immigrant d'affaires est accompagné de trois personnes, en moyenne, donc les trois quarts des 5 075 immigrants d'affaires); et 8 770 accompagnants d'immigrants de la catégorie «indépendants» (ils sont un peu moins de deux à accompagner l'immigrant de cette catégorie, soit environ 60 % du total de 14 618[212]).

Bref, l'immigration familiale compte pour beaucoup dans l'immigration en général. Et ce n'est pas un phénomène nouveau : les statistiques du MCCI nous révèlent en effet que pendant les années 80, près de 90 000 personnes ont été admises au Québec soit dans la catégorie «famille» (74 329 ou 34,3 %), soit dans la catégorie «parents aidés» (14 446 ou 6,7 %).

Et il s'agit d'une tendance qui se maintiendra, voire qui s'accentuera. Les experts croient en effet que le nombre des immigrants familiaux va bien vite remonter au cours des années 90. Pour au moins deux bonnes raisons : d'abord, les immigrants indépendants, notamment les Libanais, se font plus nombreux ces dernières années et, à mesure qu'ils se seront installés, qu'ils auront trouvé un bon emploi et un bon logement, ils commenceront à faire venir leur famille de l'étranger; ensuite, facteur encore plus important que le précédent, on s'attend à un fort mouvement d'immigration en provenance des pays de l'Europe de l'Est, où le parrainage n'était pas possible avant septembre 1990.

Un truc pour retenir les immigrants

La politique gouvernementale à l'égard de l'immigration familiale découle, au départ, du principe de la Déclaration universelle des droits de l'homme qui proclame que «la famille est l'élément naturel et fondamental de la société et a droit à la protection de la société et de l'État».

Mais, l'immigration familiale permet également d'atteindre un double objectif : garder les immigrants déjà établis au Québec et accroître la population.

---

212. Source : MCCI.

«Le rassemblement familial correspond à une valeur de la société québécoise et contribue à la rétention d'immigrants», fait valoir la ministre provinciale Monique Gagnon-Tremblay dans son livre blanc. La ministre annonce plus loin que «le gouvernement a l'intention d'intensifier son engagement en faveur de la réunification familiale et que l'immigration familiale se maintiendra au cours des prochaines années à au moins trente p. cent de l'ensemble de l'immigration», un pourcentage qui ne tient pas compte de tous les parents qui accompagnent les immigrants économiques comme on l'a vu plus haut.

Cela dit, le Québec n'exerce aucun contrôle sur le choix ni même, en fin de compte, sur le nombre de la plupart des immigrants familiaux.

«Le Canada a seul la responsabilité d'admettre les immigrants des catégories de la famille et des parents aidés, et de déterminer si un immigrant est membre de l'une ou l'autre de ces catégories, précise le texte de l'entente McDougall-Gagnon-Tremblay entrée en vigueur le 1ᵉʳ avril 1991. Le Canada, ajoute-t-on plus loin, établit seul les critères de sélection pour les immigrants appartenant à la catégorie de la famille et, le cas échéant, le Québec est responsable de leur application aux immigrants de cette catégorie à destination de la province.»

Seul élément vraiment nouveau à ce chapitre dans la dernière entente administrative fédérale-provinciale : Québec et Ottawa s'engagent à travailler en plus étroite collaboration pour l'étude des demandes de parrainage, et les fonctionnaires provinciaux pourront rencontrer en counselling, au Québec ou à l'étranger, les candidats admis par le Fédéral.

Ottawa tente de freiner l'immigration familiale

Le plan quinquennal 1991-1995 du gouvernement fédéral en matière d'immigration prévoit que l'immigration familiale continuera d'occuper une place prépondérante dans l'élaboration des politiques. Ottawa souhaite toutefois freiner la progression rapide de l'immigration familiale ou plus exactement de son programme de réunification des familles, qui comptait pour plus du tiers de l'immigration totale canadienne en 1991 : 83 585 dans la seule catégorie « famille » sur 223 495 immigrants[213].

Pour atteindre ses nouveaux objectifs en matière d'immigration familiale, le gouvernement fédéral applique des nouvelles dispositions réglementaires « de manière à mieux refléter la notion de la famille telle qu'elle est généralement comprise au Canada » : dorénavant, les enfants qui ne sont plus à la charge de leurs parents dans les faits sont exclus. Les enfants de plus de 19 ans ne sont plus admissibles au programme de réunification familiale. En clair, ça signifie que tous les enfants de moins de 19 ans non mariés sont considérés comme dépendants de leurs parents et tous les autres, non. À moins qu'il s'agisse d'un jeune de 19 ans ou plus qui étudie à plein temps ou qui est « entièrement et sans interruption » à la charge de ses parents, à cause de maladies physiques ou mentales par exemple.

Immigration Canada espère que les nouvelles règles de parrainage, entrées en vigueur en mars 1992, auront pour effet de contrer la tendance à la hausse et de réduire le nombre de la catégorie de la famille de 20 000 personnes par année à compter de maintenant. Les premiers visés par ce changement dans les règles du jeu seront les immigrants des pays du tiers-monde et de pays où le concept de la famille est plus large qu'au Canada.

Le ministre Valcourt prévoit qu'en 1993 le Canada aura admis 100 000 personnes dans la catégorie de la famille ; 85 000 en 1994 et autant en 1995.

Hors des contrôles de sélection

Non seulement pèsent-ils lourds dans les statistiques, mais les immigrants familiaux sont également ceux qui, pour la plupart, échappent à toutes les règles de contrôle sur le degré d'« intégrabilité » des nouveaux arrivants. Aux règles et aux critères qui permettent de mesurer les aptitudes des candidats à l'immigration à devenir de « bons » Canadiens, capables de contribuer à l'enrichissement du pays.

Ce système de pointage, auquel sont soumis les immigrants en général, y compris, dans une certaine mesure, les réfugiés,

---

213. Données compilées le 7 février 1992 par le service des statistiques d'Emploi et Immigration Canada.

vise essentiellement à éliminer les non-instruits, les sans profession, les vieux, les sans-le-sou, les moins doués pour l'apprentissage du français et de l'anglais…

Il est donc possible d'avoir tous ces « défauts » aux yeux d'un agent d'immigration et d'obtenir quand même un visa d'immigration. Même si on ne parle pas un traître mot de français, même si on paraît peu disposé à s'intégrer au Québec et à enrichir les actifs socio-économico-culturels de la collectivité d'accueil, même si on ne peut démontrer ses capacités à pouvoir travailler un jour et même si on est davantage en âge de fréquenter des institutions de santé que des écoles. Bref, si l'on n'a pas de grosses maladies contagieuses, si l'on n'a jamais fomenté de coups d'État dignes de mention et si l'on n'a jamais commis de crimes ayant pu retenir l'attention de l'opinion internationale, la frontière canadienne est ouverte.

Tout ce qu'il faut, et c'est même impérieusement indispensable, c'est un parrain, un proche parent résidant en permanence au Canada et acceptant de se porter garant de soi pendant une période pouvant durer de trois à dix ans, selon le degré de parenté.

Les règles de parrainage

Tout citoyen canadien ou résident permanent depuis au moins trois ans peut parrainer un ou des membres d'une famille nucléaire, définie selon « le respect des consensus sociaux relatifs à la famille en contexte québécois tout en permettant de limiter les abus que pourrait susciter une acception plus large » : conjoints, enfants célibataires, fiancés, parents, grands-parents (de moins de 60 ans, veufs ou incapables d'exercer un emploi) et enfants que le répondant a l'intention d'adopter. Sont également admissibles : frères, sœurs, neveux, nièces, petits-fils et petites-filles, s'ils sont orphelins mineurs non émancipés.

Le garant peut s'engager seul ou solidairement avec son conjoint s'il s'agit du parrainage d'une personne de la famille ou d'un parent aidé ; il peut aussi s'engager à titre de membre d'un groupe de parrainage s'il s'agit de réfugiés. Une corporation sans but lucratif peut aussi se porter garante d'un candidat à l'immigration de la catégorie des réfugiés.

« Le Règlement sur la sélection des ressortissants étrangers, précisent les documents du MCCI[214], définit la catégorie de la famille de la façon suivante :

— le conjoint ou la conjointe ;

— l'enfant célibataire (s'il est mineur, le résident doit démontrer qu'il détient l'autorité parentale ou que celui qui la détient autorise la venue de l'enfant au Québec) ;

— les père, mère, grand-père, grand-mère, âgés d'au moins soixante ans ou de moins de soixante ans s'ils sont veufs ou incapables d'exercer un emploi ;

— les frère, sœur, neveu, nièce, petit-fils ou petite-fille, orphelin et mineur non émancipé ;

— le fiancé ou la fiancée (dans ce cas, le garant doit établir qu'il n'existe aucun obstacle juridique au mariage et tous deux doivent s'engager à s'épouser dans les 90 jours suivant l'arrivée de la ou du fiancé) ;

— une personne célibataire mineure que le résident à l'intention d'adopter, et qu'il peut légalement adopter. »

À propos de la catégorie des « parents aidés », le même règlement stipule que les liens de parenté avec le garant doivent être les suivants :

« — le neveu ou la nièce célibataire âgé de moins de 21 ans, l'enfant, le père, la mère, la sœur ou le frère qui est majeur, le grand-père ou la grand-mère (30 points forfaitaires si le garant est citoyen canadien et 25 points s'il est résident permanent) ;

— la tante, l'oncle, le petit-fils, la petite-fille, le neveu, la nièce, également majeur (20 points forfaitaires si le garant est citoyen canadien et 15 points s'il est résident permanent) ».

Enfin, en ce qui concerne le parrainage des réfugiés par des groupes ou par des corporations sans but lucratif, le groupe garant doit être composé de cinq personnes. Une entreprise ou une association peut également agir comme personne morale.

---

214. *Au pluriel*, revue publiée par le MCCI, n° de l'automne 1992.

Marche à suivre

Première démarche : le parrain va faire sa demande dans un centre d'emploi et immigration du Canada. L'ouverture du dossier coûte 450 $ et 50 $ par enfant (tarifs en vigueur depuis avril 1993, mais qui doit être encore majoré progressivement au cours des prochaines années pour couvrir les frais réels évalués à plus de 500 $).

Le dossier est ensuite renvoyé aux fonctionnaires du Québec pour une évaluation financière du parrain. L'ouverture du dossier au palier provincial coûte 125 $.

Il n'est pas bien difficile de démontrer ses capacités financières de parrain : pour savoir s'il peut parrainer une personne, le garant calcule son revenu annuel brut en fonction de la taille de sa famille. Il y ajoute ensuite le montant requis pour les personnes parrainées par le passé et pour celles qu'il veut parrainer – le conjoint peut se joindre à la demande d'engagement s'il le désire ou si le revenu du garant n'est pas suffisant. Les besoins de sa famille s'évaluent comme suit[215] :

Calcul des capacités financières du parrain :

Nombre d'adultes (de 18 ans et plus, à la charge du garant, lui inclus)	Nombre d'enfants (moins de 18 ans, à la charge du garant)	Revenu de base annuel brut dont doit disposer le garant
1	0	14 066 $
1	1	19 160 $
1	2	20 732 $
2	0	22 433 $
2	1	24 202 $
2	2	25 705 $

Une somme approximative de 1 200 $ est ajoutée pour chaque personne à charge supplémentaire. Ces montants sont indexés au coût de la vie tous les trois mois. Ils étaient valides en 1993.

---

215. *Recueil des lois et règlements du MCCI*, juin 1992, et article paru dans la revue *Actif* sous la plume du responsable des affaires juridiques au MCCI, Me G. Michel Jarry. Mise à jour des tableaux faite au MCCI le 1er juillet 1993.

Le total du revenu annuel brut de chacune de ces personnes détermine si le groupe est en mesure de respecter l'engagement.

Les besoins essentiels (nourriture, vêtement, nécessités domestiques et personnelles ainsi que les frais afférents à l'habitation d'une maison ou d'un logement) du parrainé et de sa famille s'évaluent quant à eux de la façon suivante :

Besoins essentiels des personnes parrainées

Adultes parrainés (18 ans et plus)	Enfants parrainés (moins de 18 ans)	Montant annuel requis pour les besoins essentiels d'une année
0	1	3 515 $
1	0	7 032 $
1	1	9 579 $
1	2	10 428 $
2	0	11 157 $
2	1	12 126 $
2	2	12 853 $

Une somme approximative de 700 $ est ajoutée pour chaque personne à charge supplémentaire. Ces montants sont indexés au coût de la vie tous les trois mois. » Les chiffres cités plus haut étaient valides en 1993.

La durée de l'engagement varie selon la catégorie à laquelle appartient la personne parrainée :

a) L'engagement pour un membre de sa famille dure pendant 10 ans ou, s'il s'agit d'un enfant de moins de huit ans, jusqu'à sa majorité.

b) Si on est garant d'un parent aidé, l'obligation est de cinq ans.

À titre d'exemple, prenons le cas de la réunification de la famille Paul. Il s'agit d'un parrainage de cinq personnes, tous adultes, et les parrains, établis au Québec, sont mariés et ont deux enfants mineurs à leur charge : les fonctionnaires québécois ont calculé, selon le tableau d'évaluation mis au point à partir de divers facteurs économiques, dont l'indice du coût de la vie, que, pour subvenir aux besoins de leur famille immédiate vivant déjà au Québec (deux adultes et deux enfants), les candidats au parrainage avaient besoin au départ de revenus annuels bruts d'au moins 23 500 $. Pour suffire aux besoins des cinq personnes parrainées, ils devaient disposer de revenus additionnels de 14 140 $. Au total, ils devaient démontrer des revenus annuels bruts de 37 648 $.

Tout étant en règle, le dossier fut donc acheminé aux services d'immigration du Québec à l'étranger, en l'occurrence Haïti. Simple formalité puisque le conseiller du Québec n'a plus, à ce moment-ci, qu'à délivrer un certificat de sélection du Québec (CSQ) et à expédier tout le dossier à l'ambassade du Canada.

À compter d'ici, des démarches subséquentes doivent être entreprises non plus par le parrain, mais par les parrainés : quête des documents d'identité (une aventure pouvant s'avérer laborieuse et coûteuse dans les pays du tiers-monde) ; rapport d'un examen médical effectué par un médecin accrédité par le Canada et entériné par les services médicaux des Affaires extérieures à Kingston en Ontario, aux frais des aspirants immigrants, et, enfin, les parrainés passent une entrevue avec un conseiller en immigration du Canada.

Parallèlement à toutes ces opérations, les autorités fédérales auront mené une enquête complète sur toute la famille : combien de personnes sont admissibles au programme d'immigration familiale (il n'est pas rare que le dossier englobe deux ou trois générations et touche plusieurs dizaines de personnes, notamment en Haïti), l'état de santé de chacun (un problème pour une seule personne du dossier familial et tout bloque dans la machine) et une vérification dans les fichiers de la police pour s'assurer que les candidats à l'immigration n'ont pas commis de crimes graves et ne peuvent pas représenter de danger pour la sécurité du Canada.

Le parrain s'engage, le temps de l'intégration, à soutenir financièrement l'immigrant, en lui fournissant, au besoin, nourriture, vêtements, nécessités domestiques ou personnelles et logement. Le parrain s'engage aussi à rembourser au gouvernement toutes prestations d'aide sociale qui auraient pu être consenties à la personne parrainée.

Parrains irresponsables et parrainés sur le « BS »

Voilà pour les règles sur papier. La réalité est un peu différente : on a beau s'être assuré de la solvabilité des parrains, cela ne garantit pas pour autant leur moralité, le respect de leur engagement. Même réunifiée par un programme gouvernemental, une famille n'est pas à l'abri d'une chicane... de famille, si bien qu'on retrouve de plus en plus de parrainés sur les listes d'aide sociale du gouvernement.

Mme Gagnon-Tremblay souligne ce phénomène dans son livre blanc : « L'augmentation du nombre de parrainés qui doivent recourir à l'aide sociale est telle qu'une intervention sérieuse est nécessaire à cet égard. En effet, il faut répondre aux problèmes parfois criants que vivent ces personnes et éviter que le manque de responsabilité de certains garants ne contribue à alourdir la charge de la collectivité d'accueil en ce qui a trait à l'assistance sociale. Le niveau d'engagement financier exigé du garant sera donc réévalué afin de correspondre davantage à une vision réaliste du coût de la vie en contexte québécois. De plus, au même titre qu'il faut respecter l'ensemble des obligations que prennent les membres des familles québécoises les uns à l'égard des autres, et, en vertu du principe d'une saine gestion des finances publiques, le gouvernement entend mettre en œuvre un mécanisme assurant le respect de l'engagement du garant à l'égard de sa famille. »

Les amendements à la loi québécoise sur l'immigration obligeront les parrains à s'engager de façon plus ferme dans l'intégration économique, linguistique et socioculturelle des membres de sa famille.

C'est ainsi que, si la responsabilité à l'endroit des conjoints et des enfants a été réduite de 10 à 3 ans, les moyens de contrôle pour obliger les parrains à respecter leur engagement ont par ailleurs été renforcés. Les parrains irresponsables pourront être poursuivis devant les tribunaux afin de les forcer à rembourser les prestations d'aide sociale ou du programme des prêts et bourses que leurs protégés auraient touchées illégalement.

L'irresponsabilité des parrains demeure toutefois un phénomène relativement marginal : 4,5 % des 80 000 personnes parrainées au Québec au tournant des années 90 dépendaient des prestations d'aide sociale. Au total, selon un rapport du MCCI, les garants défaillants coûtent à l'État, au chapitre de l'aide sociale, la bagatelle de 1,9 million. Ce qui énerve le ministère, ce n'est pas le montant, mais la tendance à la hausse de ce phénomène. Alors que l'on dénombrait environ 250 parrainés chefs de ménage qui recevaient de l'aide de dernier recours en mars 1989, le nombre s'élevait à la fin de 1990 à environ 2 200.

ADOPTION INTERNATIONALE : SOLIDES GARANTIES D'INTÉGRATION

De toutes les façons d'immigrer, s'il en est une qui offre de solides garanties d'intégration à la société d'accueil, c'est assurément l'adoption d'un enfant à l'étranger par des parents québécois.

L'adoption internationale demeure toutefois une donnée très marginale au chapitre de l'immigration familiale : 853 adoptions en 1991[216], mais quatre fois plus de parents en attente.

Dans son énoncé de politique de 1990, la ministre Monique Gagnon-Tremblay consacre à peine quelques paragraphes à l'adoption internationale. « Tant sur le plan du redressement démographique que sur celui de l'intégration linguistique et culturelle, ces jeunes enfants, soutenus par des familles dont la qualité d'engagement ne fait aucun doute, constituent un apport très intéressant pour la société d'accueil... Le gouvernement entend utiliser la ressource que représentent les services québécois de sélection dans diverses parties du monde pour mieux identifier les bassins potentiels d'enfants à adopter et ce, en tenant compte des lois et règlements des pays d'origine. »

Invitée à préciser ses intentions à ce propos[217], Mme Gagnon-Tremblay a toutefois clairement laissé entendre qu'elle ne compte pas lancer d'offensive particulière pour améliorer les conditions de l'adoption internationale. « C'est un dossier qui relève du ministère de mon collègue des Affaires sociales ».

Cela dit, le nombre d'adoptions internationales grimpe sans cesse dans les statistiques depuis l'entrée en vigueur, le 24 septembre 1990, de la nouvelle loi sur l'adoption internationale (la loi 70), qui rend la tâche plus facile aux parents désirant adopter un enfant étranger : 250 en 1988-1989 ; 285 en 1989-1990 ; 643 en 1990-1991 ; et 693 en 1992-1993. L'immense majorité de ces enfants ont moins de deux ans.

216. Données du Secrétariat à l'adoption internationale.
217. Entrevue à son bureau de Québec, en avril 1991.

Adopter un enfant étranger, ça prend bien plus que neuf mois

Pour pouvoir adopter légalement un enfant à l'étranger, il faut en dernier ressort obtenir du Secrétariat à l'adoption internationale (SAI) une « lettre de non objection à l'entrée de l'enfant ».

Le Secrétariat à l'adoption internationale, un organisme relevant du Ministère de la Santé et des Services sociaux, est donc un passage obligé au plan des formalités, mais les services d'adoption du SAI ne sont utilisés qu'environ une fois sur dix par les parents adoptants. Parce que jugés trop longs. Les deux tiers des parents font eux-mêmes les démarches nécessaires d'adoption, les autres font appel à des agences privées.

Cela dit, tout le monde est soumis à certaines règles, parfois strictes et tatillonnes, ici comme à l'étranger.

Au Québec, les parents adoptants doivent notamment être évalués par un psychologue, un travailleur social ou le directeur de la protection de la jeunesse, qui cherchera à bien cerner les motivations profondes des parents, à examiner la situation socio-économico-culturelle du couple, à mesurer leur ouverture d'esprit sur le monde, sur les « différences » et à s'assurer de l'esprit de famille du père et de la mère.

Les pays étrangers imposent pour leur part des conditions incontournables : avoir moins de 40 ans ; être mariés dans la presque totalité des cas, parfois le nombre d'années de mariage peut compter ; quasi-obligation de se rendre chercher soi-même l'enfant dans le pays, où le séjour peut durer de deux à six semaines.

Les coûts de l'adoption internationale sont en général élevés, à cause des frais de transport, d'hébergement et d'administration à l'étranger. « Jamais moins de 6 000 $ », affirme Lucien Leblanc, directeur du SAI.

Six mille dollars, c'est le cas pour Haïti, les Philippines, la République dominicaine et la Thaïlande. Mais ça peut coûter de 10 000 $ à 15 000 $ pour la Chine. Et plus ou moins 13 000 $ pour le Salvador ; 12 000 $ pour le Honduras ; 9 000 $ pour le Chili et Taïwan ; 8 000 $ pour la Bolivie ; 7 000 $ pour le Costa Rica, le Guatemala, l'Inde et le Mexique…

« La plupart des parents adoptants, souligne Lucien Leblanc, appartiennent à la classe moyenne. Il s'agit pour eux d'un projet pour lequel ils iront jusqu'à hypothéquer leur maison pour pouvoir le réaliser...»

Les enfants adoptés viennent surtout de Chine et d'Haïti. Ainsi, des 693 autorisations d'adoption accordées par le Secrétariat à l'adoption internationale (SAI) entre le 1ᵉʳ avril 1992 et le 31 mars 1993, 226 concernaient des bébés chinois; 131, des enfants haïtiens; 63, des Mexicains; 41, des Taïwanais; 35, des Russes; 23, des Roumains; 20, des Boliviens; 16, des Guatémaltèques; 15, des Colombiens; trente-quatre autres pays, dont le Canada (sic), se partageaient les quelques dizaines d'autres enfants adoptés pendant cette période.

Pourquoi d'abord la Chine? L'attente ne dure pas des années, mais quelques mois. Deux contraintes, toutefois : pas question d'adopter un garçon en Chine, et il faut prévoir débourser au bas mot 10 000 $ pour les frais de transport et d'hébergement et 3 000 $ en don à l'orphelinat.

Fait à noter, tous les pays ne sont pas ouverts à l'adoption internationale. C'est notamment le cas des pays de loi coranique. «Quoique certains permettent la tutelle, précise Lucien Leblanc, mais ce n'est pas conforme à notre loi 70.»

Le directeur du SAI confirme par ailleurs le taux de réussite des adoptions. «En une dizaine d'années, et sur trois ou quatre mille cas d'adoptions, je pense que nous n'avons pas eu plus d'une quinzaine d'échecs. C'est-à-dire des enfants que nous avons dû retirer de leur famille pour les confier à une autre famille, ou les retourner chez eux. La plupart du temps c'était ou bien parce que les enfants étaient trop vieux – 7 ou 8 ans –, ou bien à cause d'une fratrie – deux ou trois enfants de la même famille –, ou bien, il faut malheureusement le dire, parce que les parents ont trouvé que leur beau petit bébé noir devenait très, mais alors très noir. Il se peut qu'à l'adolescence surviennent d'autres échecs. Par exemple, je connais le cas d'un adolescent noir vivant dans une famille de province qui, un jour, a décidé de quitter sa famille de "mecs blancs", comme il nous a dit, pour venir rejoindre "sa famille" noire à Montréal.»

Ce taux de réussite s'explique notamment par le fait, selon Lucien Leblanc, que les parents adoptants disposent, par la force des choses, de beaucoup de temps pour se préparer à accueillir leur enfant. Jamais moins d'un an, un an et demi, et souvent près de cinq ans.

Longues listes d'attente, de part et d'autre

Si 2 500 à 3 000 parents québécois attendent, bon an mal an, quelque part dans le dédale administratif les autorisations finales pour pouvoir accueillir un enfant étranger, les listes d'attente, d'autre part, sont infiniment plus longues : 100 millions d'enfants souffrent de malnutrition dans le monde ; 80 millions sont exploités en très bas âge sur le marché du travail ; 30 millions doivent se débrouiller tout seul pour survivre dans les rues[218].

Un dossier du *Time*[219] fait apparaître une certaine symétrie entre les besoins des couples du First World (par référence au tiers-monde, sans doute) d'adopter des enfants et les besoins de millions d'enfants du tiers-monde qui n'ont pas de quoi manger, se vêtir, qui ne connaîtront jamais la stabilité d'un foyer, qui n'auront jamais droit à l'éducation, bref, qui n'ont aucun avenir.

Jusqu'à tout récemment, c'était pour des motifs purement humanitaires et charitables que des personnes habitant dans des pays riches adoptaient des enfants étrangers. Au lendemain d'une guerre, par exemple : la Deuxième Grande Guerre en Europe, celle de Corée, celle du Vietnam.

Aujourd'hui, il n'y a pas que des motivations d'altruisme, mais aussi le simple désir de fonder une famille pour le plaisir de fonder une famille.

Incapables d'avoir un bébé ou d'en adopter un dans leur propre pays, de plus en plus d'Américains, de Canadiens, d'Australiens, d'Ouest-Européens, d'Israéliens et de Néo-Zélandais vont dans le tiers-monde. Où les orphelinats débordent. Où des milliers d'enfants sont abandonnés, laissés à eux-mêmes, dans la rue. Où, souvent, les parents voient dans l'adoption la seule façon d'offrir une vie décente, un avenir à leurs enfants.

Les adoptants sont au nombre de 20 000 par année, selon l'analyse du *Time*. Qui précise qu'au cours des 20 dernières années les États-Unis ont enregistré 140 000 adoptions d'en-

---

218. Statistiques pour 1990 de la Coalition canadienne pour les droits des enfants.
219. *Time*, 4 novembre 1991.

fants nés à l'étranger ; la Suède, 32 000 ; la Hollande, 18 000 ; l'Allemagne, 15 000 ; le Danemark, 11 000.

Les tout-petits, eux, sont d'abord venus au cours des 20 dernières années, de la Corée du Sud : 120 000 depuis la fin de la guerre. Mais, depuis que le pays est devenu l'un des plus prospères du monde, Séoul a pratiquement mis un terme aux adoptions d'enfants par des étrangers.

En 1990, les principaux pays donneurs : Colombie (4 000), la Corée du Sud (3 000), la Roumanie (3 000), le Brésil, l'Inde, le Pérou, le Sri Lanka, la Thaïlande, le Guatemala et les Philippines. Les principaux pays receveurs : États-Unis (7 000), la France (3 000), l'Italie (2 000), l'Allemagne (1 000), la Suède, la Hollande, la Grande-Bretagne, la Norvège, le Danemark et l'Australie.

Au fait, les normes générales dans le monde, toujours selon le *Time*, sont les suivantes :

— frais variant de 5 000 $ à 10 000 $, à 20 000 $ et même plus pour les agences, les avocats, les frais de cour, les frais de transport et d'hôtel, les examens médicaux, les dons à l'orphelinat, les frais de traduction des documents, les tampons gouvernementaux… ;

— attente d'environ un an ;

— des parents ayant moins de 40 ans ;

— des montagnes de paperasse ;

— voyage dans le pays, séjour variant de deux semaines à six semaines, et parfois plus.

Du marché noir à la big business

Les transactions sont en principe honnêtes, morales : les uns comblent un besoin de fonder une famille, les autres échappent à une vie d'enfer.

Sauf… sauf que des avocats, des notaires et des pourvoyeurs d'enfants viennent parfois gâter les bonnes intentions.

Il existe en fait un marché noir d'enfants, affirme le *Time*. Des ventes de bébé à 40 $ aux Philippines, à 65 $ au Salvador… Des mères biologiques payées pour faire des enfants destinés à l'adoption internationale. Un tel commerce d'enfants avait été révélé par la police, au milieu des années 80, à Wadduwa au Sri

Lanka. La police y avait découvert un curieux hôtel, qui était en fait une véritable « fabrique » de bébés, un *baby farm*, tenu par un Allemand et sa femme sri lankaise, où se trouvaient, au moment de la descente policière, une vingtaine de femmes avec autant d'enfants. Les étrangers y venaient, prenaient bien le temps de choisir et repartaient avec un bébé... moyennant des honoraires variant de 1 000 $ à 5 000 $. Les mères porteuses, elles, touchaient 50 $ par enfant.

L'histoire de Manon Bousquet et de Charles Desnoyers, qui se sont rendus en Roumanie pour y adopter deux enfants, ne révèle pas d'aussi tragiques scandales. Mais le chemin parcouru pour arriver jusqu'à Sabrina et Maxime n'a rien de banal.

Si c'était 1991, c'était la Roumanie

La fiche technique promettait une fillette de deux ans et six mois, avec des cheveux blonds. L'enfant emmenée par la travailleuse sociale avait quatre ans, les cheveux noirs, elle était incapable de marcher seule, elle paraissait souffrir d'un important retard mental, bref, elle était bien loin du modèle d'enfant à adopter que Manon Bousquet avait en tête.

« Je ne cherchais pas un enfant avec telle ou telle couleur de cheveux, avec tel ou tel trait de figure, tout ce qui m'importait c'était de trouver un enfant éveillé. Un enfant qui réagit quand on lui parle, quand on lui sourit. Une amie, professeure spécialisée dans l'enfance inadaptée, m'avait donné quelques trucs pour détecter les problèmes psycho-moteurs. Cette enfant en avait de toute évidence. »

Ce soir-là, elle se souvient d'avoir eu une irrésistible envie de sauter dans un avion pour rentrer chez elle à Émileville, PQ.

Cela faisait déjà plus d'une semaine qu'elle se promenait d'orphelinat en hôpital, à la recherche de deux enfants qu'elle comptait ramener chez elle.

Elle avait déjà vu plusieurs enfants. Elle en avait même choisi quelques-uns pour lesquels elle avait entrepris des procédures d'adoption... pour, en fin de compte, découvrir que le petit garçon de trois ans n'était plus disponible, que la fillette de six ans refusait de quitter sa mère (biologique) et menaçait de se suicider (sic) si elle devait être conduite de force au Canada, que les tests pour détecter les virus du sida et de l'hépatite B étaient positifs pour tel autre enfant...

En ces premiers mois de mars 1991, Manon Bousquet n'était pas la seule dans cette foire aux enfants roumains.

Après avoir vécu quelque temps en Roumanie, à interviewer une cinquantaine de parents adoptants venus des États-Unis, du Canada et des pays d'Europe occidentale, la journaliste Kathleen Hunt rapporte[220] que, depuis la diffusion des reportages saisissants sur les petits «orphelins» roumains, des milliers de parents adoptants déferlent sur la Roumanie.

Émus par les images d'enfants handicapés montrés par la télé en 1990, Américains, Canadiens et Européens de l'Ouest affluent en Roumanie pour en repartir avec des enfants... sains. Les enfants les moins lourdement hypothéqués par des mois de mauvais soins : il y avait, selon diverses sources médicales européennes, au lendemain de la chute de Ceausescu (sous sa dictature l'adoption était interdite), en décembre 1989, plus de 130 000 enfants de moins de 18 ans confiés par des parents désespérés à l'une des quelque 600 institutions. Environ 8 000 d'entre eux avaient alors moins de trois ans, et plus de la moitié de ceux-ci étaient porteurs du rétrovirus du sida ou du virus de l'hépatite A ou B. Bref, beaucoup présentaient des handicaps sévères.

En août 1990, le gouvernement roumain assouplit sa loi sur l'adoption, relate la journaliste du *New York Times* (NYT), et c'est à partir de ce moment que des centaines de parents adoptants ont commencé à débarquer en Roumanie. Plaque tournante de cette activité fébrile : l'immense hôtel Président, haut lieu jadis réservé aux invités de marque de l'ancien régime, mais envahi à cette époque par les parents adoptants... et les «marchands d'enfants». Des avocats, des employés d'agences d'adoption, des interprètes et autres brasseurs d'affaires qui, tous, proposent la bonne affaire : les tarifs pour l'adoption d'un enfant varient de 2 500 $ à 15 000 $, précise l'article du NYT, ce qui inclut le dédommagement aux parents biologiques. Ces derniers peuvent exiger parfois jusqu'à 100 000 leis (2 800 $US) ou encore pousser leur «chance» jusqu'à demander, en prime, une voiture.

---

220. Édition du 24 mars du magazine du *New York Times*.

Les priviliégiés de l'ancien régime, donc ceux qui disposent déjà d'un peu d'argent, explique la journaliste du NYT, voient dans l'adoption une petite mine d'or. L'industrie artisanale la plus lucrative de la décennie.

Cet univers de marchandage, de corruption, de pots-de-vin, de falsification de documents, de prix forfaitaires à payer pour les bébés donnent des haut-le-cœur à bien des parents adoptants, qui ne croyaient rencontrer que misère et pauvreté. Surtout ceux, moins fortunés, qui avaient prévu un budget total de 5 000 $ pour pouvoir adopter un enfant. Ceux, en fait, qui tentent d'éviter le plus possible les intermédiaires entre eux et les parents biologiques, ou entre eux et les responsables dans les orphelinats et les hôpitaux.

Environ 3 000 enfants y ont été adoptés en 1990. Le phéno-mène n'a pas cessé de prendre de l'ampleur par la suite, jusqu'à ce que le gouvernement roumain impose un moratoire sur les adoptions en juillet 1991. Le moratoire ne sera levé qu'en jan-vier 1992, et encore, pour les seuls enfants handicapés. Il faudra attendre avril pour les autres. Et désormais, plus personne ne pourra venir adopter directement un enfant roumain, tout le monde doit passer par des agences.

Au total, pour le premier trimestre de 1991 : 2 000 enfants roumains furent adoptés par des étrangers. Contre un total annuel estimé de 18 000 à 20 000 adoptions entre pays dans le monde entier. Le phénomène roumain est comparable, selon Niger Cantwell, directeur de l'Association internationale de la défense des enfants, à l'adoption massive d'enfants vietnamiens après la guerre du Vietnam, ou de petits Colombiens après le tremblement de terre qui a dévasté leur pays.

Il faut toutefois noter, ainsi que le souligne le *Time* du 5 novembre 1991, que la moitié des quelque 10 000 enfants rou-mains adoptés au cours des 18 mois suivant la chute de Ceausescu avaient moins de six mois. Il est donc permis de croire que ces enfants ne venaient pas des orphelinats ou institutions, mais directement des familles.

C'est dans cet univers pervers et tourmenté que Manon Bousquet débarque par une froide journée d'hiver.

Au départ, l'histoire de Manon Bousquet et de son mari Charles Desnoyers ressemble à celle de centaines d'autres couples québécois : ils ont déjà un enfant, mais découvrent qu'ils ne peuvent plus en concevoir d'autres. Alors, ils tentent d'adopter un enfant au Québec. Peine perdue. «On ne propose que très, très rarement des enfants en bas âge, raconte Manon. La plupart du temps ce sont des enfants près de l'adolescence, des enfants à problèmes. Ce n'était pas ce que nous voulions.»

Au bout de deux, trois ans, ils en viennent à la conclusion que, pour élargir leur famille, ils devront aller à l'étranger. Mais voilà, où ? Comment ?

D'abord, accoucher d'une tonne de paperasse

La nouvelle loi 70 sur l'adoption internationale offre trois avenues aux parents adoptants : soit de recourir aux services du Secrétariat à l'adoption internationale (SAI), soit d'utiliser les services d'un organisme privé agréé par le gouvernement, soit de s'organiser seul, sans intermédiaire.

La procédure à suivre est cependant la même pour tout le monde : chaque couple doit monter un volumineux dossier pour s'identifier et s'expliquer, c'est en quelque sorte ce dossier qui servira à ouvrir les portes dans les bureaux gouvernementaux, dans les institutions.

Ce dossier doit comprendre en général les documents suivants :

√ Des lettres de référence de parents, d'amis et de l'employeur. Dans certains pays une lettre de son curé peut être utile.

√ Un certificat de bonne conduite de la GRC ou de la Sûreté du Québec (SQ) attestant qu'on n'a pas d'antécédents judiciaires. Il suffit de se présenter dans un poste de la SQ avec son permis de conduire pour que l'agent de police soit en mesure d'obtenir ces informations dans le système informatique et qu'il délivre ensuite le certificat en question.

√ Un document de la Chambre des notaires attestant que le notaire qui authentifiera tous les documents est un vrai notaire reconnu par la Chambre des notaires. Ce bout de papier est notamment indispensable dans certains pays d'Amérique centrale.

√ Un certificat médical prouvant qu'on est en bonne santé physique et mentale.

√ La promesse de donner des bons soins à l'enfant adopté et de préserver son héritage culturel – cette condition demeure plutôt vague parce que les fonctionnaires n'ont pas vraiment trouvé les mesures pour l'évaluer. Pour la Roumanie, ce ne fut pas requis.

√ Plusieurs pays exigent qu'un, et parfois même les deux parents viennent en personne chercher leur enfant. Il faut habituellement y séjourner deux, trois ou six semaines pour remplir les formalités, débourser plusieurs milliers de dollars en frais de transport aérien, de séjour, de traduction, d'avocats, de traducteurs, de bureaucrates, de « dons » à l'orphelinat ou aux parents biologiques.

Manon Bousquet et Charles Desnoyers ont choisi de s'organiser par eux-mêmes. Ils commencent par assister à des réunions d'information organisées par la Fédération des parents adoptants du Québec. Découvrent que les règles et les prix varient énormément d'un pays à l'autre : tel pays ne confie ses enfants qu'à des parents dont les revenus annuels dépassent 50 000 $ et qui ont complété avec succès des études universitaires (Corée), tel autre exige que les parents viennent à deux reprises ou que les deux parents soient présents au moment de remplir les formalités sur place, ou que le couple soit vraiment stérile, ou encore que les parents adoptants fassent affaires avec des avocats locaux et fassent un don obligatoire de 3 000 $ à l'orphelinat...

Bref, ils en viennent à la conclusion, en décembre 1990, que la Roumanie est le pays où il est, à ce moment-là, le plus facile et le plus rapide d'adopter un enfant. Et ils finissent par se persuader que Sabrina et Maxime arriveront à la maison avant la fin de l'hiver.

« Mais, il faut en faire des démarches ! Il en faut de la paperasse. Une lettre de non objection du Secrétariat à l'adoption internationale. Un document autorisant le parrainage de l'enfant, émis par Emploi et Immigration Canada. Une ouverture de dossier d'immigration, qui coûte quelques centaines de dollars.

« Et, surtout, il faut bousculer le monde si on veut avoir les enfants avant d'avoir l'âge d'être des grands-parents. Par exemple, le fameux rapport d'évaluation de la famille adoptante, eh bien ! ça peut prendre trois ou quatre ans avant de l'avoir si on attend après un travailleur social du gouvernement. Si on s'adresse à un travailleur social agréé par le ministère des Affaires sociales, c'est une affaire de quelques jours. Qui coûte 400 $, par contre.» Ce rapport détermine l'admissibilité des parents à une adoption, après une évaluation des motivations du couple, de son genre de vie, de la solidité des liens unissant le père et la mère, de leurs moyens financiers, de leurs valeurs morales...

« Une fois qu'on a tous les documents, continuent de raconter Manon et Charles, ce n'est pas tout. Il faut ensuite les faire authentifier par un notaire. Certains notaires peuvent le faire gratuitement pour leurs bons clients, d'autres peuvent présenter des honoraires d'environ une centaine de dollars. Dans tous les cas, passer par un notaire coûte moins cher que de confier son affaire à un avocat spécialisé en adoption. Nous le savons maintenant, mais pas dans le temps. On a dû payer 2 489 $ d'honoraires à un avocat spécialisé en adoption internationale. Plus : 1 400 $ pour des frais de montage de dossier et de traduction, ainsi que 400 $ pour une brochure d'information sur les règles d'adoption... que l'on peut obtenir gratuitement en devenant membre, moyennant 60 $, de la Fédération des parents adoptants du Québec.»

Après, il faut courir chercher un visa à l'ambassade de Roumanie à Ottawa. Acheter les billets d'avion, des vêtements et des médicaments pour les enfants. «J'avais même apporté mes propres seringues pour les tests sanguins qu'on fait subir aux enfants, se souvient Manon, parce qu'on m'avait prévenue de me méfier des seringues roumaines.»

Débarquer dans un «pays de guerre»

Manon partira la première, le 17 janvier 1991.

Ses premiers chocs culturels en débarquant à Bucarest l'auront peut-être fait douter de la pertinence d'avoir choisi la Roumanie entre tous les pays ouverts à l'adoption internationale. «J'avais l'impression d'arriver dans un pays contrôlé par l'armée, dans un pays de guerre. Parce que j'avais un tour de taille sans doute suspect aux yeux des douaniers, à cause de ma ceinture de voyage, j'ai été forcée, sous la menace d'une mitraillette armée et pointée en ma direction par un soldat, de baisser mon pantalon devant tout le monde dans la salle d'arrivée de l'aéroport.

« Mes autres premières impressions, c'est le souvenir de la puanteur de cigarettes partout dans mon hôtel et le froid qu'il fait dans les chambres. J'ai dû dormir toute habillée, emmitouflée dans une couette. En prime, j'avais même des coquerelles dans cet hôtel, pourtant l'un des deux meilleurs de Bucarest. À 53 $ la nuit.

« Après, le lendemain, une fois un peu remise de la fatigue du voyage, j'ai été frappée par la morosité des gens. Ils ne sourient jamais, ils marchent la tête basse, ils ont l'air bête. Plus tard, quand j'ai pu échanger avec eux, je me suis bien rendu compte qu'ils ont quelques bonnes raisons d'être de mauvaise humeur. J'ai compris qu'ils ne se sentent nulle part chez eux, mais dans un pays qui appartient à l'État. »

Manon avait prévu réaliser ses deux adoptions en ne comptant que sur l'aide d'un interprète. Quelqu'un qui la piloterait dans les orphelinats, dans les hôpitaux, devant les tribunaux... Au bout d'une semaine, elle s'est rendu compte que son interprète n'était pas à la hauteur de ses espoirs. Une autre mère adoptante lui a alors proposé de recourir aux services d'un avocat proche de la Securitate, efficace, mais un peu cher. « Ça m'a coûté 4 000 $, mais j'ai pu tout régler dans le délai de six semaines que je m'étais fixé.

« D'abord, j'ai trouvé Maxime. Un bébé de 15 mois (né le 11-10-89), qui vivait à l'hôpital depuis sa naissance. La première fois que je l'ai vu, c'était le 31 janvier. Il sentait mauvais, il n'avait probablement jamais été lavé de sa vie. Je lui ai fait une prise de sang.

« Deux jours plus tard, je suis allée chez ses parents pour obtenir leur consentement. La mère avait le choix entre une mère grecque et une canadienne, elle a préféré le Canada. Tant mieux pour moi ! Le contact a été bon entre nous. Elle m'a expliqué qu'elle et son mari avaient dû abandonner ce quatrième enfant parce qu'ils étaient à peine capables de faire vivre les trois autres. Je lui ai promis d'envoyer des photos de Maxime plus tard.

« Je n'ai pu sortir Maxime de l'hôpital pour l'amener à mon hôtel que deux jours plus tard. Je n'oublierai jamais mes premières heures avec lui dans cette chambre d'hôtel. J'ai commencé par lui donner son premier bain. Il en a fallu beaucoup d'autres avant qu'il sente vraiment bon. Ensuite, je lui ai fait manger des céréales. Puis, il a dormi tout d'un trait jusqu'au lendemain.»

L'adoption de Sabrina (née le 28-04-88), trouvée elle aussi dans un orphelinat, quelques jours plus tard, aura été plus compliquée. «Parce qu'elle avait été abandonnée à l'État par ses parents il fallait un jugement final de la cour pour la sortir. Autrement, elle devait être accompagnée d'une infirmière, à 50 $ par jour.»

C'est à ce moment, à la mi-février, que Charles et Vanessa, leur fille, partiront rejoindre Manon.

Le couple aura alors le «bonheur» de compléter ensemble les dernières formalités d'usage en Roumanie :

√ Jugement de cour dans la ville de l'enfant adopté. Un document qui reprend les grandes lignes des raisons conduisant des parents (biologiques) à abandonner leur enfant et en amenant d'autres à l'adopter. En principe, c'est gratuit. Mais, avec quelques dollars, les affaires peuvent être accélérées et prendre moins de 14 jours.

√ Examen médical. «Très sommaire. Dans le cas de Sabrina, l'examen a été fait sur la banquette arrière de la voiture; pour Maxime, ça n'a pas pris deux minutes.»

√ Certificat de sélection du Québec. Aussitôt que toutes les procédures sont complétées auprès des autorités roumaines, on communique avec le Secrétariat à l'adoption au Québec, qui, à son tour, transmet le dossier au bureau d'Immigration-Québec à Montréal, qui communique ensuite à l'agent d'Immigration-Québec à Vienne, qui, lui, fera savoir à l'ambassade du Canada, à Bucarest, que le Québec vient de délivrer un certificat de sélection.

√ Enfin, retour devant le tribunal, en présence cette fois des parents biologiques et de trois juges-femmes ainsi que d'un témoin. On y répète son histoire, on explique pourquoi on veut adopter ces enfants, combien d'argent on gagne, dans quelles conditions financières on vit, si les enfants auront une chambre à eux, etc. Et on s'assure que les parents biologiques savent vraiment ce qu'ils font. Les questions sont graves, ce qui n'empêche pas d'expédier l'affaire en moins de trente minutes. «Cela a duré exactement vingt-quatre minutes, se souvient Manon, et je me suis retrouvée la mère de trois enfants.»

Rentré au pays avec ses enfants, le couple n'en aura toutefois pas terminé avec les formalités. Les enfants adoptés sont techniquement des immigrants, que les parents s'engagent à parrainer en remplissant des formalités à cette fin au MCCI, après avoir au préalable obtenu «une lettre de non objection à l'entrée de l'enfant» du Secrétariat à l'adoption internationale. Il faut ensuite faire traduire le jugement étranger en français ou en anglais. Et préparer une requête en reconnaissance d'un jugement rendu hors du Québec, à soumettre à la Chambre de la jeunesse de la Cour du Québec. Ou obtenir un jugement d'adoption. Enfin, il faut entreprendre les démarches pour la naturalisation à la Cour de la citoyenneté.

«Si c'était à refaire, analyse-t-elle aujourd'hui, avec le recul du temps, je referais à peu près tout pareil. Sauf pour l'interprète… Je suis par ailleurs plus certaine que jamais que nous avons eu raison d'adopter nos enfants à l'étranger plutôt qu'au Québec. Ici, d'abord, pas question de choisir son enfant. T'es obligée de prendre l'enfant qu'il t'envoie. Puis, ça prend un temps fou. J'ai une amie qui attend depuis sept ans. Quand est-ce que j'aurais pu adopter un enfant né au Québec ? Le jour de mes 40 ans ? Peut-être, et je n'en suis même pas certaine…» Manon avait 32 ans quand elle est revenue chez elle avec Sabrina et Maxime.

«Le bilan financier de toute l'opération s'élève, d'après les calculs de Charles, à une quinzaine de milliers de dollars : environ 4 000 $ pour les billets d'avion ; 4 000 $ pour l'avocat québécois ; 4 000 $ pour l'avocat roumain ; le reste pour les frais de séjour, les formalités…»

CHAPITRE 7

Immigration économique

> « *Si nous n'ouvrons pas la porte aux immigrants, nous serons condamnés dans un proche avenir à composer avec une pénurie de main-d'œuvre et à fermer des écoles.* »
> (Jean Bienvenue, ancien ministre provincial de l'Immigration)

Les pays d'immigration comme le Canada visent en général, comme on l'a vu plus haut, un double objectif : économique et démographique. Les experts calculent que la formation d'un travailleur spécialisé peut coûter facilement quelques centaines de milliers de dollars à une société. Accueillir un immigré déjà pourvu de cette formation et même d'une certaine expérience, c'est, il va sans dire, une aubaine. S'il est en plus dans la force de l'âge et s'il s'amène avec femme et enfants, alors là, le pays d'accueil, qui a un problème de dénatalité, vient de doubler sa bonne affaire. Pour compenser le manque d'enfants, il faut des immigrants. Parce qu'une population en déclin, ça veut dire un pays où l'on investit moins dans l'avenir : pourquoi, raisonne-t-on, mettre des millions dans une usine ou dans un centre commercial si on croit qu'il n'y aura pas assez de travailleurs pour la faire fonctionner ni assez de consommateurs pour le faire marcher ?

Fric et francité

Québec et Ottawa poursuivent donc ce double objectif démographico-économique, qui se traduit chez nous, au Québec, par deux grandes priorités : favoriser l'entrée de riches investisseurs d'Asie et du Moyen-Orient et recruter des immigrants, travailleurs si possible, d'expression française. La francité des Européens. Et le fric des Asiatiques et des Moyen-Orientaux.

225

Les uns parlent français et cela suffit à leur faciliter la tâche pour obtenir le droit de s'installer au Québec, même s'ils ne sont pas assurés de pouvoir y gagner leur vie. Les autres ont de l'argent plein les poches et cela suffit pour leur ouvrir toutes grandes les portes de la frontière, même s'ils sont incapables de prononcer un seul mot de français – sur les 7 000 certificats de sélection du Québec (CSQ) remis en 1990 à des candidats à l'immigration, toutes catégories confondues, par la Délégation du Québec à Hongkong, moins de 100 détenteurs avaient quelques notions de français. «Il est exact que l'immense majorité des immigrants que nous sélectionnons ici ne répondent pas aux exigences linguistiques du Québec, reconnaît le délégué Boudriau. Nous misons sur la deuxième génération…»

Le Québec déploie donc des efforts considérables pour augmenter le nombre des immigrants francophones, ainsi que celui des riches investisseurs. C'est à Paris et à Hongkong que le ministère compte ses plus imposants effectifs : neuf conseillers à Paris, auxquels il faut ajouter une quinzaine d'employés locaux ; à Hongkong, l'équipe d'immigration comprend cinq agents, qui sont appuyés par une dizaine d'autres personnes recrutées sur place.

Une opération coûteuse : chaque fonctionnaire en poste à l'étranger entraîne des frais de quelque 250 000 $ par année, en moyenne[221]. À Hongkong, il y a fort à parier que les fonctionnaires coûtent plus cher, étant donné le prix des loyers absolument exorbitant : un document de la Hongkong Bank estime que le coût de la vie pour un expatrié s'élève à 18 000 HK $ pour le logement et à 18 654 HK $ pour les autres frais mensuels. Mais c'est, dit-on, le prix à payer pour être en *business*!

ILS SONT RICHES, TRÈS RICHES, LE MONDE ENTIER LES AIME

Ils sont riches, très riches. Parce qu'un nouveau régime politique menace leurs intérêts ou parce que la guerre sévit chez eux, ils doivent quitter leur pays, s'exiler. Ils sont pour ainsi dire

---

221. Évaluation du sous-ministre Norman Riddell du MCCI au cours d'un bref entretien en avril 1991.

des réfugiés de la mer, avec cette légère différence qu'ils pourraient quasiment affréter leur propre pétrolier pour se rendre
dans leur pays de prédilection. Ces immigrants sont très recher-
chés par tous les pays du monde. Dont le Canada, et le Québec.

J'ai rencontré deux de ceux-là à Hongkong. Autant pour
M. Lam que pour M. Leung, la perspective de quitter leur patrie
n'avait rien de réjouissant.

Pourquoi quitter l'empire du dollar ?

Pas facile, en effet, pour un homme d'affaires de Hongkong
de s'arracher à ce paradis par excellence du capitalisme. *Business, business, business*, c'est toute la vie ici, dans cette jungle
de gratte-ciel poussant comme des excroissances partout le long
des collines et des routes. Avec partout des piétons, l'oreille
collée à un téléphone cellulaire ou les yeux rivés sur les colonnes
de chiffres des cours de la bourse défilant dans les centaines
d'appareils de télévision placés partout dans les vitrines, sur les
ponts piétonniers enjambant les rues pour relier les édifices et
dans les échoppes des rues transversales grouillantes de monde.

Difficile de renoncer à ce splendide caillou dans la mer, où
l'on trouve les plus beaux buildings du monde, dont celui de la
Banque de Chine (l'œuvre de l'architecte chinois I. M. Pei, qui a
notamment conçu la Place Ville-Marie de Montréal et la Pyra-
mide du Louvre à Paris) et celui de la Hongkong and Shanghai
Banking Corporation Limited (un véritable défi d'ingénierie
avec ses planchers amovibles). Où jeunes et vieux s'adonnent
avec délectation et application à leur *t'ai chi ch'uan* au lever du
jour dans les parcs ou sur d'autres places publiques. Où l'on
mange le meilleur canard laqué du monde, servi dans une crêpe
fourrée de minuscules morceaux de concombre et d'échalote.

Pourquoi quitte-t-on Hongkong pour le Québec ? Pourquoi
renonce-t-on à ce petit coin de paradis capitaliste ? Bien, justement, parce qu'on craint que ça cesse. Que l'accord sino-
britannique, assurant une sorte de *statu quo* politico-socio-
économique pendant 50 ans après la restitution de la colonie par
les Britanniques aux Chinois, ne puisse être respecté.

Cet accord sino-britannique ratifié le 27 mai 1985, ou plus
exactement le *Basic Law* qui deviendra la Constitution le 1er

juillet 1997 prévoit une large autonomie pour Hongkong, sauf pour les questions de défense et de politique étrangère, un maintien des droits et des libertés, le droit à la propriété privée et un engagement par la Chine de ne pas lever de taxes.

Les histoires de M. Lam et de M. Leung ressemblent probablement à celles des milliers de leurs compatriotes qui frissonnent en pensant à 1997, et elles aident à comprendre le «coup de cœur» des Chinois de Hongkong pour le Québec.

La peur de la Chine est profonde pour M. Lam

«Je sais bien, explique Charles Lam, la trentaine, marié, deux enfants, que la logique veut que tout le monde laisse les choses intactes parce que ça vaut mieux pour tout le monde. Mais les Chinois ont fait tant de folies dans le passé. La dernière, ç'a été Tianenmen. J'ai peur de ce pays.»

Pourtant, M. Lam se rend régulièrement en Chine. Par affaires : la main-d'œuvre y est quatre fois moins chère qu'à Hongkong. À titre d'exemple, un travailleur en électronique gagnera 150 $ par mois, contre 600 $ à Hongkong. «L'inconvénient, nuance M. Lam, c'est que nous ne pouvons y exercer des contrôles de qualité du travail, que nous ne pouvons pas congédier des employés improductifs.»

M. Lam va en Chine par affaires, mais aussi par plaisir. «Pour montrer la Muraille à mes enfants.»

La peur que M. Lam nourrit à l'endroit de la Chine est néanmoins profonde. Elle remonte probablement aux souvenirs racontés par son père, ex-employé du gouvernement chinois, qui a perdu plusieurs amis mystérieusement et qui a fui Canton il y a 50 ans.

Donc, M. Lam sent qu'il faut se méfier des Chinois du continent. Voilà pourquoi ce *businessman*, qui fait dans l'importation de matériaux de construction, qui fait des affaires sur trois continents, a demandé et obtenu son CSQ. À titre d'immigrant-entrepreneur, il pouvait, s'il le désirait, débarquer au Québec en avril 1992. «Je vends tout en partant. Ce qui me manquera? La vie bon marché, la cuisine, mais, surtout, la proximité, le fait d'être à quelques minutes de nos parents et de nos amis. Quand nous serons à Montréal, nous serons à des heures de nos amis, qui habitent Toronto et Vancouver.»

M. Leung ne croit pas en la parole des dirigeants chinois

Cecilia et Yun Leung, au seuil de la cinquantaine, deux adolescents placés dans de bonnes écoles en Angleterre et un appartement spacieux (denrée rare dans le pays) dans un quartier bourgeois de l'île de Hongkong (North Point) veulent partir eux aussi.

Les Leung dirigent une entreprise apparemment prospère, la Betterich Trading Ltd, spécialisée dans la *business* des jouets. Une *big business* à Hongkong, qui est le premier pays fournisseur de jouets dans le monde, selon une brochure de la Hongkong Bank. L'industrie des jouets emploie 63 600 personnes. Elle a exporté en 1989 pour 14,2 milliards de HK $.

Les Leung veulent néanmoins refaire leur vie ailleurs, parce qu'ils n'ont pas confiance en l'accord signé par Londres et Pékin visant à assurer pendant 50 ans une sorte de *statu quo* économico-sociopolitique au lendemain de 1997, quand la colonie britannique reviendra dans le giron de la Chine.

Les Leung sont convaincus que les Chinois ne respecteront pas cette entente. Ils en étaient même persuadés avant la sauvage répression des étudiants de la place de Tianenmen en juin 1989, c'est-à-dire

Cecilia et Yun Leung. Tous deux craignent le pire quand Hongkong reviendra dans le giron de la Chine.

même à l'époque où la plupart des gens d'affaires étaient encore persuadés qu'ils allaient convertir la Chine communiste aux vertus du capitalisme. Aujourd'hui, les moins pessimistes d'entre eux espèrent à peine que les autorités de Pékin les laisseront au moins faire quelques affaires au-delà de 1997.

« Depuis Tianenmen, observe le délégué du Québec à Hong-kong M. Boudriau, les gens partent par dizaines de milliers par année (62 000 en 1990). Le tiers d'entre eux émigrent au Canada, et quinze à vingt pour cent de ceux-ci choisissent le Québec. Pour eux, il faut bien le reconnaître, ce passeport représente plus une police d'assurance qu'un moyen de tourner à jamais la page sur une partie de leur vie. Nous ne sommes donc pas certains à cent pour cent de conserver ces immigrants, mais ce dont nous sommes néanmoins convaincus c'est que ces immigrants constitueront une véritable dynamo pour notre économie. Ce sont des maîtres dans l'art du commerce. Ils ont des contacts partout en Asie, qui nous seront profitables à un moment ou à un autre. »

Au moment de notre rencontre à Hongkong, le 13 mars 1991, les Leung avaient déjà obtenu leur CSQ, mais attendaient toujours leur visa. Ils avaient déjà, suivant ainsi les règles de l'époque, investi 250 000 $ au Québec (dans le Royal Trust, à un taux d'intérêts moindre qu'à Hongkong), prouvé qu'ils sont riches et promis d'investir un quart de million de dollars dans des entreprises québécoises pendant au moins trois ans. Ils devaient arriver au Québec au cours de l'été 1991… De tous les immigrants rencontrés dans les pays de départ, les Leung et les Lam seront les seuls que je n'aurai pu retracer au Québec.

Peut-être attendent-ils la fin de la récession à Hongkong ? Peut-être attendent-ils ailleurs au Canada que leur investissement porte fruit au Québec pour éventuellement réclamer la citoyenneté canadienne ?

Un passeport-liberté

Les immigrants-investisseurs et les immigrants-entrepreneurs les plus remarqués des dernières années viennent de Hongkong. C'est là que les services d'immigration du Canada et du Québec auront été les plus actifs ces derniers temps.

Le Commissariat canadien dans la colonie britannique de Hongkong représente la plus grande mission canadienne d'immigration dans le monde – l'Inde est deuxième – avec 18 agents expatriés, 7 agents locaux et 50 employés de soutien. Nombre de visas délivrés en 1990 : 29 329, surtout pour des ressortissants de Hongkong, mais aussi de Taïwan et de la République populaire de Chine.

Une importante partie des activités des représentations d'Ottawa et de Québec à Hongkong consiste depuis quelques années à recruter ces milliers de riches candidats à l'émigration qui veulent déguerpir avant que la colonie passe sous le régime communiste de Pékin.

La compétition y est féroce entre provinces canadiennes, mais également entre pays. Notamment entre Tonga dans le Pacifique, Bélize en Amérique centrale, l'Île Maurice, Singapour et même l'Afrique du Sud, qui rivalisent d'ingéniosité pour faire les meilleures conditions d'obtention de passeport. Même la Grande-Bretagne leur a offert une sorte de loterie de 50 000 passeports, qui, du reste, n'a pas remporté le succès prévisible, puisque, apparemment, les Chinois estiment avoir peu de chances de faire des affaires chez les Anglais.

Philip M. Harris de la Hongkong and Shanghai Banking Corporation Limited (première banque de l'île, 26ᵉ du monde, siège social en Angleterre), explique cette chasse aux immigrants chinois de la colonie britannique par le fait qu'ils ont un sens des affaires unique au monde. « Ils ont ça dans le sang. Ils sont marchands de génération en génération depuis deux siècles. Ils ont un sens de la famille très fort. Or, les familles chinoises sont éparpillées partout dans le monde, ce qui constitue autant d'antennes. On fait confiance à son père, à son frère, à son oncle et ainsi de suite. À part ça, ils comprennent l'argent, la bourse comme peu de gens ailleurs dans le monde. »

Des millions en poche

En 1990 : 1 625 *businessmen* de Hongkong, accompagnés de leur famille (6 650 au total), sont arrivés au Canada, soit 35 % de tous les immigrants d'affaires. Ils apportent en moyenne deux millions de dollars chacun, selon des données d'Immigration-Canada sur les immigrants-investisseurs ; alors que les immigrants-entrepreneurs transfèrent, eux, 900 000 $ en moyenne ; et le travailleur autonome, 350 000 $. Total des capitaux de Hongkong investis au Canada en 1990, selon une évaluation du Hong Kong Economic and Trade Office : 4,2 milliards.

En plus de l'argent, fait-on remarquer, ils apportent leurs expériences des affaires : pour avoir un citoyen canadien avec une expérience de 20 ans à la tête d'une manufacture, il faut patienter vingt ans, alors qu'avec un immigrant entrepreneur, c'est instantané.

Selon des données fournies à la Délégation du Québec à Hongkong, qui chapeaute, en plus de la colonie britannique, Taïwan, la Corée, la Chine, Singapour, l'Australie et les Philippines, on devait remettre un peu plus de 7 000 CSQ pour ce territoire en 1991. Plus exactement 7 145 : 65 % pour Hongkong, 15 % pour Taïwan, 10 % pour la Corée et 10 % pour les autres pays. De ce nombre, la majorité des certificats de sélection du Québec (CSQ) iront aux immigrants économiques (les trois quarts), qui se partageront ainsi :

a) Entrepreneurs : environ 90 %. Ou 1 500 requérants, 65 % de Hongkong. En 1990, ils étaient environ 5 000 sur les 6 200 gens d'affaires immigrés au Québec.

b) Investisseurs : près de 10 %. Mille personnes pour environ 300 investisseurs ; 75 % de Taïwan et 20 % de Hongkong

c) Travailleurs autonomes, capables de créer leur propre emploi : profs de judo, artiste, travailleur spécialisé…

La plupart d'entre eux payent entre 10 000 $ et 15 000 $ pour les honoraires d'un consultant qui pilotera leur dossier auprès des agents d'immigration du Canada et du Québec, qui investira leur argent, qui préparera leur arrivée au Canada…

«La concurrence mondiale est de plus en plus vive pour attirer les immigrants d'affaires», est venue expliquer en commission parlementaire l'Association professionnelle des consultants, un regroupement d'une cinquantaine d'avocats, de comptables et d'administrateurs qui, selon leurs prétentions, recruterait à eux seuls presque les trois quarts des gros immigrants d'affaires. Qui se trouvent surtout en Asie et au Proche-Orient. «En Asie, parce qu'on a affaire à des pays qui sont en très forte croissance économique, des pays qui ont des surplus au niveau de la balance des paiements, qui ont exporté beaucoup, qui ont des capitaux énormes à placer, tant les corporations que les individus… Pour le Moyen-Orient, les raisons pour lesquelles il y a une clientèle énorme, c'est à cause de l'instabilité politique et, aussi, parce qu'il y a des capitaux énormes. »

Ces nouveaux immigrants sont convoités par les Américains, qui leur offrent le statut de résident permanent en échange d'un investissement pouvant se chiffrer de 500 000 $ à 3 000 000 $, selon que la zone d'investissements est considérée à forte ou à faible croissance économique. Les Australiens, les Mexicains et même les Japonais leur font aussi des ponts d'or.

Même entre provinces canadiennes, la concurrence est vive, à ce point que les provinces anglaises pressent Ottawa de mettre un terme à la concurrence «déloyale» du Québec en matière d'immigration d'affaires. Alors que les provinces anglaises forcent plus ou moins les investisseurs à placer leur argent dans des entreprises en démarrage, donc à prendre des risques et à offrir notamment de sérieuses garanties sur leur placement dans des entreprises déjà solidement établies, Québec propose des règles du jeu beaucoup plus attrayantes pour les investisseurs.

Immigrant-investisseur : un minimum de 350 000 $ à placer au Québec

L'immigrant-investisseur recherché par le Québec doit avoir au moins 500 000 $ en poche et s'engager à investir, par l'entremise d'un courtier en valeurs mobilières, un minimum de 350 000 $ dans une ou plusieurs entreprises québécoises, dont l'actif est inférieur à 3,5 millions, pendant une période d'au moins trois ans (il était question de porter cette période à cinq ans). Rien de plus, rien de moins.

Les immigrants-investisseurs sont soumis à la grille de sélection, mais comme ils auront sans doute été affranchis des règles du jeu et des bonnes réponses à donner par leur courtier en valeurs mobilières ou leur avocat, ils passent habituellement assez facilement à travers cette formalité. Leur conseiller leur aura du reste appris à jouer sur la rivalité Canada-Québec, si bien qu'ils parviennent aisément à ouvrir la «meilleure porte d'entrée au Canada» pour eux, le Québec. Selon des données du MCCI[222], l'opération séduction auprès des riches investisseurs produit déjà des résultats : 30 % des immigrants investisseurs admis au Canada choisissent le Québec.

---

222. Données publiées dans *La Presse* du 26 octobre 1991.

Du début du programme à juin 1991, selon des données publiées dans le *Globe and Mail*[223], Québec a pris 17 % du 1,2 milliard des immigrants-investisseurs contre 16 % pour la Colombie-Britannique et 11 % pour l'Ontario. Toutefois, la majorité des 6 522 immigrants-investisseurs se sont installés en Colombie-Britannique et en Ontario.

Les immigrants-investisseurs viennent d'Asie (65 %), du Moyen-Orient (30 %) et d'Europe (5 %) et représentent 15 % du total des immigrants d'affaires.

Immigrant-entrepreneur et travailleur autonome

Un autre immigrant recherché pour son apport économique au pays, c'est l'entrepreneur. Pour lui, la barre des exigences est plus basse : il doit disposer d'avoirs nets d'au moins 200 000 $ (exigence en vigueur en 1993) et s'engager à investir dans un projet québécois – à réaliser dans un délai de deux ans –, soit en créant un commerce ou une entreprise, soit en achetant une entreprise ou en devenant partenaire actif dans une entreprise existante. Il est également tenu de créer, par son projet, au moins trois emplois pour des personnes n'appartenant pas à sa famille.

Les immigrants-entrepreneurs comptent pour 75 % du total des immigrants d'affaires.

Enfin, il y a la catégorie des travailleurs autonomes (10 %), ceux qui créent leur propre emploi : artiste, joueur de hockey, vétérinaire ou autres professionnels non réglementés par l'Office des professions du Québec.

Un tiers des immigrants d'affaires repartent

Selon Doris Lau, conseillère en placement à Toronto, « la situation économique est tellement mauvaise au Canada que plusieurs immigrants-investisseurs reportent leur projet d'investissement[224]. » Comme un certain Henry Chow, 29 ans, 500 000 $ en poche, arrivé à Toronto en novembre 1991, qui met son projet d'ouvrir une bijouterie en veilleuse et qui se cherche un emploi de vendeurs en attendant des jours meilleurs.

---

223. *Globe and Mail*, 27 mai 1992.
224. Entrevue dans le *Globe and Mail* du 3 décembre 1991.

En fait, la plupart des Chinois de Hongkong ne veulent pas vraiment quitter la petite colonie britannique, explique Brian Davis, haut fonctionnaire au Commissariat canadien « Ils partent parce qu'ils sont inquiets. Beaucoup d'entre eux ont fui, avec leurs parents, Shanghai et Canton en 1947, 1949. Ils veulent éviter ces traumatismes à leurs enfants... Et puis, il faut souligner aussi que de toute façon ce n'est pas tout le monde qui pourrait partir : sur les quelque six millions de personnes vivant dans la colonie, à peine deux millions pourraient se qualifier pour l'émigration dans d'autres pays du monde. »

Brian Davis ajoute qu'en 1990, 62 000 personnes sont parties de Hongkong. Et cela ne tient pas compte de toutes celles qui se sont simplement munies d'un passeport de convenance « acheté » à Belize, à Tonga dans le Pacifique, à l'Île Maurice ou même en Afrique du Sud, et qui attendent à Hongkong pour voir de quel côté le vent tournera.

Les immigrants d'affaires apportent, à n'en pas douter, de l'eau au moulin. Mais il semble que ça ne dure pas : 40 % des 1 800 immigrants-investisseurs venus au Québec depuis 1989, en provenance de Hongkong seraient déjà repartis.

Immigration-Québec tente de nuancer cette allégation, mais on reconnaît que personne au ministère n'est en mesure de dire ce qu'il advient des immigrants-investisseurs une fois qu'ils ont

À Hongkong, il n'y a pas d'impôts sur le grand capital, on peut profiter de toutes sortes d'exemptions fiscales, le taux de chômage est de 1,3 %... mais, on craint que ça ne dure pas.

mis le pied au pays. «Une fois qu'ils sont arrivés, nous les perdons dans la nature», admet Mimi Pontbriand, responsable du programme des immigrants-investisseurs au MCCI.

Même si ce pourcentage est réduit de 10 %, comme le suggèrent les fonctionnaires du ministère, il n'en demeure pas moins qu'il est facile de concevoir que les riches Chinois de Kongkong doivent avoir un mal terrible à s'adapter à notre société surtaxée. Songez qu'à Hongkong il n'y a pas d'impôts sur le grand capital, pas d'impôts sur les intérêts, pas d'impôts sur les actions... Que l'on peut avoir droit à toutes sortes d'exemptions fiscales. Que l'on peut doubler son investissement en trois, quatre ou cinq ans. Que le taux de chômage est à 1,3 %, ce qui équivaut quasiment au plein-emploi. Que le taux de croissance est de 2 à 3 %. Et, enfin, que l'on peut miser sur une main-d'œuvre d'environ deux millions de personnes tout à côté de Hongkong, dans la province chinoise de Guangdong, où, juste à titre indicatif, un travailleur en électronique gagne 150 $ par mois.

Toutefois, ils ne retournent pas tous à Hongkong, loin de là, mais ils se dirigent plutôt vers Toronto ou Vancouver. Resteront-ils au-delà de l'obligation de séjourner au moins 183 jours par année au Canada, un an après l'obtention du visa ?

HISTOIRES D'IMMIGRANTS FRANCOPHONES

Les politiques des gouvernements en matière d'immigration ont toujours poursuivi deux grands objectifs : peupler des régions et combler des besoins de main-d'œuvre, bref faire tourner l'économie. Les objectifs demeurent les mêmes aujourd'hui, à quelques variantes près. Ainsi, au Québec, le gouvernement espère se servir de l'immigration non seulement pour contrer les effets du déclin démographique, mais aussi pour assurer l'avenir du fait français en territoire québécois. D'où ces campagnes de recrutement d'immigrants francophones menées en ce moment par les fonctionnaires provinciaux à l'étranger.

Ils ont 20, 30 ans. Ils sont souvent bardés de diplômes et enrichis de quelques années d'expériences de vie et de travail. Ils quittent tout, parents et amis. Ils renoncent parfois à un climat clément ou à la vie culturelle fébrile des grandes capitales européennes. Ils acceptent de repartir à zéro, de prendre le risque de trouver de moins bonnes conditions de travail que dans leur pays d'origine.

Ils représentent l'image plus ou moins chimérique des immigrants, des gens de courage, de débrouillardise, d'organisation, de détermination et d'ouverture d'esprit. Le Québec d'aujourd'hui a été peuplé et forgé par eux.

Les quelques histoires d'immigrants francophones qui suivent ne prétendent pas être représentatives de ce pan de l'immigration du Québec, mais elles illustrent plutôt bien les difficultés de recruter et de retenir cette catégorie d'immigrants au Québec.

Une communicatrice

Dominique Cuisinier-Vincentz, 32 ans, juive marocaine d'origine, divorcée, sans le sou, et en amour avec un Québécois-jongleur, une formation en communication, n'en revient pas de la rapidité avec laquelle les fonctionnaires québécois de la Délégation de Paris ont mené son dossier.

«En avril 91, je remplis un formulaire dans lequel je précise que je suis journaliste, mais que je suis capable de faire autre chose. Quelques mois plus tard, en juillet plus exactement, je suis convoquée rue Pergolèse pour une entrevue. Qui ne dure qu'un petit quart d'heure. Le monsieur me dit que le Québec a besoin de journalistes. J'obtiens directo mon CSQ (certificat de sélection du Québec), et mon visa de l'ambassade le mois suivant. J'ai été vraiment surprise de la rapidité. Surtout que je connais un type, un artiste, un amuseur public, qui rame depuis deux ans pour avoir son visa.»

Quatre mois après son arrivée, elle était toujours sans emploi. «Si ça ne débloque pas, je retourne en France.»

Combien de temps se donne-t-elle pour obtenir des résultats? «Je ne suis pas une personne patiente. Je n'attendrai certainement pas un an. J'en ai marre d'entendre dire que la récession est forte, qu'il n'y a plus de jobs…»

Un couple de cracks en informatique

L'expérience de Véronique Gilles, citoyenne française originaire du sud de la France, et de Minh Chu Vay, originaire de
Saïgon et réfugié politique reconnu en France, deux cracks en
informatique dans la jeune trentaine, pourrait figurer dans les
brochures du MCCI : à peine quelques semaines après leur
arrivée au Québec, ils réussissent à lancer leur propre société.
Moins d'un an après leur arrivée, leur agenda est rempli, disent-
ils en tout cas, cinq mois à l'avance. Quasiment aux quarts
d'heure.

Ils risquaient le tout pour le tout. Ils renonçaient à de bons
jobs, qui leur permettaient de vivre à l'aise. De s'offrir deux
semaines de ski l'hiver et des vacances sur la Côte d'Azur l'été,
ainsi qu'au moins un grand voyage annuel, notamment au
Québec.

Tous deux estiment que la qualité de vie ici est meilleure
qu'en France, que la vie est moins chère, que se lancer en
affaires est plus simple qu'en Europe. Qu'on fait une bonne
affaire en choisissant le Québec même si on renonce à un pays
plein de ressources, pourvu de deux des plus belles chaînes de
montagnes du monde et de milliers de kilomètres de littoral tout
du long de la Méditerranée, de l'Atlantique et de la Manche, un
pays au cœur des plus grandes civilisations de l'humanité, un
pays riche de cultures et de traditions, un pays au mille grands
vins à mille petits prix...

«Oui, mais, insiste Minh Chu Vay, au moins la vie ici est
moins stressante, on se bouscule moins dans le métro et dans la
rue. La vie est moins hiérarchisée, moins constipée et plus
civilisée chez vous. On ne passe pas son temps à se serrer la
main, à faire semblant d'être intéressé par son supérieur au
travail qui raconte sa vie.

«Et puis, enchaîne-t-il, la vie est moins chère ici qu'en
banlieue de Paris. Notre appartement de Brossard, à quatre cents
dollars et quelques, c'est la moitié du prix de celui que nous
avions en banlieue parisienne. À part ça, l'essence est moins
chère ici qu'en France.»

Un informaticien et une infirmière

Un autre couple de Français était animé par les mêmes sentiments quand il a entrepris les démarches pour venir s'établir au Québec. «Paris est invivable. On y court tout le temps. On passe des heures interminables dans les transports pour se rendre à son travail, pour aller à un rendez-vous. Pour aller se promener dans la nature, il faut compter une heure de transport. Nous n'avons jamais le temps de voir nos amis, nous sommes toujours trop pressés. On fait la queue à la boulangerie, au cinéma, à la banque, partout. Les impôts sont élevés. La vie est chère. Notre appartement dans le 14ᵉ, deux chambres, une salle à manger et une cuisine, au quatrième étage et sans ascenseur, nous coûtait 4000 francs par mois (environ 800 $). Tout est cher à Paris. 100 francs pour aller boire un verre dans un bar le soir...»

Jean-Charles Jaffray, 32 ans, 16 ans de scolarité, ingénieur informaticien de formation, un emploi à 300 000 francs (environ 60 000 $) par année au moment où il quitte Paris, est convaincu de faire un pas en avant en venant s'installer au Québec. Sa femme, Sylvie Rigolet, fin de la vingtaine, 17 ans de scolarité, une licence en psychologie, infirmière de métier, un bon emploi dans un hôpital privé, en pense tout autant.

Mais pourquoi ne pas aller vivre en province, à Nice, à Bordeaux ?

«Le problème, c'est qu'il ne se passe rien en province, répond Jean-Charles. Il y a une sorte de mentalité pay-

«Au Québec, il est plus facile de monter une affaire», croyait l'ingénieur-informaticien Jean-Charles Jaffray quand il a commencé à organiser son projet d'immigration au Québec. La réalité québécoise ne devait toutefois pas être aussi rose que prévu. Ni pour lui, ni pour sa femme Sylvie Rigolet, infirmière de métier.

sanne qui fait en sorte qu'il est plus difficile d'être accepté. On est toujours considéré comme étranger. Et c'est encore plus vrai dans mon cas puisque je suis originaire d'Iran.» Il a quitté Téhéran à l'âge de 17 ans pour venir étudier à Paris. Il a vécu 16 ans en France, il est devenu citoyen français. Aujourd'hui, il a, en plus, le statut de résident permanent au Canada et un certificat de sélection du Québec bien en règle.

Pourquoi le Québec?

«C'est un choix tout à fait réfléchi, raconte Jean-Charles. Nous sommes venus plusieurs fois au Québec avant d'entreprendre des démarches d'immigration. Avant de choisir le Québec, nous avons voyagé ailleurs en Amérique, j'ai personnellement fait de longs séjours aux États-Unis, où le reste de ma famille est établi depuis quelques années. Nous avons visité le Québec pendant les quatre saisons. Et nous avons décidé que Montréal correspondait parfaitement à nos besoins. D'abord, parce qu'on y parle français et que nous voulons vivre en français. Ensuite, parce que c'est une grande ville avec un peu de campagne, une ville au centre de l'Amérique, une ville où la qualité de vie est meilleure que dans les villes américaines et où l'on se sent plus en sécurité dans les rues qu'aux États-Unis. Et puis, au Québec, il est plus facile et plus simple de monter une affaire qu'en France, où il y a des frais pour démarrer une société. En France, même si on réalise zéro franc de bénéfice, il faut quand même verser des frais fixes à l'État.»

La réalité québécoise n'a toutefois pas été aussi rose que prévu.

Pour les petites choses de la vie courante, ç'a été relativement bien : ils ont obtenu rapidement les indispensables cartes d'assurance-maladie et d'assurance sociale. Mauvaise surprise, toutefois, pour la voiture d'occasion. Quant au logement, alors là, c'est pas comparable à Paris. «Impossible à Paris de trouver un logement en quinze jours, raconte Sylvie. Non seulement les logements sont rares, mais, en plus, quand on finit par en dénicher un, il y a toutes sortes de contraintes. Par exemple, il faut montrer trois mois de paye. Ainsi, pour un appartement à 800 $, il faut démontrer qu'on a des revenus de 2 400 $ au minimum, en somme il faut gagner au moins trois fois plus que le prix de son loyer.» C'est pour le travail que ça s'est moins bien passé.

Sylvie apprenait d'abord qu'elle devait subir un examen de l'Ordre des infirmières avant de pouvoir postuler un poste et qu'elle devait se contenter de travailler comme infirmière auxiliaire en attendant les résultats de l'examen.

Curieuse réalité du marché de l'emploi chez les infirmières, où l'on s'inquiète tantôt de la pénurie des infirmières et où l'on fait des horaires de misère à celles qui proposent leurs services.

«Les postes permanents sont plutôt rares, affirme Mme Couture de la FIIQ. Il est exact que nous avons parlé d'une pénurie d'infirmières à une certaine époque, et c'était parce que les conditions de travail étaient à ce point mauvaises que les infirmières quittaient la profession.»

Aujourd'hui, les conditions de travail sont, semble-t-il, moins mauvaises, mais les postes permanents demeurent aussi rares. Pour accéder à la profession, ne serait-ce que pour un emploi à temps partiel, il faut s'inscrire aux listes de disponibilité, où l'ancienneté a prépondérance. Pas besoin d'être grand clerc pour imaginer où se trouvera l'immigrante infirmière, si... si elle obtient son permis d'exercer de l'Ordre des infirmières et infirmiers du Québec.

En gros, sans trop farfouiller dans les statistiques, disons que l'Ordre reçoit environ 1 000 demandes de renseignements de la part de présumées candidates diplômées hors Québec chaque année – l'ouverture et l'évaluation d'un dossier coûte un peu plus de 100 $. Là-dessus, un tiers des personnes se donneront la peine d'aller passer l'examen de deux jours, dispensé seulement à deux moments de l'année et pour lequel il faut débourser un peu plus de 200 $. De ce nombre, la moitié des candidates diplômées hors Québec échoueront au premier test. Et la moitié de celles qui se présenteront au deuxième examen finiront par réussir. Un taux de réussite à moitié moins élevé que celui des candidates québécoises de vieille souche.

Après quoi, elles devront effectuer un stage, sous la supervision d'une sorte d'ange gardien, pendant 40 jours ouvrables. Elles ne seront pas nécessairement payées, ce détail étant laissé à la discrétion de l'employeur.

Bref, à peine quelques dizaines d'infirmières diplômées hors Québec finiront par pouvoir obtenir un job au Québec chaque année. Sylvie Rigolet sera de celles-là, quelques mois après son arrivée. Et elle aura un job.

Les affaires ne seront guère plus faciles pour Jean-Charles. Il avait prévu trouver un emploi peu après son arrivée et l'occuper quelques mois, le temps de se familiariser, de s'acclimater aux affaires québécoises. Il espérait ensuite lancer sa propre société quelques mois après être débarqué à Montréal. Tout ce qu'il décrocha, c'est un contrat de deux mois et demi pour une société de recherche en informatique... et des contraventions et des points d'inaptitude pour des infractions au code de la route.

Va-t-il rester au Québec? «Je ne sais pas encore. Je reviens d'un séjour dans ma famille, installée dans la région de Washington, et j'ai l'impression qu'il y est plus facile de se lancer en affaires... Je me donne encore un an ou deux pour réussir au Québec.»

Aux dernières nouvelles, reçues un peu plus d'un an après leur arrivée, Sylvie et Jean-Charles avaient quitté Montréal. «Nous voilà à Aylmer, dans l'Outaouais québécois. Je travaille pour la Défense nationale. Nous attendons l'heureux événement pour la mi-janvier. On commence à s'installer.»

Un instructeur d'équitation et une enseignante

Cet autre couple d'immigrants francophones, des Belges ceux-là, paraissait bien engagé dans son entreprise de refaire sa vie au Québec. Didier Desnos est, selon ses documents d'identité belges, lad d'hippodrome, une manière de garçon d'écurie, mais, en pratique il fait le métier d'instructeur d'équitation. Mariane Landuyt est professeure de mathématiques. Deux métiers qui, à première vue, offrent bien peu de chances d'embauche au Québec.

Pourtant, en vertu du fameux facteur de prédominance de l'adaptabilité sur l'employabilité, ils pourront émigrer au Québec rapidement. Avec leur fils.

«Au Québec, on ne regarde pas les diplômes, mais le travail. C'est là-dessus que nous sommes jugés. Ça nous paraît équitable. Et puis nous ne sommes plus tout jeunes, ni encore vieux, en somme, à l'âge de recommencer une nouvelle vie.»

Quelques mois après leur installation au Québec, ils tirent tous les deux assez bien leur épingle du jeu : il a sa clientèle

Didier Desnos et sa femme ont profité, à l'instar de centaines de candidats francophones à l'immigration du préjugé favorable à leur endroit par Québec, qui veut hausser le nombre de ses immigrants francophones.

dans un centre équestre de Laval et elle détient un contrat d'enseignement, à 50 $ l'heure, dans un cégep de Valleyfield.

Une psycho-éducatrice

L'histoire de Chantal Teisseire illustre bien, quant à elle, à quel point les statistiques cachent certaines réalités : oui, elle aura contribué à faire augmenter le nombre d'immigrants francophones entrant au Québec, mais il est loin d'être certain que le Québec saura la retenir.

Trente-quatre ans, Parisienne pure laine, psycho-éducatrice de formation, Chantal Teisseire incarne à la perfection la discrimination positive à l'égard des immigrants francophones : elle exerce une profession sursaturée sur le marché de l'emploi au Québec. Même si elle est assurée d'un emploi pendant au moins quelques mois, emploi garanti dans le cadre d'un échange franco-québécois, elle n'aurait pas eu droit normalement à un certificat de sélection du Québec (CSQ) comme immigrante indépendante. Ni à un visa d'immigration du gouvernement fédéral. Elle obtiendra ces documents d'abord et avant tout parce qu'elle est francophone, et francophone de France.

Mme Teisseire restera-t-elle au Québec ? Rien n'est moins sûr.

Son contrat dans un centre de réadaptation pour enfants en difficultés vient à échéance. Elle a très peu de chances de se trouver un job permanent dans le réseau des Affaires sociales, mais elle a bon espoir de faire du remplacement pendant la période des vacances et de travailler à l'occasion dans une garderie. «Paris ne me manque pas, mais je m'ennuie un peu de la famille et des amis», confie-t-elle huit mois après son arrivée. Dans quelques mois, la période de congé sans solde de son poste dans un foyer d'accueil d'urgence pour enfants sera terminée... Elle aura à choisir entre un emploi assuré en France et l'inconnu au Québec. «Je ne me considère pas comme une immigrante. En venant vivre à Montréal, je veux simplement vivre une expérience nouvelle.»

Une secrétaire

Le cas de Sabine Auguste démontre, lui aussi, la fragilité des vocations d'immigrants francophones au Québec.

Parce qu'elle s'impatiente à «faire du surplace en Belgique» et parce qu'elle désespère de se trouver un emploi comme secrétaire à Liège ou à Bruxelles, cette jeune Belge, début de la vingtaine, fait une demande d'immigration pour le Québec. En quelques mois, elle obtient le feu vert pour immigrer des autorités québécoises à Bruxelles.

Arrivée en pleine queue (?) de récession, en décembre 1991, elle se rend compte qu'elle ne trouvera pas de job de secrétaire en criant ciseau. Alors, elle s'inscrit, à ses frais, à des cours en criminologie à l'Université de Montréal. Elle a la chance d'être hébergée chez des amis de la famille, mais c'est d'une vie autonome qu'elle rêve. Plus tard, elle emménagera avec une copine dans le quartier Notre-Dame-de-Grâce. Mais, avec les maigres revenus de son job pour une maison de sondage, c'est tout juste pour joindre les deux bouts.

Elle se donne quelques mois pour tirer son épingle du jeu, autrement elle repart.

PAS FACILE DE RECRUTER DES IMMIGRANTS FRANCOPHONES

S'il est difficile de retenir les Français, il n'est par ailleurs pas facile de les recruter, constate Alain Allaire, chef de poste du service d'immigration de la Délégation du Québec à Paris. Surtout dans les secteurs pointus comme l'ingénierie. Un ingénieur en aéronautique fera une plus belle carrière à Toulouse que chez Canadair à Saint-Laurent. «Alors, il faut vendre la qualité de la vie de chez nous, la facilité de faire récompenser le fruit de ses efforts...»

Une journaliste française, Estelle Saget, a récemment proposé au magazine français *L'Événement du jeudi* un reportage sur les Français qui s'installent au Québec. Son article sur ces quelques Français «qui fuient au Canada» n'est pas très convaincant. Ses explications sur la réalisation de son reportage[225] sont par ailleurs plus intéressantes : «J'étais curieuse de savoir pourquoi le Québec ne menait pas une campagne agressive pour recruter des immigrants français en France, raconte-t-elle. C'est, m'a-t-on expliqué, parce que ça gênerait la France si le Québec se mettait soudainement à publier des encarts dans les médias pour inciter les Français à quitter leur pays. Par conséquent, on se limite à des techniques de "bouche à oreilles" pour remplir les salles où se tiennent les séances d'information sur l'immigration au Québec.»

Estelle Saget a assisté à ces séances d'information. «Ce qui m'a frappé, c'est qu'on décourage les 50 ans et plus, en leur soulignant qu'ils partent avec vingt points en moins, qu'on tente de dissuader les chômeurs et les membres de certaines professions, et qu'on aborde franchement les questions de chômage. Cela dit, le reste du topo relève des techniques des grands vendeurs : on compare, avec des preuves solides, les avantages du coût de la vie au Québec par rapport à la France.» À partir de là, les demandes de formulaires d'immigration fusent dans la salle, et, d'autre part, les promesses de faire diligence se multiplient.

L'autre truc pour augmenter le nombre des immigrants français consiste à faire quelques accommodements dans l'usage de

---

225. Entrevue avec la journaliste Estelle Saget, le 1er décembre 1992.

la grille de sélection. «L'employabilité demeure un facteur éliminatoire, insiste-t-on au cabinet de la ministre Monique Gagnon-Tremblay, mais nous avons demandé à nos agents d'avoir un nouvel esprit d'interprétation de la grille, d'un peu plus tenir compte des capacités d'adaptation du candidat. Ainsi un médecin ou un avocat aura peu de chances de trouver un emploi en arrivant au Québec, sauf qu'il a de meilleures chances qu'un autre de trouver un job dans un secteur connexe. C'est ainsi que des candidatures, refusées dans un premier temps, pourront être révisées et acceptées, en vertu d'un pouvoir discrétionnaire ministériel qui est maintenant délégué à certains chefs de poste.»

Paris, plaque tournante de l'immigration francophone

Faute de pouvoir accueillir assez d'immigrants pour maintenir son poids démographique dans la population canadienne, le gouvernement du Québec tente donc de recruter un maximum d'immigrants francophones pour assurer une certaine survie du fait français en Amérique du Nord.

Contrairement à l'immigration familiale et à l'immigration humanitaire, où le pouvoir de sélection des immigrants est réduit à bien peu de choses, quand ce n'est pas carrément à zéro, le pouvoir de sélection du Québec est pleinement exercé quand on s'attaque aux immigrants ordinaires. C'est-à-dire à ceux qui suivent la marche normale pour obtenir le droit de s'établir au pays. Tout est mis en œuvre pour choisir les immigrants capables d'ajouter à l'économie du pays.

Alors, on ne recrute pas n'importe qui. Ni n'importe où !

Oh! bien sûr, il est bel et bien inscrit que le grand principe de la politique canadienne en matière d'immigration, c'est l'universalité : chaque citoyen du monde doit avoir une chance égale de présenter une demande d'immigrer au Canada.

Sauf que les bureaux d'immigration du Canada, et du Québec *a fortiori*, ne sont pas tous également accessibles aux candidats à l'émigration : le citoyen de Bangui en République centrafricaine va devoir parcourir une plus grande distance et dépenser plus d'argent pour rencontrer un agent d'immigration que celui de Londres en Grande-Bretagne. Il est évident que le

Canada préfère recruter ses immigrants à Londres plutôt qu'à Bangui.

Outre la relative inaccessibilité des agents d'immigration à l'étranger, le citoyen du monde voulant émigrer au Canada se heurtera ensuite à un système de sélection très serrée. Pour mériter son visa d'immigration, il devra gagner un certain nombre de points. S'il déclare vouloir s'établir au Québec, ce candidat devra se soumettre au système de pointage appliqué par les fonctionnaires provinciaux en poste à l'étranger :

Facteurs   *Points :*

1) Instruction (un point pour chaque année d'études complétée avec succès) :   0 à 11

2) Emploi (plus on est en mesure de démontrer qu'un emploi permanent et à plein temps nous attend, plus on gagne des points, dans la mesure où l'immigrant peut aussi démontrer qu'il a les qualités requises pour occuper cet emploi et qu'il ne prendra pas la place d'un citoyen québécois) :   0,1 ou 15

3) Préparation professionnelle spécifique (six mois de préparation, c'est deux points ; quatre ans et plus, c'est dix points) :
                                              2 à 10
4) Expérience professionnelle (six mois d'expérience, un point ; cinq ans ou plus, dix points) :   0 à 10

5) Âge (moins de 35 ans, dix points ; plus de 40 ans, un point) :
                                              0 à 10

6) Connaissance du français (le fonctionnaire établit son diagnostic au moyen d'un questionnaire touchant divers domaines de la vie courante, ainsi que de lecture et de rédaction de courts textes) :   0 à 15

7) Connaissance de l'anglais (*grosso modo* on utilise les mêmes méthodes que pour mesurer la connaissance du français) :
                                              0 à 2

8) Adaptabilité (pour juger de la capacité d'adaptation du candidat, l'agent d'immigration pose des petites questions simples qui lui permettront de mesurer la flexibilité, la sociabilité, la maturité, la motivation, le dynamisme, la confiance en soi et les raisons de vouloir immigrer au Québec de son interlocuteur) :

0 à 22

9) Présence d'un parent ou d'un ami au Québec (c'est selon la proximité du lieu d'établissement du candidat par rapport à la région du parent ou de l'ami) :   2 à 5

En outre, un maximum de huit points peuvent être attribués en fonction des critères suivants : connaissance du français par le conjoint (quatre points), profession du conjoint (quatre points) et présence d'enfants de moins de 12 ans (un enfant, un point ; deux enfants, deux points ; trois enfants, quatre points).

De plus, des points forfaitaires sont alloués si le candidat est parrainé par des membres de sa famille (15 à 30 points, selon le degré de parenté et le statut du parrain).

Les gens d'affaires bénéficient également de points primes : vingt points pour les travailleurs autonomes, 25 points pour les entrepreneurs et les investisseurs.

La note de passage est de 50 ou 60 points, selon les disponibilités d'emplois – sauf pour les gens d'affaires et les retraités.

Les critères d'emploi et d'adaptabilité sont éliminatoires (si le candidat y obtient zéro, il est refusé). Toutefois, précise-t-on dans les documents du MCCI[226], des dispositions dérogatoires du règlement de sélection, notamment dans les cas de candidatures étudiées à la Délégation du Québec à Paris, des cas d'aspect humanitaire et des candidats présentant un intérêt exceptionnel pour le Québec peuvent permettre de passer outre à ces facteurs éliminatoires.

Le bureau de Paris, c'est, bien sûr, le moteur du recrutement des immigrants francophones d'Europe occidentale et du Maghreb. On mise beaucoup sur les opérations du bureau de Paris pour réaliser l'objectif de 40 % d'immigrants francophones d'ici à 1995. « Un objectif pas facile à réaliser, a reconnu la

---

226. Recueil des lois et règlements du MCCI, annexe A, mis à jour le 8 juin 1992.

ministre Monique Gagnon-Tremblay, lors d'une conférence de presse tenue à Paris en mai 1992, compte tenu du bassin limité de francophones. Et encore faut-il qu'ils répondent aux besoins économiques du Québec.»

La Délégation du Québec à Paris a remis en 1990 près de 4 000 CSQ. À des immigrants de la catégorie des «indépendants» dans plus de 90 % des cas.

«Nous comptons, précise le chef de poste du MCCI à Paris, atteindre une vitesse de croisière, d'ici à 1995, de huit à dix mille remises de CSQ par année, dont dix à douze pour cent pour des Français d'origine maghrébine, plusieurs vivant ici depuis dix, douze ans.»

En 1991, les immigrants français comptaient pour 5,7 % de l'immigration totale au Québec. Une légère augmentation par rapport à la moyenne de 4,4 % entre 1986 et 1990. Le premier bassin d'immigration francophone étant le Liban (13,8 %) et le troisième, Haïti (4,8 %).

À propos du fameux taux de refus apparemment très élevé à Paris, que les nationalistes dénoncent vivement au Québec, Alain Allaire explique qu'il faut tenir compte du fait que le bureau de Paris traite les demandes d'immigration de la France, mais aussi des pays du Maghreb et d'Afrique de l'Ouest : «En 1989, par exemple, nous avons accepté 60 pour cent des quelque 4 000 demandes de France. Et nous avons refusé 80 pour cent des quelque 18 000 demandes venant du Maghreb soit à cause du facteur d'employabilité soit parce que les candidats n'avaient pas une connaissance suffisante du français.»

Francophones du Benelux et de Suisse

Andrée Carrier, alors unique agent d'immigration à la Délégation générale du Québec à Bruxelles (qui couvre la Belgique, la Hollande, le Luxembourg, le Leichsteinstein, l'Allemagne et la Suisse) applique, comme ses collègues en France, une stratégie de recrutement plus agressive. «Au lieu de n'être que réceptif, nous participons à des colloques, à des foires, nous nous montrons partout où ça peut être utile. Nous signalons la présence du Québec, nous faisons part de notre ouverture à l'immigration. Et nous établissons des contacts avec les universités en vue de stages d'étudiants au Québec. »

Elle aussi pratique une sorte de politique discriminatoire positive à l'endroit des francophones.

« Nous ne promettons pas d'emploi, mais nous cherchons par ailleurs des moyens pour assurer aux éventuels immigrants des moyens pour s'installer plus facilement chez nous, pour leur faciliter la tâche dans la recherche d'emploi. »

Objectifs planifiés pour 1991 au bureau du MCCI de Bruxelles : remise de 1 245 à 1 390 CSQ, ainsi répartis :

— de 560 à 595 CSQ pour la Belgique. Un peu moins de la moitié seront pour des Belges, les autres pour des citoyens d'origines marocaine, iranienne, roumaine... «Les Belges sont prudents, pas faciles à inciter à l'émigration, explique Mme Carrier. Faut dire que la qualité de vie ici est déjà meilleure qu'en France. »

— de 340 à 370 CSQ en Suisse. Là encore, pas exclusivement pour des Suisses de vieille souche. «Les Suisses qui viennent au Québec, ce sont encore assez souvent des agriculteurs qui voient une aubaine dans l'achat d'une terre à 800 000 $. Chez eux, non seulement ils devraient payer plus cher, mais bien souvent ils ne pourraient même pas acheter et devraient se contenter de louer. »

— 230 à 255 en Allemagne.

— 20 à 30 en Hollande. «Ici, précise Mme Carrier, nous remettons des CSQ à toute sorte de monde, sauf des Hollandais. »

Francophones de l'Est

Même consigne de faire prévaloir, du moins en coulisses, le critère «adaptabilité» sur celui de l'«employabilité» au tout nouveau bureau du Québec à Vienne, qui chapeaute l'immigration pour tous les pays d'Europe de l'Est.

Michel de Montigny, chef de mission du MCCI à Vienne, focalise sur les immigrants indépendants francophones ou francophonisables des pays de l'Est. «Il s'agit, observe la ministre Gagnon-Tremblay, d'un bassin d'immigrants potentiels très formés, bien éduqués, qui peuvent apprendre le français et s'adapter assez bien, mais qui souvent sont démunis financièrement au point de ne pouvoir se payer le billet d'avion pour venir au Québec. Alors nous essayons d'intéresser les communautés culturelles à Montréal pour qu'elles leur assurent les frais de transport et le gîte pendant un an après leur arrivée[227]. »

Le service d'immigration du Québec à Vienne prévoit, précise Michel de Montigny, que le tiers des certificats de sélection délivrés en 1991 iront à des immigrants de la catégorie des indépendants.

« Au cours de l'année 1992, précise Diane Pelletier-Meyland du MCCI dans un article du *Devoir*[228], 11 673 certificats de sélection ont été émis en faveur de candidats francophones dans les quatre principaux postes desservant cette clientèle : Paris, 5 391 ; Bruxelles, 1 202 ; Damas, 3 788 ; Rabat, 1 292. »

Les Français sont comme les bateaux : ils repartent

La chasse aux immigrants français, dont on fait grand état depuis quelques années, n'a pas toujours été à la mode.

René Marleau, ex-fonctionnaire fédéral à Paris et maintenant consultant au cabinet du chef du Parti québécois, Jacques Parizeau, se souvient des politiques «administrativement» discriminatoires à l'endroit des Français : «On leur imposait, par exemple, une enquête de sécurité, alors que ce n'était pas obligatoire pour les Britanniques. »

Aujourd'hui, les Français bénéficient en quelque sorte d'une discrimination positive.

Le problème avec les immigrants francophones, surtout les Français, en est véritablement un de rétention. La mauvaise blague des années 60 sur «les bateaux qui repartent et les Français qui restent» n'a jamais été aussi à l'envers de la réalité : l'Union française avance le chiffre de 50 % d'immigrants français qui repartent, mais ne peut toutefois appuyer son affirmation sur des données scientifiques.

Les autorités françaises parlent plus facilement d'expatriation que d'émigration. Elles considèrent ces expatriés comme autant de têtes de pont dans le monde... qui reviendront un jour au pays. Ce que beaucoup d'entre eux font, du reste.

---

227. *Le Devoir*, 20 novembre 1990.
228. *Le Devoir*, 10 mai 1993.

« De nombreux immigrants francophones retournent discrètement au pays avec un sentiment d'échec, écrit le directeur de
l'Union française, Jean-Pierre Desprez, dans le *Courrier français*.
Certains autres vont s'inscrire sur le "bien-être" après avoir
épuisé leur capital d'arrivée. Ces immigrants-là se sentent piégés.

« La récession est plus grave que les fonctionnaires québécois
ne l'annoncent en France, poursuit-il. Les immigrants sont mal
renseignés sur les règles du marché du travail, sur l'obligation
d'obtenir une carte de compétence dans le marché de la construction, les démarches de reconnaissance professionnelle...»

Les études du MCCI font état, elles, d'un taux de rétention
de 86 % des immigrants français. Il faut noter que personne ne
dispose de mécanismes permettant de mesurer avec exactitude
les départs d'immigrants par origine ethnique. C'est en quelque
sorte par déduction que nous arrivons à faire des évaluations de
ces mouvements migratoires par nationalités.

Le bassin d'immigrants francophones potentiels est d'autre
part limité, même s'il y a dans le monde environ 100 millions de
personnes parlant français – contre 350 millions d'anglophones.
Les premiers pays théoriquement fournisseurs d'immigrants
francophones ne sont pas, en fait, des pays que l'on quitte sans
raisons valables.

« Idéalement, ironise Mordecai Richler dans son pamplet *Oh
Canada! Oh Québec!*[229], les gouvernants de Québec aimeraient
attirer des Français dans la province, et il n'y a rien de répréhen-
sible à ça, sauf que je ne connais pas de Français sains d'esprit
qui quitteraient la Provence, la Bretagne, la Lorraine ou la Bour-
gogne pour Baie-Comeau, Rivière-du-Loup ou Chicoutimi. Non
seulement la France est-elle plus prospère que le Québec, elle
regorge aussi de merveilles architecturales, de charmants villages
et de grands vins à prix abordables. En plus, la France est grati-
fiée d'un climat doux et enviable...

«... Les choses étant ce qu'elles sont, il y a en effet un réservoir d'immigrants (francophones) pour le Québec, mais ces
gens seront du Sénégal, du Maroc, de la Tunisie, de l'Algérie,
du Viêt-nam et d'Haïti – perspective perçue comme une menace
par les disciples de Mme Lise Payette, auteur du documentaire
Disparaître, qui sentent leur pureté raciale compromise. »

---

229. *Oh Canada! Oh Québec!*, Mordecai Richler, Les Éditions Balzac

JAMAIS ASSEZ D'IMMIGRANTS POUR RÉGLER LE PROBLÈME DE DÉCLIN DÉMOGRAPHIQUE!

Les campagnes de recrutement d'immigrants francophones ne donnent donc pas les résultats escomptés. Mais, faut-il vraiment compter sur l'immigration pour régler nos problèmes de déclin démographique?

Le professeur David Colleman d'Oxford est d'avis[230] que nous avons tort de croire que «l'immigration pourrait venir grossir la population d'âge actif, constituer une main-d'œuvre de service pour la prise en charge des personnes âgées, réduire le taux de dépendance dû au vieillissement et retarder ou inverser le déclin de la population». Selon Colleman, le taux de fécondité des immigrés finit par se stabiliser, au bout d'une ou deux générations tout au plus, autour de la moyenne du pays d'accueil.

Plusieurs démographes s'entendent, par ailleurs, pour dire qu'au Québec il ne pourra jamais y avoir assez d'immigrants pour régler notre problème de déclin démographique, de vieillissement de la population. À moins de vouloir lancer une vaste politique non pas de redressement de la population mais de remplacement de la population.

Pour éviter un déclin démographique au cours du prochain siècle, le Québec devrait, selon le démographe Jacques Ledent de l'Institut national de la recherche scientifique (INRS), maintenir l'actuel mini-boom et ouvrir, dès maintenant, la porte à au moins 60 000 immigrants par année[231]. Si nous maintenons le taux actuel de natalité et un nombre annuel d'immigrants autour de 45 000 personnes, nous connaîtrons, selon les calculs de Ledent, d'abord une augmentation de la population à huit millions d'habitants pour ensuite amorcer un déclin démographique vers l'an 2066.

Le démographe Louis Duchesne du Bureau de la statistique du Québec croit qu'il est impossible de compenser le déclin démographique par une augmentation du nombre d'immigrants. À moins, ajoute-t-il, d'élever très substantiellement les quotas annuels d'immigration, ce qui équivaudrait alors non pas à un

---

230. *Libération*, 9 avril 1993.
231. *Le Devoir*, 10 avril 1992.

redressement de population mais à un remplacement de population[232].

Même avec un nombre record de 51 420 immigrants en 1991, le Québec se trouve une dizaine de milliers d'immigrants en dessous de son quota permis par la dernière entente administrative Ottawa-Québec. Quota qui permet au Québec de recevoir un pourcentage de l'immigration canadienne équivalant à son poids démographique, plus 5 % s'il le juge à propos. Le poids démographique du Québec au sein du Canada représentait 28,8 % de la population canadienne en 1961, il est de 25,3 % en 1991.

Alors, donc, même en accueillant plus d'immigrants que jamais dans son histoire, le Québec se trouve encore bien loin derrière l'Ontario. Pour atteindre le quota de 25 % proportionnel au poids du Québec dans la population canadienne, il aurait fallu accueillir 60 000 immigrants, ou presque. En 1990, le Québec avait pris 18,9 % de l'immigration canadienne. Contre 53 % pour l'Ontario.

PARTAGE DES IMMIGRANTS ENTRE LE QUÉBEC ET L'ONTARIO[233]

Années	Total canadien	Québec	Ontario
1981	128 618	21 118	54 890
1982	121 147	21 331	53 031
1983	89 157	16 374	40 036
1984	88 239	14 641	41 527
1985	84 302	14 884	40 730
1986	99 219	19 459	49 630
1987	152 098	26 822	84 807
1988	161 929	25 709	88 996
1989	192 001	34 171	104 799
1990	214 230	40 842	113 842
1991	226 596	49 533	117 457

232. *Le Devoir*, 10 avril 1992.
233. Source : Division de la statistique du ministère fédéral de l'Immigration ; à noter que les chiffres pour 1991 ont été révisés à la hausse par la suite de cette compilation.

À propos du projet ministériel d'augmenter les quotas d'immigration pour permettre au Québec de maintenir son poids démographique dans la population canadienne, l'Association des démographes du Québec a estimé en commission parlementaire que «même si le Québec accueillait 24 % de l'immigration canadienne (48 000 personnes par année sur 200 000 à partir de 1994), la proportion de la population du pays résidant au Québec continuerait de décliner, passant sous les 25 % en 2001 et sous les 24 % en 2026. Pour éviter cette perte de notre importance relative, il faudrait accueillir 60 000 immigrants, soit 30 % des 200 000 étrangers qui, selon ce scénario, entreraient au Canada. Il semble donc que l'importance relative du Québec dans la population du Canada diminue de manière inéluctable et que l'immigration ne peut être perçue comme un "levier stratégique" à utiliser pour la "maintenir".»

Plus loin, l'Association des démographes a soutenu que, contrairement à une vieille croyance, non seulement l'immigration ne peut pas freiner le déclin démographique à moyen et à long terme mais encore qu'elle ne peut stopper le phénomène de vieillissement de la population québécoise. «L'immigration ralentit très, très peu le vieillissement de la population», a dit leur représentant Michel Paillé. Qui a précisé que, avec 55 000 immigrants par année plutôt que la moyenne annuelle de 26 000 des dernières années, «on aboutit dans vingt-cinq ans à un vieillissement un peu plus faible que si on gardait 26 000 immigrants comme moyenne. La population serait (alors) plus jeune de 0,8 an et l'âge moyen de 40,9 ans atteint en 2016 sera quand même atteint un peu plus tard, en moins de quatre ans. L'élan... En quelque sorte, le ralentissement du vieillissement serait perdu, même avec 55 000 immigrants en quatre ans seulement, en 2016. Ces chiffres-là viennent de scénarios qui supposent 1,4 enfant par couple. Même si on regarde un scénario avec 1,8 enfant, on obtient des ordres de grandeur à peu près équivalents, le ralentissement du vieillissement étant très, très petit.»

Plus ou moins d'immigrants?

La ministre Monique Gagnon-Tremblay n'a pas pu établir de consensus, lors de la Commission parlementaire sur l'immigration tenue au cours de l'hiver 1991 à Québec, autour de sa recommandation de hausser à 55 000 le nombre d'immigrants par année.

En gros, les affairistes ont plaidé en faveur d'une ouverture des valves de l'immigration pour contrer la situation apocalyptique d'une population en déclin et les nationalistes ont soutenu qu'il faudrait accueillir moins d'immigrants parce que nous n'arrivons même pas à intégrer ceux qui sont déjà là.

Le patronat établit un lien de cause à effet entre démographie et économie : moins de population, moins de travaux de construction. Moins de travaux de construction, moins d'argent en circulation. Moins d'argent en circulation, plus de citoyens en mauvaise situation, et ainsi de suite.

Devant la Commission parlementaire, le Conseil du patronat du Québec (CPQ) a donc préconisé une augmentation des quotas d'immigration et a ainsi défendu sa position : «Conséquences économiques du déclin démographique au Québec : alourdissement du poids démographique et économique des personnes âgées, augmentation des dépenses publiques pour les biens et services et réduction de l'épargne nette disponible pour le financement de nouveaux investissements.»

Les nationalistes, eux, ont fait valoir devant la Commission parlementaire qu'avant de songer à une augmentation du nombre d'immigrants, il faudrait commencer par trouver le moyen d'intégrer les immigrés que nous avons déjà en nos murs. Les données du dernier recensement de Statistique Canada sur l'usage de la langue tendent à leur donner raison : «Au Québec, explique Marc Termote, démographe à l'INRS, les deux tiers des allophones utilisent leur langue maternelle à la maison, comparativement au tiers dans le reste du Canada. Ce n'est donc que le tiers du tiers des allophones (69 000 sur les 580 000 que compte le Québec) qui adoptent le français comme langue d'usage. Alors parler de francisation des allophones, c'est aller un peu vite en affaires[234]!» Commentant les mêmes statistiques, le démographe Jacques Henripin estime que «pour parler de francisation des immigrants, il faudrait que 85 % d'entre eux transfèrent au français. Alors avec 30 % ou 37 %, on est encore loin du compte! Il

---

234. *Le Devoir*, 14 janvier 1993.

est même encore trop tôt pour mesurer l'impact de la loi 101 : il faudra attendre que ses enfants aient 30 ans pour savoir quel groupe linguistique ils auront finalement adopté[235]. »

L'immigration a un impact neutre, selon le CÉC

Les experts du Conseil économique du Canada arrivent, quant à eux, à la conclusion que « l'immigration a un effet positif très faible sur le niveau de vie des Canadiens » et que « l'immigration n'est pas un instrument efficace, ni même souhaitable pour combler les pénuries de main-d'œuvre. »

Et leur porte-parole, Mme Caroline Pestiau, d'expliquer, en commission parlementaire à Québec, sa théorie sur l'impact neutre de l'immigration dans l'économie canadienne, et forcément québécoise : « L'effet positif sur le niveau de vie de la population vient de deux sources : une plus grande efficacité dans la production due aux économies d'échelle que permet une plus grande population, et un petit allègement du fardeau fiscal additionnel qui suivra inévitablement le vieillissement de la population canadienne. Au total, l'effet positif est très petit. »

« Rappelons, poursuit l'ex-présidente du Conseil économique du Canada, que le taux d'immigration a été d'environ 0,4 p. cent de la population canadienne en moyenne depuis la Deuxième Guerre mondiale. Le doubler à 0,8 p. cent aujourd'hui et le maintenir à ce niveau nous donnerait, en l'an 2015, une augmentation du revenu disponible par membre de la population d'accueil de 1,4 p. cent. Les effets d'échelle représentent un peu plus d'un pour cent et l'allègement du fardeau fiscal additionnel autour de 0,3 p. cent. Ce sont les seules incidences économiques significatives que nous pouvons attendre de l'immigration. »

Et, à propos de l'incidence de l'immigration sur le marché de l'emploi, elle dira, après avoir fait valoir que « l'immigration n'augmente pas le chômage », que recruter des immigrants pour combler des pénuries de main-d'œuvre est une erreur : « Dans un premier temps, les travailleurs canadiens perdraient, puisque la disparition de ces pénuries réduirait le pouvoir de négociation salariale. Ensuite, une dépendance répétée vis-à-vis des autres pays pour nous fournir de la main-d'œuvre dont nous avons

---

235. *Le Devoir*, 14 janvier 1993.

besoin affaiblit les signaux du marché du Canada. Nous avons eu recours à l'immigration dans le passé pour combler les pénuries au marché du travail et c'est probablement une des causes de notre piètre performance aujourd'hui en formation industrielle. Nous n'avons jamais développé une culture de formation au Canada.»

Credo de nos politiciens

Tous les ministres de l'Immigration du Québec jusqu'à maintenant ont fait valoir, par conviction ou par calcul politique, que l'immigration fait tourner l'économie, que les immigrants rapportent gros au pays. Certains sont même allés jusqu'à affirmer que, hors l'immigration, il n'y aurait point de salut pour l'économie.

Si nous n'ouvrons pas la porte aux immigrants, affirmait au début des années 70 Jean Bienvenue, l'un des premiers titulaires du ministère provincial de l'Immigration, nous serons condamnés dans un proche avenir à composer avec une pénurie de main-d'œuvre et à fermer des écoles.

Pour convaincre le Conseil des ministres et le Conseil du trésor de grossir ses effectifs et ses budgets, les responsables du ministère de l'Immigration du Québec arguaient quelques années plus tard, dans diverses études et analyses, que l'on trouve résumées dans le rapport annuel du ministère de 1975, que l'immigration a un fort impact démographique et économique. «Aujourd'hui on ferme des écoles primaires (à cause du déclin démographique), demain ce seront des polyvalentes, des cégeps et des universités, et après-demain ce seront des usines et des magasins.»

S'inspirant d'études dont, pourtant, les auteurs eux-mêmes reconnaissaient que leurs conclusions ne pouvaient être concluantes du fait que leurs données de base étaient incomplètes, le ministre Jacques Couture affirmait néanmoins, quelques mois plus tard, que, compte tenu que les immigrants sont des producteurs de biens et services, ainsi que des consommateurs, bref, qu'ils constituent une contribution économique positive, les revenus des Québécois auraient été de 300 $ moins élevés n'eût été de l'impact de l'immigration depuis 1951. «Regardez les

États-Unis, c'est un pays d'immigration et c'est un pays riche»,
concluait M. Couture.

Son successeur au ministère, Gérald Godin, était, lui aussi,
persuadé des vertus bienfaisantes de l'immigration sur l'économie et annonçait en septembre 1982 la création d'un secrétariat
pour les entrepreneurs investisseurs, un argument-choc à l'appui
de sa décision : «Au moins 180 immigrants investisseurs ont
réalisé en 1981 des projets d'une valeur globale de 67 millions,
créant ou conservant environ 1 000 emplois.»

Les différents titulaires québécois du ministère de l'Immigration des dernières années se sont tous fait un point d'honneur
de démontrer que leur ministère n'en est plus un d'aide sociale
et qu'il a désormais une véritable vocation à caractère économique.

L'actuelle ministre du MCCI, Monique Gagnon-Tremblay,
n'échappe évidemment pas à cette tradition et parle, elle aussi,
de l'«indispensable» apport économique des immigrés. L'essentiel de la dernière entente administrative Québec-Ottawa en
matière d'immigration consiste du reste à définir les paramètres
du système de sélection des immigrants dits économiques.

Comment mesurer l'impact économique d'un immigrant ?

Les immigrants rapportent-ils, en fait, aussi gros qu'on le dit
à l'économie d'un pays? Représentent-ils un véritable apport à
l'économie?

Oui et non, tout dépend, en fait, des immigrants dont on
parle. Alors que la plupart des politiciens et des affairistes soutiennent que «les immigrants, c'est payant», de plus en plus
d'économistes mettent en doute les vertus économiques de l'immigration.

Les employeurs-agriculteurs peuvent répondre sans trop de
difficultés à cette question : pour arriver à produire tant de fruits
ou de légumes en tant de jours, ils ont besoin d'une main-
d'œuvre entièrement disponible, efficace au maximum et rechi-
gnante au minimum. En l'occurrence, le travailleur temporaire,
qui accepte de passer 10 ou 12 heures par jour dans les champs,
qui ne va pas se plaindre à la CSST d'un mal de dos au bout de
sa semaine de 70 heures et qui sera ravi de toucher le salaire

minimum pour son labeur. Ce travailleur temporaire vaut à ce point son pesant d'or que l'employeur-agriculteur va lui payer le vol aller-retour Mexico-Mirabel (environ 800 $) et l'héberger à ses frais, du moins en partie puisque la coutume permet de prélever jusqu'à 4 % de la paye pour le dédommagement des frais au chapitre de l'hébergement. Bref, pour l'employeur-agriculteur, cet immigrant rapporte des bénéfices.

« Ils sont les seuls à pouvoir exécuter des tâches manuelles répétitives durant des heures, des jours, des mois, sans jamais flancher ou se plaindre », explique le producteur Guy Boulet[236], copropriétaire des Pelouses Boulet et de Québec Multi-Plants qui embauche une dizaine de travailleurs mexicains, toujours les mêmes, depuis quelques années.

Mais, comment mesurer l'impact économique d'un immigrant permanent dans une société donnée par rapport à un citoyen ordinaire né dans la même société ? La réponse n'est pas évidente. Elle est quasiment impossible à trouver, répondent Mario Polèse, Marc Termote et Jean-Claude Thibaudeau dans un *Devis soumis au ministère de l'immigration du Québec* sur l'impact économique de l'immigration en 1974, un devis encore d'actualité.

« Quel est l'impact économique d'un homme ? s'interrogent-ils. C'est à cette question difficile sinon impossible que l'on doit répondre lorsqu'on désire évaluer la totalité de l'impact économique de l'immigration. En tant qu'agent économique l'immigrant doit, comme tout autre homme, assumer des rôles très divers et parfois opposés. Il est à la fois producteur et consommateur potentiel. Le Néo-Québécois peut également jouer un rôle de novateur, d'investisseur ou d'entrepreneur ; comme il peut être un chômeur, un parasite ou un destructeur. En cela, l'immigrant ne se distingue guère de tout autre Québécois. Sa contribution globale au développement économique du Québec est aussi globale qu'insaisissable. »

Les experts Polèse et Termote, cités dans une autre étude sur les impacts économiques de l'immigration commandée par le Conseil des communautés culturelles et de l'immigration à l'économiste Josée Lamoureux en 1978, concluent que, « sans la contribution des travailleurs immigrants installés au Québec

---

236. *Le Soleil*, 8 juillet 1993.

entre 1968 et 1975, le produit national de 1975 aurait été moindre de seulement 2,5 % ; et cela en postulant que 70 % de ces travailleurs occupent des postes vacants, donc qu'ils comblent des pénuries d'emplois (ce qui constitue une hypothèse plutôt généreuse et favorable à l'immigration).

« Les immigrants sont aussi des consommateurs, poursuit l'économiste Josée Lamoureux. À l'aide du modèle inter-industriel du Québec, M. Polèse a cherché à déterminer l'effet multiplicateur du ménage immigrant arrivé au Québec de 1968 à 1975, c'est-à-dire son influence sur la production et l'emploi via la demande globale. Il a estimé que le ménage immigrant génère une demande annuelle représentant environ 0,46 % emploi, soit une demande de travail deux fois moins grande que l'augmentation de l'offre. Tout comme pour la production, les effets de l'immigration sur la demande intérieure augmentent avec les années. De sorte que, après cinq ans de résidence, cette demande équivaut à 0,7 emploi.

« Qu'en est-il à long terme ? se demande enfin Josée Lamoureux. L'étude de M. Termote nous apprend que l'impact de l'immigration sur la croissance du revenu national et du revenu par habitant demeure relativement faible, même à long terme. »

Oui, un immigré rapporte au pays d'accueil s'il arrive avec les poches bourrées d'argent. Et encore, il faut voir s'il va investir là où les besoins de l'économie du pays sont les plus pressants. Si ce n'est pas le cas, l'affaire est déjà moins bonne.

Le professeur Alan Nash de l'université Concordia à Montréal note que seulement 0,1 % des immigrants d'affaires s'établissent à Terre-Neuve, contre 90 % qui s'installent en Colombie-Britannique, en Ontario et au Québec. Or, Terre-Neuve est sans doute la province canadienne qui a le plus besoin de moteurs économiques. En somme, les immigrants d'affaires ne font que concurrencer les gens d'affaires déjà établis ou, au mieux, ajouter un peu d'eau au moulin.

Par ailleurs, il faut souligner que les immigrants ne vont pas là où les besoins de main-d'œuvre sont les plus criants : ils choisissent d'habitude Montréal, alors que les municipalités rurales agonisent en silence, pour reprendre l'expression de Bernard Vachon, directeur du groupe de recherche en aménagement et du développement des espaces ruraux et régionaux à l'UQAM.

Oui, un immigré représente une aubaine pour un pays d'accueil quand il arrive bardé de diplômes, ce qui signifie qu'il a été formé ailleurs, aux frais d'une autre société. Et encore, il faut voir si une corporation professionnelle québécoise ne va pas rendre son atout inopérant. Prendre un psychiatre pour effectuer un travail de préposé aux malades dans un hôpital n'est certainement pas la façon la plus rentable ni la plus profitable d'utiliser les ressources et l'expertise de cet immigré.

Plus d'immigrants aujourd'hui, plus de chômeurs demain

Les magazines américains branchés rapportent, ces derniers temps, les théories d'économistes affirmant que, même si les immigrants vont là où les besoins de main-d'œuvre se font sentir, ils n'auront contribué qu'à régler un problème temporaire. Ils font valoir que les surplus d'immigrants d'aujourd'hui s'ajouteront aux problèmes de chômage de demain. Parce que la robotisation, les horaires flexibles, le temps partagé, les prises de retraite retardées, tout ça conduira bientôt à un surplus de main-d'œuvre non qualifiée.

Inversement, moins de travailleurs étrangers, cela permet des salaires plus élevés, plus de mécanisation, plus de robotisation.

Le travail des immigrants, c'est, dit-on, la force des employeurs et la faiblesse des syndicats, des travailleurs.

Les économistes américains soulignent en outre que plus de travailleurs étrangers sur le marché conduit à une situation où il y a plus d'emplois moins bien rémunérés, les étrangers acceptant des conditions de travail et de vie bien en deçà des normes nord-américaines.

En somme, ils s'inquiètent de la création de situations artificielles et donnent cet exemple : «On estime que l'entretien de sa maison vaut 2 $ l'heure, un montant que peuvent se permettre de payer plusieurs Américains. Alors imaginons qu'ils se mettent à embaucher un travailleur immigrant pour faire ce travail à leur place. La présence de ces travailleurs générerait dans un premier temps de l'argent dans l'économie. Cependant, si, pour des raisons X, Y ou Z, on décidait de doubler le salaire pour les tâches domestiques du jour au lendemain, eh bien ! les Américains recommenceraient à faire le ménage eux-mêmes chez eux. Nous aurions donc tout bêtement créé une situation artificielle pour stimuler l'économie. »

Plan fédéral : l'accent sur les immigrants économiques

Malgré tous les bémols que peuvent mettre différents experts sur les effets économiques de l'immigration, les gouvernements d'ici et d'ailleurs continuent néanmoins de croire aux vertus de l'immigration au plan économique.

Le plan quinquennal du gouvernement fédéral met l'accent sur les immigrants économiques. C'est-à-dire ceux que les agents d'immigration peuvent sélectionner en fonction de critères visant à enrichir l'économie canadienne. En 1991, ils étaient 86 476 ainsi répartis : 24 393 requérants principaux dans la catégorie des indépendants et 18 921 conjoints et autres personnes les accompagnant ; 7 914 requérants principaux dans la catégorie « parents aidés » et 13 990 accompagnants ; 4 302 requérants principaux dans la catégorie des gens d'affaires et 12 741 accompagnants ; et 4 215 immigrants à la retraite.

Le gouvernement fédéral espère sélectionner 6 500 immigrants économiques de plus en 1993, et il annonce que, même si le programme d'immigration des retraités a pris fin il y a deux ans, il admettra 2 000 autres retraités en 1993.

Pour atteindre ses objectifs, le ministre Valcourt a fait adopter cette nouvelle loi qui permet désormais d'établir des quotas dans la catégorie des immigrants indépendants, et même d'obliger ceux-ci à s'établir pendant un certain temps dans une région. Ce changement pourrait, par voie de conséquence, être profitable au Québec, qui perd presque un tiers de ses immigrants au cours des cinq années qui suivent leur arrivée.

Ces ajustements à la loi fédérale ne touchent pas les candidats à l'immigration de la catégorie des indépendants qui choisissent le Québec, puisque ici le Québec a entière juridiction dans la sélection de cette catégorie d'immigrants. Et le cabinet de la ministre provinciale de l'immigration, Monique Gagnon-Tremblay, a fait savoir que le MCCI n'entend pas, « à court terme », forcer les immigrants indépendants à s'installer là où leur présence serait plus requise, pour des impératifs économiques, qu'à Montréal. Parce qu'il n'est pas évident pour l'instant que les régions soient prêtes à accueillir ces immigrants[237]. La ministre préfère la persuasion à la coercition.

Le plan de régionalisation d'Immigration-Québec prévoit en fait tout au plus d'accélérer les demandes d'immigration des candidats qui soumettent un projet d'affaires en région, qui ont de la famille hors de la région métropolitaine de Montréal ou encore qui ont un emploi garanti en région.

Pour s'assurer que les immigrants enrichiront encore plus que par le passé l'économie canadienne, le gouvernement fédéral élève d'autre part la barre des exigences : les immigrants-investisseurs devront être plus riches, les travailleurs devront être plus instruits et mieux formés... Même les travailleurs domestiques sont touchés : ils doivent maintenant avoir au minimum 12 ans de scolarité et au moins six mois de formation, ainsi que savoir parler, lire et comprendre l'anglais ou le français.

Au cours des années 80, 60 000 domestiques sont entrés au Canada, venant pour la plupart des Philippines et des Antilles. En vertu d'un programme spécial, ils pouvaient demander et obtenir un statut de résident permanent au terme de deux ans de travail. Quatre-vingt pour cent d'entre eux abandonnaient aussitôt leur travail de domestique et se retrouvaient alors sur le marché de l'emploi, sans toutefois parvenir à améliorer leur situation économique, parce qu'insuffisamment scolarisés. Un travailleur domestique gagne 215 $ pour une semaine de travail de 53 heures, l'écart entre leur salaire et le salaire minimum s'expliquant par les frais de pension prélevés par l'employeur.

Les immigrants d'aujourd'hui rapportent moins que ceux d'hier

Les immigrés du Québec, comme ceux des autres provinces, sont de moins en moins riches et de moins en moins instruits. Un certain nombre d'entre eux peuvent même dépendre de l'aide sociale pendant quelques années.

---

237. *Le Devoir*, 18 juin 1992.

Une récente étude de l'Institut Fraser de Vancouver en Colombie-Britannique[238] fait d'ailleurs une sorte de mise en garde contre la nouvelle immigration : il ne faudra plus compter à l'avenir que, dans la balance des paiements, les immigrants rapporteront plus en revenus économiques et fiscaux qu'ils ne coûtent en frais sociaux. Parce que les immigrants qui débarquent au Canada depuis les années 80 sont moins instruits que ceux des années 60 et 70, et parce qu'un pourcentage de plus en plus élevé de ceux-ci ne parlent ni anglais ni français, ce qui les handicape considérablement pour trouver un emploi. « Si la tendance actuelle se maintient, peut-on lire dans cette étude de plus de 200 pages, les bénéfices économiques nets iront en régressant, alors que les frais pour intégrer ces nouveaux immigrés iront en s'accentuant. »

---

238. *The Immigration Dilemma*, Fraser Institute, Vancouver, British Columbia.

CONCLUSION

« Une saine mondialisation de la vie moderne suppose d'abord des identités solides. » (Boutros Boutros-Ghali[239])

Traitant de nationalisme et de mondialisation dans une allocution prononcée à Montréal[240], Boutros Boutros-Ghali note qu'«une saine mondialisation de la vie moderne suppose d'abord des identités solides.

«Pris isolément, l'individu est confronté, explique-t-il, à un progrès technique si rapide, les communications de toutes sortes s'enchevêtrent si confusément autour de lui que, passé un certain seuil psychologique, il se sent perdu dans un monde qu'il ne déchiffre plus, et finalement, il se sent seul, il a peur de l'autre.

«Le résultat, poursuit le secrétaire de l'ONU, est qu'il se replie sur le monde qu'il connaît, sur son univers familier, sa tribu, et qu'il ferme sa porte... »

D'où sans doute la multiplication, ces dernières années, des «portes», des États souverains : 14 États au Congrès de Madrid en 1880 ; 47 États à la première session de l'Assemblée générale de la Société des nations en 1920 ; 50 États au moment de la signature de la Charte de San Francisco en 1945 ; et 175 États membres de l'ONU aujourd'hui. «Au rythme où nous allons, nous en serons bientôt à 200 États et peut-être davantage. »

Le Québec comptera peut-être parmi ces nouveaux États au cours des prochaines années ? Peut-être pas ? D'une manière ou de l'autre, c'est-à-dire que le Québec demeure une simple pro-

---

239. Allocution prononcée à Montréal par Boutros Boutros-Ghali, secrétaire général de l'ONU, le 24 mai 1992.
240. Allocution prononcée à Montréal par Boutros Boutros-Ghali, secrétaire général de l'ONU, le 24 mai 1992.

vince dans la confédération canadienne ou qu'il devienne un pays souverain, l'immigration continuera de poser un immense défi chez nous.

Hypothèse numéro un : le Québec demeure une des provinces du Canada. Pour maintenir son pouvoir actuel au sein de la confédération, il doit continuer d'avoir un poids démographique comparable à celui de maintenant. Or, compte tenu que l'immigration joue désormais un rôle prépondérant dans l'évolution démographique canadienne, cela signifie que le Québec doit impérativement lancer des campagnes agressives de recrutement d'immigrants, si possible francophones ou « francophonisables », instruits et riches. Il faudra donc multiplier par trois, quatre ou cinq les quotas d'immigration actuels. Se posera alors un sérieux problème d'intégration de ces nouveaux arrivants, d'autant qu'ils se concentreront à Montréal.

Hypothèse numéro deux : le Québec devient un pays souverain. Il n'a plus à tenir compte de son poids démographique pour des raisons de péréquation et de partage de l'assiette fiscale fédérale. Son premier souci, c'est de s'assurer que les nouveaux arrivants s'intègrent à une société française. Et, surtout, qu'ils s'implanteront dans le Québec tout entier, et non pas seulement dans la région montréalaise.

Le Québec de demain dépend, de toutes les façons, dans une large mesure des immigrants. Pour le pire comme pour le meilleur.

DANS LA MÊME COLLECTION